"Quando somos levados além de nossos limites, a autocompaixão é a solução mais negligenciada – porém crucial – que temos para recuperar a resiliência, a perspectiva equilibrada e o comprometimento sincero com a vida. Com base em sua experiência como líderes globais no campo da autocompaixão, os Drs. Neff e Germer criaram um *kit* de ferramentas inestimável, repleto de estratégias poderosas e práticas para transformar sua relação com o estresse."

— Tara Brach, Ph.D.,
autora de *Aceitação radical*

"Que livro útil! É quase como se você estivesse sentado com os Drs. Neff e Germer e sentisse seu apoio e sua gentileza. Você aprende sobre a ciência do *burnout* e como se recuperar e até prosperar com ele. Com histórias, exercícios práticos, percepções profundas e muito incentivo, você é guiado passo a passo para o bem-estar real e para maneiras compassivas de gerenciar os desafios da vida."

— Rick Hanson, Ph.D.,
autor de *O poder da resiliência*

"Este livro foi um divisor de águas para mim no que se refere à compreensão de meus padrões de *burnout* e à substituição da autocrítica por uma conversa interna compassiva. Sinto-me menos exausta emocionalmente e mais conectada comigo e com meus pacientes."

— Alexis R.,
enfermeira de pronto-socorro, San Diego

"Os Drs. Neff e Germer apresentam estratégias práticas e percepções profundas que podem ajudar você a cultivar a resiliência e a recuperar sua vitalidade. Este livro não apenas ajudará o leitor a se recuperar do *burnout* como também o capacitará a prosperar."

— James R. Doty, MD,
fundador e diretor do Center for Compassion and Altruism Research and Education, Stanford University School of Medicine

"Leitura obrigatória para qualquer pessoa que esteja buscando apoio e renovação, este livro ajuda a navegar pelas altas demandas do nosso mundo com a sabedoria de um coração terno. Por meio de pesquisas científicas, práticas conscientes de autocompaixão e exemplos pessoais comoventes, os Drs. Neff e Germer iluminam um caminho para enfrentar o *burnout* com autobondade, atenção plena e humanidade compartilhada."

— Sharon Salzberg,
autora de *Lovingkindness* e *Real Life*

"Este livro chegou no momento certo – eu estava saindo de um período de *burnout* e buscando mais atenção plena em minha vida. Ele parece uma mensagem acolhedora de um bom amigo. Este livro definitivamente faz parte do meu *kit* de ferramentas diárias para me adaptar e prosperar como uma pessoa altamente sensível no mundo de hoje."

— Cliff A.,
Cambridge, Massachusetts

"Este livro combina habilmente evidências, percepções científicas e histórias que ajudam a reconhecer e a lidar com o *burnout*. Ao normalizar essa luta nada incomum, os autores fornecem um roteiro para a cura e o crescimento pessoal."

— Richard Goerling,
fundador da Mindful Badge Initiative;
tenente de polícia aposentado e veterano militar

Autocompaixão para lidar com o *burnout*

FBTC
Federação Brasileira de Terapias Cognitivas

artmed

A Artmed é a editora oficial da FBTC

N376a Neff, Kristin.

Autocompaixão para lidar com o burnout : ferramentas que ajudarão você a se libertar do estresse / Kristin Neff, Christopher Germer ; tradução : Daniel Bueno ; revisão técnica : Simone Teresinha Aloise Campani. – Porto Alegre : Artmed, 2025.

x, 220 p. : il. ; 25 cm.

ISBN 978-65-5882-339-1

1. Estresse. 2. Bournout. 3. Autocompaixão. 4. Saúde mental. I. Germer, Christopher. II. Título.

CDU 159.944.4

Catalogação na publicação: Karin Lorien Menoncin – CRB 10/2147

Kristin Neff

Christopher Germer

Autocompaixão para lidar com o *burnout*

ferramentas que ajudarão você a se libertar do estresse

Tradução
Daniel Bueno

Revisão técnica
Simone Teresinha Aloise Campani
Certified Mindful Self-Compassion Teacher pela UCSD-School of Medicine – UCSD Center for Mindfulness, Center for Mindful Self-Compassion – EUA. Fisioterapeuta. Mestra em Ciências Pneumológicas pela UFRGS. Instrutora de meditação. Membro colaborador do Departamento de Psiquiatria e Espiritualidade (DPE) da Associação de Psiquiatria do Rio Grande do Sul (APRS).

artmed

Porto Alegre
2025

Obra originalmente publicada sob o título *Mindful Self-Compassion for Burnout: Tools to Help You Heal and Recharge When You're Wrung Out by Stress*, 1st Edition
ISBN 978146250227

Gerente editorial
Alberto Schwanke

Coordenadora editorial
Cláudia Bittencourt

Capa
Paola Manica | Brand&Book

Preparação de original
Marcela Bezerra da Silva

Leitura final
Cecília Beatriz Alves Teixeira

Editoração
AGE – Assessoria Gráfica Editorial Ltda.

Reservados todos os direitos de publicação, em língua portuguesa, ao
GA EDUCAÇÃO LTDA.
(Artmed é um selo editorial do GA EDUCAÇÃO LTDA.)
Rua Ernesto Alves, 150 – Bairro Floresta
90220-190 – Porto Alegre – RS
Fone: (51) 3027-7000

SAC 0800 703 3444 – www.grupoa.com.br

Autores

Kristin Neff, Ph.D., é professora associada de Psicologia Educacional da University of Texas, em Austin, e pioneira no campo da pesquisa sobre autocompaixão. Ela foi reconhecida como uma das pesquisadoras mais influentes da psicologia em todo o mundo. Seus livros com Christopher Germer incluem *Manual de mindfulness e autocompaixão: um guia para construir forças internas e prosperar na arte de ser seu melhor amigo* (para o público em geral) e *Teaching the Mindful Self-Compassion Program: A Guide for Professionals.* Juntamente com Christopher Germer, desenvolveu o programa Mindful Self-Compassion, com suporte empírico, e fundou o Center for Mindful Self-Compassion. Seu *site* é https://self-compassion.org.

Christopher Germer, Ph.D., é psicólogo clínico e professor de Psiquiatria na Harvard Medical School. Seus livros com Kristin Neff incluem *Manual de mindfulness e autocompaixão: um guia para construir forças internas e prosperar na arte de ser seu melhor amigo* e *Teaching the Mindful Self-Compassion Program: A Guide for Professionals.* Também é autor de *The Mindful Path to Self-Compassion* e coorganizador de *Mindfulness e psicoterapia* e *Wisdom and Compassion in Psychotherapy.* Ele dá palestras e conduz *workshops* em todo o mundo e tem um pequeno consultório de psicoterapia em Massachusetts. Seu *site* é https://chrisgermer.com.

Agradecimentos

Este é o terceiro livro que escrevemos juntos, e o número de pessoas que contribuíram para o campo de pesquisa e prática da autocompaixão e, em especial, para o programa Mindful Self-Compassion (MSC) tem crescido de maneira constante ao longo desse tempo. Somos muito gratos pelos esforços de todos, sobretudo pelos daquelas pessoas que estão praticando a autocompaixão para transformar suas próprias vidas e as dos outros. Essa é a base sobre a qual estamos nos apoiando atualmente.

Como qualquer pessoa que já escreveu um livro sabe, a energia por trás de uma obra geralmente é uma questão pessoal que o autor está tentando resolver. Portanto, quando Kristin propôs pela primeira vez a ideia deste livro, considerando nossas próprias lutas contra o *burnout*, pensamos: "Ótima ideia, mas estamos muito esgotados para fazer isso sozinhos. Vamos encontrar um *ghost-writer* para nos ajudar". Para nossa surpresa, nossa brilhante editora na Guilford Press, Chris Benton, que conduziu a publicação do nosso *Manual de mindfulness e autocompaixão*, estava disposta a tentar. Elaboramos um esboço detalhado, e Chris B. escreveu um primeiro rascunho. Isso facilitou muito a reescrita deste livro quando recuperamos nossas energias e evitou que ficássemos olhando para uma página em branco. Também mantivemos grande parte da prosa espirituosa de Chris B. Posteriormente, ela editou o que havíamos escrito e deu seu toque final. Este livro não teria nenhuma chance de ter acontecido sem o trabalho dela. Somos gratos não apenas por seu talento para escrever e editar mas também por seu incentivo, sua paciência e seu equilíbrio durante o processo de escrita. (Esperamos não tê-la esgotado!) Uma profunda reverência a Chris B.

Também gostaríamos de agradecer a Kitty Moore, editora da Guilford Press que há anos defende a autocompaixão. Sua empolgação com este livro nos sustentou desde o início e, como ela e Chris B. são amigas íntimas e colegas há quase duas décadas, só podemos imaginar o apoio e o incentivo oportunos que ela deu a Chris em momentos críticos. Nossa equipe era consistente. Outros membros valiosos da The Guilford Press foram Anna Brackett, nossa supercuidadosa gerente de projetos editoriais; Paul Gordon, diretor de arte, que faz com que todos os livros sejam uma alegria de se ver; Bethanne Steneck, que deixou as páginas lindas; Andrea Lansing, Lucy Baker, Katie Leonard e outros da equipe de *marketing*, que garantem que nossos esforços não sejam em vão; e Rosalie Wieder, revisora de texto.

Gostaríamos de agradecer a Krista Gregory, que concedeu à Kristin um subsídio para desenvolver o programa Self-Compassion for Healthcare Communities (SCHC) e foi fundamental para que pudéssemos descobrir como a autocompaixão pode prevenir o *burnout* em profissionais da área da saúde. Também somos gratos às doutoras Phoebe Franco e Marissa Knox, que faziam parte da equipe que desenvolveu o SCHC e o ensinam até hoje. Além disso, somos gratos aos nossos amigos do Center for Mindful Self-Compassion, que estão levando o SCHC para o mundo inteiro, sobretudo Natalie Bell, Paula Gardiner, MD, e Elizabeth Lin, MD.

Como nota pessoal, eu (Kristin) gostaria de agradecer o apoio de minha família e meus amigos, que proporcionaram muita alegria e significado à minha vida enquanto eu escrevia este livro. Eu (Chris) sou especialmente grato pelo apoio de minha esposa, Claire, que me ajudou a navegar pelo cadinho do *burnout* e depois me acompanhou nos solavancos do processo de escrita.

Por fim, gostaríamos de homenagear a coragem dos leitores que escolheram este livro. É preciso coragem para admitir quando estamos esgotados e ainda mais coragem para *encarar* o *burnout* com curiosidade e o compromisso de fazer algo a respeito. Sabemos que pode não ser fácil e desejamos a você uma jornada segura e proveitosa.

Sumário

Introdução

O que levou você a ler este livro? Se foi a palavra *burnout,* provavelmente você está:

- cansado de se sentir estressado todos os dias;
- cansado de pessoas que esperam demais de você;
- cansado de sentir que seu trabalho tem muito pouco impacto, apesar de se importar e se dedicar tanto;
- cansado de tentar "fazer tudo" e "ter tudo".

Talvez você esteja simplesmente cansado.

O termo *burnout* (esgotamento) é tão comum hoje em dia que seu significado foi um pouco diluído. As pessoas dizem coisas como "estou esgotado com as chamadas do Zoom" ou "estou esgotado com a política", mas, para aqueles que estão de fato sofrendo de *burnout,* não se trata apenas de uma palavra da moda. Trata-se de uma síndrome debilitante que faz com que seja difícil vencer cada dia porque você está muito esgotado, extenuado e entorpecido.

Se o problema do *burnout* lhe é muito familiar, talvez você fique intrigado com a nossa solução: *autocompaixão*. Essa mentalidade benevolente pode ajudá-lo a redespertar uma vida ativa e vibrante. A autocompaixão envolve a relação com seu sofrimento emocional – inclusive a sensação de ser um fracasso total – com carinho, compreensão e apoio. Você pode se preocupar achando que autocompaixão significa se eximir da responsabilidade por seus erros, prejudicando sua capacidade de corrigi-los, mas a verdade é o oposto: a autocompaixão o ajuda a assumir a responsabilidade pessoal por seus erros e é um motivador de mudança mais eficaz do que a autocrítica severa.

O *burnout* se agrava quando suprimimos nossa dor e tentamos apenas sufocá-la. A autocompaixão proporciona a sensação de cuidado e segurança necessária para sentir a dor do esgotamento e sair dele. Também pioramos o *burnout* quando nos culpamos por nosso estado deplorável. A autocompaixão nos diz que a experiência do *burnout* é natural e normal, que não estamos sozinhos e que somos dignos de amor e bondade enquanto nos curamos e nos recuperamos.

Este não é um livro sobre *burnout* propriamente dito. Você já sabe que está esgotado, e há dezenas de excelentes livros por aí que explicam o que é *burnout* e suas causas. Este é um *kit* de ferramentas que oferece maneiras fáceis de praticar a autocompaixão quando você sentir que não pode continuar por nem mais um segundo. Então, como é a autocompaixão para o *burnout*? Vamos entender primeiro o que a autocompaixão para o *burnout não* é.

Não se trata de "autocuidado" – você sabe, aquela lista de pequenas coisas que pode fazer por si mesmo apresentada em *webinars* promovidos pelo seu empregador e em *sites* de "bem-estar". Você não precisa receber essa lista novamente. (Banhos quentes? *Por favor.* Dormir melhor? *Quando?* Comer direito? *Quem está cozinhando – para não falar das compras de supermercado?*) Não se trata de um conselho para simplesmente fazer menos, como muitas vezes oferecido por familiares e amigos bem-intencionados. ("Você não pode simplesmente abrir mão de algumas coisas?" *Tipo o quê: as crianças, a casa, o salário?*) Não se trata de uma baboseira do tipo "eu estou bem, você está bem".[1] A questão é que, quando você está com *burnout*, você *não* está bem, e quando lhe dizem que você deve se sentir bem, isso implica que você deve simplesmente aguentar.

A autocompaixão é uma mudança de mentalidade que ajuda você a se relacionar com seu esgotamento de modo mais gentil e produtivo. Ela pode ser desenvolvida por meio de um conjunto de habilidades concretas e fáceis de aprender, que podem ser praticadas no dia a dia e que não exigem tempo extra de sua agenda.

O objetivo da autocompaixão não é fazer com que você se sinta melhor. *A autocompaixão muda a maneira como você lida com a angústia do burnout* para que você pare de evitá-lo, de se culpar por ele ou de se julgar como alguém incapaz por não conseguir dar conta de tudo. Se você é um cuidador profissional, essa é uma forma de continuar cuidando de seus pacientes sem se sacrificar. Se você é um cuidador familiar sobrecarregado, é um modo de dar o melhor de si para sua família sem deixar que o ressentimento sufoque seu amor. Se você é o último a deixar seu local de trabalho todos os dias, essa é uma forma de continuar sendo produtivo sem se sentir como uma fonte vazia.

Nosso mundo é exigente. A autocompaixão pode nos ajudar a parar de nos julgar de maneira severa pois todos temos dificuldades; mas o poder da autocom-

[1] N. de T.: A referência é a *I'm OK – You're OK*, manual de autoajuda de 1967 do psiquiatra Thomas Anthony Harris.

paixão não se limita à nossa vida interior. Ao cultivar o hábito da autocompaixão, você descobrirá que ela ajuda a abrir os olhos para novas maneiras de mudar e crescer. Ela envolve tanto a aceitação terna de nós mesmos quanto a ação firme no mundo. Ela nos ajuda a estabelecer limites diante de demandas impossíveis e expectativas irrealistas e nos estimula a criar uma vida doméstica, um local de trabalho e uma comunidade mais justos.

Felizmente, esse negócio funciona. Em 2003, eu (Kristin) criei uma escala para medir a autocompaixão, chamada (sem surpresa) de Escala de Autocompaixão, e publiquei o primeiro estudo que examinou a ligação entre autocompaixão e bem-estar. Atualmente, há milhares de estudos que confirmam os benefícios da autocompaixão em geral, bem como centenas de estudos que estabelecem os benefícios da autocompaixão para aliviar o *burnout* em específico. (Vamos divulgar esses resultados de pesquisa ao longo deste livro).

Em 2010, criamos em conjunto o programa de oito sessões Mindful Self-Compassion (MSC) para ajudar as pessoas a serem mais autocompassivas em sua vida diária. Posteriormente, adaptamos as práticas do MSC para ajudar os profissionais da saúde a lidar com o *burnout* (consulte o Capítulo 2). Como elas funcionaram de forma tão eficaz, decidimos criar este *kit* de ferramentas de práticas de autocompaixão para ajudar pessoas de todas as esferas da vida que estivessem lutando contra o *burnout*. Isso nos inclui, pois também já estivemos à beira do *burnout*.

Para mim (Kristin), foi o estresse de ser mãe de um adolescente com necessidades especiais durante a pandemia que me deixou esgotada. O pai do meu filho se mudou para a Alemanha após nosso divórcio em 2018, e eu não tinha família na cidade, então estava efetivamente sozinha. Assim que a covid-19 chegou, meu filho desenvolveu transtorno obsessivo-compulsivo (TOC; além do autismo e da ansiedade) e começou a ter problemas reais de saúde mental. Você pode imaginar como foi tentar encontrar o tratamento certo para ele, supervisionar sua educação e dar minhas aulas na universidade enquanto tudo estava fechado. Confiei na autocompaixão para me ajudar e não consigo imaginar como teria lidado com a situação sem ela. A capacidade de me apoiar com carinho e incentivo durante os dias mais sombrios fez com que, embora estivesse assustada e exausta como todo mundo, eu não fosse prejudicada pelo estresse. Consegui apoiar meu filho sem me perder no processo, graças à autocompaixão.

Para mim (Christopher), a luta contra o *burnout* foi, em parte, uma questão de fase da vida. Tenho 71 anos e, há algum tempo, ficou claro para mim que talvez só me restem 10 ou 20 anos de vida. "Como vai ser?", pensei. Senti um desejo intenso de passar mais tempo meditando e menos tempo atendendo pacientes, participando de reuniões e ensinando, mas isso não estava acontecendo. Eu tinha um projeto de livro que não estava deslanchando e ficava irritado quando as pessoas me pediam para fazer tarefas relacionadas ao trabalho para elas. Sou uma pessoa prestativa por natureza, mas, durante esse momento difícil, a autocompaixão terna me disse: "Sim, você *deve* seguir seus desejos mais profundos", e a autocompaixão feroz me disse: "Você consegue. Seu mundo não entrará em colapso. Só não agende nada de trabalho antes do meio-dia". Bem, agora, dois anos depois, após meditar até ficar satisfeito pela manhã, descobri que a maioria das coisas que faço depois do meio-dia é bastante agradável. Ainda estou trabalhando muito, mas de forma diferente, e minha esposa acha que me tornei uma pessoa mais feliz. Em outras palavras, reagi aos primeiros sinais de *burnout* – procrastinação, irritabilidade e mal-estar – com autocompaixão, e isso mudou minha vida para melhor.

Nós dois percebemos como a autocompaixão era poderosa para lidar com os sentimentos de *burnout*; desse modo, decidimos escrever este livro para que outras pessoas também pudessem se beneficiar.

Cada capítulo deste livro apresenta uma prática de autocompaixão que chamamos de "ferramenta". Essa terminologia é intencional, pois a prática não é uma coisa extra que você precisa *fazer* além de sua lista de tarefas já insana. Em vez disso, cada ferramenta é algo que você pode *usar* para aliviar a carga emocional do *burnout* quando surgirem momentos difíceis durante o dia. Cada capítulo também conta a história de uma pessoa que está sofrendo de *burnout* e como essa ferramenta a ajudou a iniciar o processo de cura. (Essas histórias são compilações; os detalhes pessoais dos indivíduos, incluindo informações demográficas, foram alterados para proteger suas identidades).

O ideal é ler os capítulos em ordem, porque as habilidades posteriores se baseiam nas anteriores, mas você pode pular se alguns capítulos o atraírem mais do que outros. Este livro apresenta alguma teoria e pesquisa, mas é principalmente um guia para a prática da autocompaixão. Você precisa utilizar as ferramentas para entender como elas funcionam. Não lhe diremos que a autocompaixão é um pó mágico que fará com que seu *burnout* desapareça, mas podemos prometer que ela o ajudará a enfrentar cada dia com mais força e resiliência.

Então, vamos começar.

1

Quando seu copo esvaziar

Causas e consequências do burnout

A palavra *burnout* evoca a imagem de uma chama ansiando pelo último resquício de oxigênio disponível; brasas se extinguindo ou cinzas frias; um fogo que não mantém mais você aquecido e seguro. Ela também captura de maneira vívida a experiência de pessoas como Jacquie.

Jacquie está prostrada no banco da frente do carro, estacionado na entrada de sua casa, após um turno exaustivo no hospital. Ela se sente como um melão raspado até a casca. Não consegue se mexer – nem mesmo tem certeza se consegue respirar – e, por isso, apenas fica ali, sentada. Chegou atrasada ao trabalho cinco vezes nos últimos meses, mais do que em seus 12 anos anteriores como enfermeira de cuidados intensivos. Ela adorava ir para o trabalho e ajudar seus pacientes a se recuperarem e recomeçarem suas vidas, mas agora ela os percebe mais como um incômodo do que como pessoas. Jacquie se sente incapaz e inútil e está tendo dificuldade para realizar tarefas básicas que costumavam ser naturais para ela, como colocar soro. A única coisa que a leva ao hospital todos os dias é saber que seus colegas de trabalho, igualmente exaustos, terão de substituí-la se ela não comparecer.

Se você dissesse a Jacquie que ela precisava ter um pouco de compaixão por si mesma, ela provavelmente jogaria seu sapato ortopédico em você. "Você não está entendendo? Não tenho nem um pingo de compaixão, para que seja sustentável, para dar! Meu copo está completamente vazio!" Ela não percebe que a compaixão deve fluir tanto para dentro quanto para fora. Isso não é negociável. Quando nos preocupamos com os outros, mas ignoramos nossas próprias necessidades, é inevitável que nos sintamos esgotados. De fato, a autocompaixão é fundamental, tanto para prevenir quanto para se recuperar do esgotamento. Em latim, *passion* significa "sofrer", e o prefixo *com* significa "junto com". Precisamos aprender a lidar com nosso próprio estresse e nossa exaustão com gentileza e suporte para que eles não nos sobrecarreguem.

Este livro fornecerá uma variedade de ferramentas para ajudá-lo a fazer exatamente isso. Elas foram extraídas do curso Mindful Self-Compassion (MSC) de oito semanas. O MSC é ensinado em todo o mundo e inclui muitas ferramentas e técnicas comprovadas pela ciência para aumentar a autocompaixão e reduzir o *burnout*. A boa notícia é que essas práticas podem ser utilizadas a qualquer momento na vida cotidiana e não exigem muito tempo ou esforço.

Antes de nos aprofundarmos no que é autocompaixão e como desenvolvê-la, precisamos examinar mais de perto as causas e as consequências do *burnout*. *Burnout* é uma metáfora adequada (se bem que visual) quando se observa como alguém como Jacquie se sente. Se você escolheu este livro, é provável que a palavra também descreva sua experiência. Embora não seja definido como doença ou transtorno psiquiátrico, o *burnout* pode ser tão prejudicial quanto eles. A exaustão que você sente pode fazer com que seja difícil passar o dia. A perda da paixão pelo seu trabalho pode deixar você entorpecido e vazio, e a incapacidade de fazer as coisas como costumava fazer afeta sua autoimagem e sua satisfação pessoal, sem falar no impacto que sua produtividade sofre.

O fenômeno que hoje chamamos de *burnout* tem sido reconhecido por diferentes nomes há séculos, mas somente nos últimos 50 anos chamou a atenção de psicólogos e organizações de saúde pública. O termo "*burnout*" foi cunhado em 1974 pelo psicólogo clínico Herbert Freudenberger, que percebeu o impacto que o trabalho em uma clínica gratuita para dependentes químicos tinha sobre ele e outros voluntários. Segundo pesquisas, entre um terço e três quartos das pessoas em todo o mundo estão esgotadas em seu trabalho atual, seja um emprego remunerado ou um trabalho não remunerado, como cuidar de crianças ou de

O *burnout* é normalmente definido por estes três sintomas:

Exaustão – sentir-se esgotado e fatigado, sem nada para dar.

Despersonalização – sentir-se distante, cético ou negativo em relação ao seu trabalho.

Redução de desempenho – sentir-se ineficaz, incapaz ou incompetente.

pais idosos. (Ao longo deste livro, utilizaremos o termo *trabalho* para nos referirmos a ambos.) Esse é um número surpreendente. É difícil avaliar com precisão se o *burnout* é de fato mais comum do que era antes ou se apenas estamos mais conscientes a seu respeito, mas não há dúvida de que ele afeta todos os setores da sociedade. Podemos notar isso em qualquer situação em que o estresse é alto e as pessoas estão se esforçando muito para atingir metas com as quais se importam profundamente:

- Profissionais da saúde (que têm a tarefa de salvar vidas, mas podem gastar mais tempo lidando com papéis do que cuidando dos pacientes)
- Professores (que precisam atender às demandas eloquentes e conflitantes de pais, alunos, administradores e conselhos escolares)
- Funcionários de empresas com ritmo acelerado (que devem estar de plantão 24 horas por dia, sete dias por semana) e nunca se afastam de seus telefones ou de suas telas de computador)
- Membros do clero (que podem ter uma devoção sem limites ao seu rebanho, mas com recursos insuficientes para aconselhá-lo)
- A polícia e outras equipes de emergência (que precisam tomar decisões de vida ou morte em casos de incêndios graves, *overdoses* de drogas e ataques com uso de armas de fogo)
- Funcionários públicos (que se inscreveram para servir seu país, seu estado, sua cidade ou seu município, mas estão recebendo ameaças de morte de pessoas radicalizadas por teorias da conspiração)
- Terapeutas e assistentes sociais (que enfrentam os piores problemas humanos e ouvem histórias de vida devastadoras dia após dia)
- Ativistas da justiça social ou do clima (que lutam por um bem maior, mas consideram os avanços obtidos extremamente lentos)
- Adultos que cuidam de pais doentes (que podem ter que sustentar, alimentar, vestir e dar banho em seus próprios pais em uma completa inversão de papéis)
- Pais que criam filhos com necessidades especiais (que prestam cuidados heroicos, mas ficam sobrecarregados e preocupados com o futuro deles)

VOCÊ ESTÁ ESGOTADO?

Para determinar se você está sofrendo de *burnout*, faça a si mesmo as seguintes perguntas:

- ☐ Você se sente menos motivado para fazer seu trabalho?
- ☐ Você está sempre estressado e sente que nunca tem um descanso?
- ☐ Você se sente impaciente ou irritado?
- ☐ Você está menos produtivo ou tem essa sensação?
- ☐ Você tem dificuldade de se concentrar?
- ☐ Você se sente sem esperança ou sobrecarregado?
- ☐ O estresse do trabalho está afetando seus relacionamentos pessoais?
- ☐ Você quer apenas ser deixado em paz?
- ☐ Você está começando a usar comida, álcool ou substâncias para anestesiar o estresse que sente?e
- ☐ Seu trabalho está afetando seu sono ou sua vida sexual?
- ☐ Você está ficando ansioso ou deprimido em relação ao seu trabalho?
- ☐ Você está desenvolvendo problemas físicos, como dores de cabeça ou problemas gástricos?

Se você respondeu sim para quatro ou cinco dessas perguntas, não é de se admirar que esteja procurando ajuda. Normalmente, o *burnout* começa com a exaustão proveniente de um estressor específico (em um espaço ocupacional ou em casa), mas depois se infiltra no restante de sua vida.

> **Para saber mais sobre os sinais e os sintomas de *burnout*,** você pode consultar os *sites* da American Psychological Association (*apa.org*) e da Organização Mundial da Saúde (*who.int*) ou o WebMD (*webmd.com*).

O *burnout* pode causar problemas físicos, como fadiga, dores no corpo, dores de cabeça, doenças cardíacas, alterações no apetite, diabetes, problemas estomacais ou intestinais e vulnerabilidade a doenças. Especialmente quando não tratado, pode ter um impacto profundo na saúde mental, levando a ansiedade, depressão ou abuso de substâncias. Também não somos as melhores versões de nós mesmos quando estamos com outras pessoas, talvez nos irritando por nada ou nos isolando de amigos e familiares. Qualquer um desses sintomas de *burnout* pode ter um efeito devastador em nossas vidas.

Também não é surpresa que o *burnout* possa ter um efeito sorrateiro na sociedade em geral. Enfermeiros e professores estão começando a se afastar, muitas vezes deixando a profissão. Nos últimos anos, houve um número recorde de americanos que deixaram seus empregos – vários milhões por mês. Os analistas relatam que muitos estão saindo devido ao *burnout*, sobretudo os profissionais da área da saúde. Isso apenas aumenta a carga sobre os que ficam, que se sentem mais esgotados do que nunca.

O *burnout* pode afetar todos os aspectos de sua vida, fazendo com que você se sinta tão desanimado quanto um balão vazio.

A rotatividade de funcionários custa bilhões de dólares para as instituições na Europa e nos Estados Unidos – os empregadores estimam que cerca de um terço do salário anual de um funcionário é perdido devido ao *burnout*. Algumas empresas não podem arcar com esse custo e fecham as portas. Outras repassam o custo para os consumidores, que também não podem arcar com ele. E o que acontece conosco quando há uma longa espera por uma resposta do telefone de emergência; seu padre, imame ou rabino precisa de *seu* conselho; e as pessoas marginalizadas não conseguem obter os serviços sociais de que necessitam para sobreviver? Você sabe a resposta porque todos nós estamos vivendo com as consequências de longo alcance do *burnout*.

Você também pode estar se perguntando: "Como é que eu fui ficar tão esgotado?". Essa é uma boa pergunta a ser feita se você estiver tentando decidir se pode continuar no trabalho que está fazendo – trabalho que provavelmente foi muito significativo para você em algum momento.

AS CAUSAS DO *BURNOUT*

Talvez você nem consiga se lembrar de como a grande sobrecarga começou. O *burnout* pode levar a problemas cognitivos e de memória, a ponto de as coisas ficarem embaçadas. Quando questionado sobre se se lembrava de uma grande tempestade de neve em 2021, um professor de ensino médio, exausto por ter que mudar repentinamente para o ensino *on-line* devido à pandemia de covid-19, respondeu: "Para ser honesto, não me lembro de nada sobre o ano passado". Mas os cientistas relacionaram esse tipo de esgotamento a vários fatores identificáveis.

Estressores relacionados ao trabalho

- **Carga de trabalho excessiva**: você tem muito o que fazer, nunca consegue se atualizar, seu trabalho é física ou emocionalmente exaustivo.
- **Falta de controle**: você é incapaz de tomar suas próprias decisões, controlar sua agenda ou resolver problemas do seu próprio jeito.

- **Expectativas de trabalho pouco claras**: você está confuso sobre o que é esperado e quem faz o quê.
- **Recompensas limitadas**: você é mal remunerado ou não é reconhecido de forma adequada por seu trabalho.
- **Injustiça**: sua identidade pessoal ou suas interseções de identidade são marginalizadas ou desrespeitadas, ou as políticas e os procedimentos são administrados de forma desigual.
- **Ambiente de trabalho disfuncional**: você sofre *bullying*, é excessivamente controlado, e tem suas habilidades e esforços desvalorizados.
- **Falta de apoio**: você se sente sozinho e sem apoio, não tem uma rede de contatos ou comunidade para se apoiar, ou está constantemente preocupado com a estabilidade do seu emprego.
- **Trabalho angustiante**: seu trabalho é monótono, caótico, perigoso ou degradante.
- **Conflito de valores**: seu trabalho viola seus valores essenciais (também conhecido como *dano moral*).

Qualquer uma dessas condições pode levar ao *burnout*, mas ele geralmente resulta de uma combinação de fatores. Por exemplo, ser uma enfermeira de cuidados intensivos já é bastante difícil, mas Jacquie, infelizmente, também se sente completamente desrespeitada pela administração de um hospital que visa ao lucro e que se recusa a contratar a equipe adicional necessária. Ela passa tanto tempo cuidando da papelada que só pode ficar alguns minutos com cada paciente. Ela não recebe um aumento decente há anos, mas seu aluguel continua subindo. Todos esses fatores de estresse se acumulam como um acidente envolvendo diversos carros.

Importar-se

As pesquisas mostram que se importar de maneira profunda com o trabalho também é um fator de risco para o *burnout*. Uma pessoa idealista que cria um abrigo para moradores de rua e que é apaixonada por ajudar aqueles que estão à margem da sociedade trabalhará de forma incansável pelos clientes. Mas ela também pode se tornar amarga e desiludida com a atitude desumanizadora daqueles que detêm tanto os recursos financeiros quanto as canetas que escrevem as políticas públicas. Se ela não se importasse, as frustrações do trabalho não lhe pesariam tanto. Ironicamente, são as pessoas mais comprometidas com seu trabalho que estão mais vulneráveis a serem exauridas por ele.

Desequilíbrio

O desequilíbrio entre trabalho e vida pessoal também é um fator de risco importante para o *burnout*, e muitos de nós somos vítimas dele. Recebemos mensagens culturais de que devemos trabalhar duro e *amar* o que fazemos: "Se você ama o trabalho que faz, nunca precisará trabalhar um dia sequer em sua vida!". De alguma forma, isso é subconscientemente traduzido como "Se você ama o trabalho que faz, nunca viverá um dia sem trabalhar!". Como as pessoas estão cada vez mais trabalhando *on-line* e em casa, está se tornando mais difícil se afastar do trabalho e se concentrar em outras coisas. O chefe está a apenas uma mensagem de *e-mail* de distância, e, assim, o trabalho começa a tirar tempo dos amigos ou da família, distorcendo ainda mais seu papel em nossas vidas.

Esse cabo de guerra entre trabalho e família é especialmente forte para as mulheres. É claro que o feminismo da segunda onda concedeu às mulheres o "direito" de "ter tudo", mas aqui estamos na quarta onda, e as mulheres ainda se sentem culpadas por não passarem tempo suficiente cuidando de suas famílias. Antes de Ketanji Brown Jackson ocupar seu lugar na Suprema Corte dos Estados Unidos, ela sentiu a necessidade de reconhecer para suas filhas que nem sempre conseguiu equilibrar bem o trabalho e a maternidade. Lá estava ela, sendo confirmada como a primeira mulher negra na mais alta corte dos Estados Unidos, e ainda se preocupava por não ter feito o suficiente.

Em lares com duas fontes de renda, as mulheres tendem a cuidar duas vezes mais dos filhos e das tarefas domésticas do que os homens. Elas também passam mais tempo coordenando atividades familiares, planejando comemorações, marcando consultas médicas, acompanhando parentes e assim por diante. O resultado é que quatro em cada dez mães que trabalham relatam que sempre se sentem apressadas, com pouco ou nenhum tempo para si mesmas. E aquelas que ganham mais do que seus parceiros homens, na verdade, aumentam, em vez de diminuir, o trabalho não remunerado para compensar a percepção de que, de alguma forma, não estão sendo boas mulheres. Esse autojulgamento só piora a sensação de esgotamento.

Senso de valor pessoal

Em geral, nosso senso de valor pessoal depende do grau de produtividade que temos: "Tenho mais valor quando estou trabalhando duro". Isso é verdade para a maioria das pessoas, mas especialmente para os perfeccionistas, para os quais "bom o suficiente" nunca é satisfatório. A sociedade nos diz que devemos sempre tentar fazer mais. Em vez de parar de trabalhar quando uma tarefa é concluída, prosseguimos, tentando ser cada vez melhores. Infelizmente, as conquistas só nos fazem sentir melhor por alguns instantes e, depois, voltamos à esteira. Essa sensação de nunca sermos produtivos o suficiente acaba nos fazendo sentir vazios e esgotados.

Autossacrifício

As pessoas tendem a se esgotar quando se concentram em cuidar dos outros muito mais do que de si mesmas. O autossacrifício é considerado admirável e nobre. As pessoas criadas como mulheres, em especial, são elogiadas por se sacrificarem a ponto de isso se tornar parte de sua identidade. A razão pela qual Jacquie entrou para a enfermagem foi ajudar as pessoas. No entanto, ela se identificou tanto com a ideia de ser uma "pessoa prestativa" que tinha medo de dizer não aos colegas, fazendo turnos extras mesmo quando estava tão cansada que mal conseguia ficar de pé. Quando nos preocupamos com os outros, mas não conosco, o *burnout* é certo.

Culpa

Os sentimentos de estresse e exaustão se multiplicam de maneira exponencial quando julgamos e nos culpamos por nossa difícil situação. Nosso crítico interno diz que deveríamos ser capazes de controlar as coisas, de fazer as coisas direito, de lidar com elas. Quando perdemos o fôlego e começamos a nos desconectar do trabalho, a culpa nos faz sentir incompetentes e incapazes. Então pensamos: "Não só estou falhando no meu trabalho como também *sou* um fracasso, um perdedor, um caso sem solução". Apontamos o dedo para nós mesmos na esperança equivocada de que, de alguma forma, isso nos dê o chute no traseiro necessário para sairmos do esgotamento. Mas isso só piora a situação.

Se você está esgotado, não precisa se culpar. Você precisa de compaixão por si mesmo.

Se você diz a si mesmo que não se sentiria assim se fosse uma pessoa melhor – mais forte, mais resistente, mais dedicada, mais generosa, mais trabalhadora –, você está enganado. Suas condições de trabalho o estão agredindo todos os dias, e não vai adiantar nada se agredir ainda mais. É hora de tentar algo novo. Como seria validar o quanto é doloroso sentir-se esgotado; lembrar-se de que você é um ser humano que está fazendo o melhor que pode e que não está sozinho; ser gentil consigo mesmo porque o esgotamento dói e você está sofrendo? Em outras palavras, como a autocompaixão pode ajudá-lo a lidar com o *burnout*?

FERRAMENTA DE AUTOCOMPAIXÃO 1

Avaliação da autocompaixão

Para decidir por si mesmo se a autocompaixão pode ajudá-lo a lidar com o *burnout*, faça este teste, que se baseia na Escala de Autocompaixão validada empiricamente.

Como eu lido com o esgotamento?

Leia cada afirmação com cuidado antes de responder. À esquerda de cada item, indique com que frequência você se comporta da maneira mencionada quando se sente estressado, exausto e esgotado.

Para o primeiro conjunto de itens, use a seguinte escala:

Quase nunca	Ocasionalmente	Às vezes	Frequentemente	Quase sempre
1	2	3	4	5

____ Tento ser compreensivo e paciente comigo mesmo.

____ Tento ter uma visão equilibrada da situação.

____ Tento ver minha experiência como parte da condição humana.

____ Tento me dar o carinho e a ternura de que preciso.

____ Tento manter minhas emoções em equilíbrio.

____ Tento me lembrar de que sentimentos difíceis são compartilhados pela maioria das pessoas.

Para os próximos itens, use a seguinte escala (que é diferente da anterior):

Quase sempre	Frequentemente	Às vezes	Ocasionalmente	Quase nunca
1	2	3	4	5

____ Desaprovo e critico a mim mesmo.

____ Sou consumido por sentimentos negativos.

____ Tendo a achar que a maioria das pessoas provavelmente é mais feliz do que eu.

____ Sou intolerante e impaciente comigo mesmo.

____ Tendo a me sentir sozinho.

____ Tendo a ficar obcecado e me fixar em tudo o que está errado.

Total (soma de todos os 12 itens) ____

Pontuação média = Total/12 ____

As pontuações médias gerais de autocompaixão tendem a ficar em torno de 3,0 na escala de 1 a 5; portanto, você pode interpretar sua pontuação geral de acordo com ela. Como um guia aproximado, uma pontuação de 1 a 2,5 para sua autocompaixão geral indica que sua autocompaixão em decorrência do *burnout* é baixa, 2,5 a 3,5 indica que é moderada e 3,5 a 5,0 significa que é alta.

Jacquie fez a avaliação e percebeu que tinha muito pouca compaixão por si mesma por se sentir esgotada. Como tinha uma mente analítica e gostava de se basear em evidências, ela prosseguiu e leu estudos que comprovavam que a autocompaixão reduz sentimentos de exaustão, desligamento e incompetência, e então decidiu que queria testar essa abordagem.

Este livro fornece ferramentas concretas para que pessoas como Jacquie, e talvez você, possam se relacionar com o *burnout* de maneira mais saudável e produtiva. Como você aprenderá no próximo capítulo, a autocompaixão pode aliviar de modo significativo o impacto mental, físico e emocional do *burnout*. Ela também pode ajudar a restaurar sua paixão pelo trabalho, permitindo que você continue lutando pelo que vale a pena.

Não importa há quanto tempo você esteja sofrendo de *burnout* ou quão desesperado se sinta: a autocompaixão pode encontrá-lo exatamente onde você está. Qualquer pessoa pode praticar a autocompaixão, e isso não tomará mais de seu tempo e sua energia limitados. De fato, um momento de autocompaixão real é sempre um alívio – umas miniférias da luta com o *burnout*. O próximo capítulo o auxiliará a entender o que é autocompaixão e como ela pode ajudá-lo. Por que não experimentá-la e descobrir o que acontece?

2

Reabastecendo-nos

Como a autocompaixão combate o burnout

A autocompaixão é bastante simples – é basicamente a compaixão voltada para dentro. Quando temos autocompaixão, damos a nós mesmos a gentileza, o cuidado, a preocupação e a ajuda que normalmente damos aos outros diante das dificuldades. Somos calorosos e compreensivos, em vez de frios e críticos, quando as coisas são desafiadoras em nossa vida.

Os cientistas definem compaixão como a preocupação com o alívio do sofrimento. É a motivação para ajudar em vez de causar sofrimento. Tendemos a fazer isso de forma natural em relação a *outras* pessoas com quem nos importamos, mas não em relação a nós mesmos. Observe o caso de Laurel, por exemplo.

Laurel trabalha em casa como programadora de computadores, mas recentemente assumiu outro trabalho: cuidar de sua mãe, que tem 87 anos. Após o pai de Laurel falecer, sua mãe se sentiu abalada pela perda, então se mudou para o quarto vago da casa de Laurel. Sua mãe tem dificuldade para andar e está perdendo a visão e a audição, então Laurel a ajuda a tomar banho, leva-a às consultas médicas e cozinha para ela. Laurel está sobrecarregada com a quantidade de tempo que passa cuidando da mãe enquanto tenta trabalhar em tempo integral. Ela é filha única, portanto não tem a ajuda de irmãos. Quando sugeriu à mãe que se mudasse para uma instituição de longa permanência, ela ficou claramente chateada. Embora sua mãe tenha dito que estaria disposta a ir, obviamente odiou a ideia. Laurel imediatamente retirou a sugestão: "Deixe para lá, eu fico feliz em cuidar de você, mãe". Laurel se sente uma filha má por querer que sua mãe se mude. Ela também se sente incompetente. Ela não deveria ser capaz de conciliar o trabalho com o cuidado da mãe? Para lidar com a vergonha e os sentimentos de inadequação, Laurel começou a beber um pouco demais à noite, depois que a mãe vai se deitar.

Quando estamos esgotados – exaustos, exauridos, fartos –, a última coisa que precisamos é sentir vergonha e culpa. A vergonha só faz com que nos sintamos mais exaustos, exauridos e fartos. Precisamos de uma mão amiga em vez de um tapa na cara. A compaixão nos ajuda a superar uma situação difícil, oferecendo apoio e incentivo, o que nos energiza em vez de nos esgotar.

Felizmente, quando chegamos à idade adulta, a maioria de nós já sabe como ser compassivo, pelo menos em relação aos outros. Sabemos como estar ao lado de alguém que precisa de nós – ouvir com empatia, conversar sobre as coisas e ajudar quando pudermos. Por exemplo, embora Laurel não se sinta à altura da tarefa de cuidar de sua mãe, ela é uma das filhas mais pacientes, atenciosas e protetoras que se poderia imaginar. Ela defende sua mãe quando os outros a tratam com menosprezo: quando seu médico recentemente falou com sua mãe de forma complacente, Laurel disse: "Ela tem deficiência auditiva, não é ignorante!". Laurel também diz à mãe o quanto a ama e segura sua mão quando ela se sente assustada ou solitária. Se Laurel desse a si mesma metade da bondade e da compreensão que dá à mãe, provavelmente se sentiria muito diferente em relação a si própria.

A autocompaixão pode suprir as necessidades de pessoas esgotadas como Laurel (veja o quadro na próxima página). Seu impacto é exagerado? De forma alguma. Conforme descrito mais adiante neste capítulo, os cientistas têm muitas evidências de que a autocompaixão pode ajudar a reduzir o *burnout*. Se você estiver sem energia, pode ser um alívio saber que não precisa aprender uma habilidade totalmente nova para ter autocompaixão. Você só precisa tirar do bolso a ferramenta que já sabe utilizar com os outros – a compaixão – e começar a tratar a si mesmo como trataria um bom amigo.

RESISTÊNCIA À AUTOCOMPAIXÃO

Um grande obstáculo para a autocompaixão, entretanto, é que não nos damos permissão para sermos amáveis conosco. "Compaixão por *mim mesma*?", protestou Laurel, "Como posso sentir pena de mim quando minha mãe está chegando ao fim de sua vida? Meu dever, como filha, é cuidar dela, não me afundar em autopiedade por ser um trabalho árduo".

Dando a nós mesmos o que precisamos

Quando estiver esgotado, você pode fazer a si mesmo a pergunta essencial da autocompaixão: "O que eu preciso neste momento?". Em seguida, faça o que puder para atender às suas necessidades. Talvez você se identifique com uma dessas necessidades, normalmente sentidas por pessoas que estão esgotadas:

- **Aceitação**: "Então você não é perfeito em seu trabalho. Não tem problema. Quem é perfeito mesmo?"
- **Conforto:** Como você acalmaria e confortaria um amigo que está se sentindo exausto e sobrecarregado? Você pode oferecer o mesmo cuidado a si mesmo.
- **Validação**: É bom admitir que o esgotamento é muito ruim e que você precisa de algum apoio.
- **Limites**: Aprender a dizer "não" pode ajudá-lo a aliviar a carga e, assim, não assumir mais do que pode suportar.
- **Manifestar-se**: Parte da autocompaixão é defender-se e expressar como você de fato se sente.
- **Satisfação**: Pergunte a si mesmo o que o ajudaria a se sentir satisfeito e então faça o que puder para que isso aconteça.
- **Mudança**: Torne-se um orientador sábio e um autoencorajador ao tentar fazer mudanças em sua vida para ficar menos sobrecarregado.

Esse tipo de diálogo interno vem de muitas mensagens diferentes que ouvimos ao longo de nossas vidas. Dizem que devemos ser fortes, e interpretamos isso como se devêssemos ser severos e insensíveis conosco. Se você foi criado em um ambiente negligente ou abusivo, ou se cresceu sem a segurança interior e a validação que advém do cuidado consistente e atencioso dos pais, é possível que carregue um sentimento de inutilidade em sua vida adulta. Talvez você sinta secretamente que não merece compaixão. O fato de estar exausto e esgotado parece apenas provar o ponto – você não está à altura e, portanto, suas necessidades não importam. Essa é a história de Laurel. Quando está exausta após um longo dia de trabalho e quer adiar o banho da mãe para a manhã seguinte, ouve a voz crítica do pai em sua cabeça, dizendo-lhe o quanto ela é preguiçosa.

Em geral, o *burnout* resulta de um cuidado desequilibrado – favorecendo os outros em detrimento de nós mesmos.

As mensagens da sociedade também ecoam alto. Parte da resistência de Laurel à autocompaixão está enraizada na cultura em que ela (e muitas outras pessoas) foi criada, que louvava o autossacrifício como nobre e até santo – sobretudo para as mulheres. Ela construiu seu senso de identidade em torno de ser generosa e doadora. E agora, infelizmente, com as altas exigências de cuidar de sua mãe, suas próprias necessidades continuam ficando em segundo plano. Laurel precisa de autocompaixão para corrigir o desequilíbrio em seu hábito de cuidado assimétrico, que sempre favorece os outros em detrimento de si mesma.

As pessoas têm muitos motivos para resistir à autocompaixão – elas acham que isso as tornará fracas, egoístas, preguiçosas, egocêntricas ou autocomplacentes, ou que evitarão assumir responsabilidades e não conseguirão fazer nada. Você terá a oportunidade de explorar com mais detalhes suas dúvidas sobre a autocompaixão no Capítulo 4. Mas, por enquanto, gostaríamos de lhe dar um melhor entendimento sobre as recompensas de utilizar a autocompaixão para lidar com o *burnout*.

COMO A AUTOCOMPAIXÃO AJUDA: O QUE A CIÊNCIA NOS DIZ

Há muitas pesquisas sobre autocompaixão e *burnout*, realizadas com profissionais da saúde, equipes de emergência, professores, terapeutas, educadores, líderes empresariais, funcionários, mães e pais, cuidadores de pais ou cônjuges idosos e familiares. As descobertas indicam que as pessoas que são naturalmente mais autocompassivas, ou que aprendem a ser mais autocompassivas, se sentem:

- menos exaustas e esgotadas pelo trabalho;
- menos estressadas e sobrecarregadas;
- menos deprimidas, sem esperança ou céticas;
- mais capazes de manter um equilíbrio entre vida pessoal e profissional;
- mais capazes de estabelecer limites com outras pessoas;
- mais conectadas a outras pessoas;
- mais capazes de lidar com os desafios do trabalho;
- mais competentes e eficazes;
- mais satisfeitas com o trabalho que fazem.

A autocompaixão pode ajudá-lo a se proteger contra os estragos do *burnout*.

Estudos também demonstram que as pessoas mais compassivas se beneficiam em termos de saúde física e mental (veja o quadro a seguir). Normalmente, os estudos são conduzidos avaliando-se os níveis naturais de autocompaixão por meio de medidas de autorrelato, como a Escala de Autocompaixão, e correlacionando as pontuações com outros resultados, ou então examinando o que acontece com os que aprendem a ser mais autocompassivos por meio de um curso de treinamento como o MSC. As descobertas utilizando ambos os métodos convergem para demonstrar que a autocompaixão é o melhor caminho.

Os benefícios da autocompaixão

As pessoas autocompassivas são mais propensas a:

- Ser felizes, esperançosas e otimistas.
- Sentir-se satisfeitas com sua vida.
- Ter um senso estável e incondicional de autovalor.
- Apreciar e sentir-se satisfeitas com seu corpo.
- Ter inteligência emocional.
- Regular habilmente suas emoções.
- Demonstrar resiliência quando confrontadas com dificuldades.
- Ser conscienciosas e estar dispostas a assumir responsabilidades pessoais.
- Demonstrar motivação e determinação para atingir suas metas.
- Concentrar-se no aprendizado e no crescimento pessoal.
- Sentir-se autênticas em suas interações sociais.
- Ter relacionamentos saudáveis com outras pessoas.
- Perdoar e enxergar as coisas em perspectiva.
- Comer alimentos saudáveis, fazer exercícios e exames médicos regularmente.
- Dormir bem, ter um sistema imunológico forte e ter menos resfriados e sofrer menos com dores.

Pessoas autocompassivas também são menos propensas a:

- Ser neuróticas ou sentir vergonha intensa.
- Ser ansiosas, deprimidas e estressadas.
- Abusar de drogas e álcool.
- Desenvolver transtornos alimentares.
- Desenvolver transtorno de estresse pós-traumático.
- Cogitar o suicídio como forma de fugir da dor emocional.

CRIANDO UMA CULTURA DE AUTOCOMPAIXÃO

Há vários anos, antes da pandemia de covid-19, uma mulher chamada Krista Gregory, que trabalhava como capelã em um grande hospital infantil, fez o curso de MSC que desenvolvemos. O curso é ministrado em sessões de três horas, realizadas uma vez por semana, durante oito semanas. O treinamento envolve uma variedade de exercícios praticados durante a aula e entre as sessões como tarefa de casa. Ele também inclui um retiro de meditação silenciosa de meio dia. Krista foi transformada pela experiência e nos procurou para saber se também poderíamos ajudar os profissionais da saúde sobrecarregados e estressados de seu hospital a aprender a ter mais autocompaixão. Sua equipe precisava desesperadamente de autocompaixão, mas não tinha tempo para fazer o curso completo de MSC. "E nem pense em pedir à minha equipe para meditar ou fazer a tarefa de casa sobre autocompaixão", observou Krista. "Eles mal têm tempo para comer." Desse modo, iniciamos um programa-piloto, testando um treinamento de autocompaixão para profissionais da saúde esgotados.

No início, houve algumas reações negativas. Essas pessoas estavam lidando com crianças que tinham doenças graves, como câncer ou diabetes juvenil. A cultura do hospital era a de se sacrificar pelas crianças. As enfermeiras trabalhavam em diversos turnos sem descanso. "A autocompaixão não é egoísmo?", perguntaram-nos. "Não deveríamos estar nos concentrando apenas nas crianças?" Os médicos sentiam a pressão de serem perfeitos e nunca cometerem um erro, devido às consequências que isso acarretaria. Isso é que é estresse. "A autocompaixão não nos tornará desleixados e preguiçosos e não prejudicará nosso profissionalismo?" Mas todos no hospital confiavam e respeitavam Krista, e ela convenceu alguns de seus colegas a nos ajudar a criar o curso.

Tivemos que repetir o processo algumas vezes até encontrar um formato que funcionasse. Criamos uma versão do curso muito mais curta – seis sessões de uma hora – e o ministramos durante o almoço com *pizza* grátis (eles tinham que comer, então era melhor aprender a ter autocompaixão enquanto faziam isso). Também nos certificamos de que todas as práticas de autocompaixão pudessem ser realizadas no trabalho, diretamente no local de trabalho, onde elas são necessárias. Muitas das práticas e das técnicas encontradas neste livro vêm diretamente desse curso.

Realizamos uma pesquisa sobre a eficácia do treinamento breve e descobrimos que o curso não só aumentou os níveis de autocompaixão como aumentou a compaixão pelos outros. Nossos participantes também relataram maior satisfação com a compaixão, o que significa que se sentiram mais realizados em seu trabalho como profissionais da área da saúde. Eles se tornaram mais conscientes no trabalho. Experimentaram uma redução no estresse e ficaram menos deprimidos. Talvez o mais importante seja o fato de terem relatado reduções significativas nos três principais sintomas de *burnout* – sentiram-se menos exaustos e esgotados pelo trabalho; relataram menor desinteresse, ceticismo e negatividade, bem como recuperaram a sensação de competência e eficácia.

Tivemos que pensar em um nome para o programa e decidimos chamá-lo de Self-Compassion for Healthcare Communities (SCHC). Esse nome foi escolhido porque o programa funcionou não apenas em nível individual como também em nível comunitário, e começou a mudar a cultura do hospital. Aqueles que fizeram o curso adoraram e começaram a falar sobre sua experiência com outras pessoas. Eles começaram a modelar uma nova forma de encarar o estresse de seus trabalhos. Em vez de simplesmente aguentar, eles diziam: "Preciso fazer uma pequena pausa para cuidar de mim agora". Mesmo entre aqueles que não tinham feito o curso, a ideia de que a compaixão deveria ser dada apenas aos outros começou a mudar. As pessoas passaram a incentivar umas às outras a serem mais gentis e compreensivas consigo mesmas. Elas perceberam que não eram boas para ninguém se estivessem exaustas a ponto de não conseguir pensar direito. Elas pararam de esperar que todos fossem super-humanos e, em vez disso, começaram a aceitar o fato de que todos estavam fazendo o melhor que podiam.

O SCHC ainda está sendo ensinado no hospital infantil em que foi desenvolvido e é ensinado *on-line* por meio do Center for Mindful Self-Compassion, a organização sem fins lucrativos que criamos para disseminar o treinamento em autocompaixão. Muitas grandes organizações de saúde, como a Kaiser Permanente, estão começando a oferecer o programa às suas equipes. As faculdades de medicina e os programas de residência estão interessados. As pessoas estão finalmente começando a perceber o fato de que, se você se doar de forma contínua aos outros e ignorar a si mesmo, logo não terá mais nada para doar. A maioria de nós aprendeu, ao longo dos anos, a ter compaixão por amigos, familiares ou colegas quando eles estão mal. A boa notícia é que você pode aproveitar essa experiência para apoiar a si próprio de maneira semelhante. Iniciamos o programa SCHC com um exercício criado para fornecer uma noção de como tratamos nossos amigos e nossos colegas de trabalho, em comparação a nós mesmos, quando estamos com dificuldades. É útil identificar essas diferenças, sobretudo no contexto do *burnout*, para que possamos começar a dar um suporte melhor para nós mesmos.

FERRAMENTA DE AUTOCOMPAIXÃO 2

Como você trataria um amigo ou um colega de trabalho que estivesse se sentindo esgotado?

Pegue uma folha de papel (ou seu dispositivo digital) e reflita por um momento sobre as seguintes perguntas:

- Imagine um amigo próximo ou um colega que lhe revelou o quanto estava se sentindo exausto e esgotado no trabalho, em casa ou com a vida em geral (isso pode ter acontecido, é claro). Imagine também que você está forte e centrado. *O que você diria a essa pessoa? Que tom você utilizaria? Como seria sua postura? Você faria algum gesto não verbal, como colocar a mão no ombro dela?*
- Agora pense em como *você* tem reagido à sua própria exaustão e à sensação de *burnout*. *O que você costuma dizer a si mesmo? Que tom de voz você usa? Qual é a sua atitude? Você faz algum gesto não verbal, como fazer uma careta ou cerrar os punhos?*
- Você percebe alguma diferença entre a forma como trataria um amigo próximo ou um colega e como está tratando a si mesmo? Você seria mais gentil com outra pessoa? Você diria a um amigo que não é o fim do mundo se sentir exausto, mesmo que você faça uma catástrofe consigo mesmo quando se sente assim? Você se concentraria em fatores situacionais com um colega (a papelada, outras responsabilidades), mas culparia a si mesmo por estar esgotado?
- Por fim, note se consegue reagir à sua sensação de esgotamento como faria naturalmente com alguém de quem gostasse. Tente escrever algumas palavras de gentileza, compreensão e suporte em resposta à sua situação, utilizando o mesmo tom caloroso e atencioso que usaria com um amigo próximo ou um colega.

Laurel não percebia o quanto ela se tratava mal em comparação com a forma como trataria uma amiga que estivesse sobrecarregada. Sarah, amiga de Laurel, trabalhava em tempo integral e tinha um filho com autismo, e Laurel era muito gentil e encorajadora com ela, constantemente elogiando Sarah por ser uma mãe amorosa e lembrando-a de se dar um desconto por não conseguir fazer tudo. Ela nunca diria à amiga: "Você não está fazendo o suficiente!" ou "É sua culpa que seu filho não está se saindo melhor!". Em vez disso, ela dizia coisas como "Estou muito orgulhosa de você!", "Você está fazendo o melhor que pode!" e "Deve ser muito difícil. Há algo que eu possa fazer para ajudar?".

Quando Laurel tentava dizer coisas semelhantes a si mesma, sentia-se desconfortável e falsa. Você pode ter tido uma experiência semelhante. Isso é muito normal. Neste livro, nós ajudaremos você a trabalhar para ser mais autocompassivo, e isso se tornará mais fácil com a prática. Laurel continuou tentando ser mais amigável consigo mesma e, por fim, isso começou a parecer mais natural. Ela ficou surpresa com o quanto se sentiu mais leve quando conseguiu receber um pouco de sua própria bondade. Ela tentou dizer coisas compreensivas a si mesma, como "Sei que é muito difícil ver o declínio da mãe e sentir-se tão responsável por ela, mas você não pode fazer tudo. Você está fazendo o melhor que pode". Laurel percebeu que, embora sua mãe pudesse não ficar tão feliz na instituição de longa permanência, provavelmente seria uma solução melhor para ambas. Era muito estressante para Laurel tentar trabalhar em casa e cuidar da mãe ao mesmo tempo. Ela não era uma filha ruim por tomar essa decisão, mesmo que sua mãe ficasse magoada com isso. Dar a si mesma carinho e apoio dessa maneira a ajudou a ultrapassar esse momento difícil.

Felizmente, a autocompaixão não é um bicho de sete cabeças. Ela exige sobretudo nos darmos permissão para inverter a Regra de Ouro e "fazer por nós mesmos o que faríamos pelos outros". Ser duro consigo mesmo, envergonhar-se e ignorar suas necessidades torna impossível lidar com as demandas de alto risco da vida moderna. Aprender a lidar com o estresse de maneira mais afável e solidária lhe dará a força e a resiliência necessárias para se recuperar do *burnout*. O próximo capítulo aborda os elementos da autocompaixão para que você possa entendê-la com maior profundidade. Você tem o poder de dar a si mesmo o que precisa para se sentir reenergizado e inteiro novamente, se estiver disposto a tentar.

3

Uma receita para a resiliência

Os ingredientes da autocompaixão

Não há como escapar: o *burnout* é horrível. E, no entanto, "escapar" é exatamente o que tentamos fazer. Ignoramos nossa exaustão, fingimos que não estamos sofrendo e nos massacramos com críticas para tentar seguir em frente. Tudo isso é compreensível: quem gostaria de se sentir esgotado? No entanto, se abandonássemos essas táticas de distração por um instante e nos perguntássemos: "Como isso está funcionando para você?", a resposta seria óbvia. Ainda estamos presos ao *burnout*. E ele continua horrível.

Quando somos atacados pelo estresse no trabalho ou nos sentimos esgotados, precisamos tratar das nossas angústias. Mas cuidar de nós mesmos raramente é nossa resposta imediata. Em vez de dar atenção para a nossa dor, nós a amortecemos. Em vez de nos lembrarmos de como nossos sentimentos são normais, nos sentimos totalmente sós. Em vez de sermos amorosos e solidários conosco, somos frios ou até maldosos. Fazemos tudo isso porque não queremos nos sentir mal, mas, ironicamente, isso só nos faz sentir pior.

Isaiah é a força vital e talentosa da empresa iniciante de *software* que ele gerencia. Criado em uma família unida que valorizava muito o trabalho árduo para progredir, ele costuma trabalhar de 70 a 80 horas por semana e raramente tira férias. Ele tinha grandes ambições e queria que sua empresa se tornasse a próxima Microsoft. No passado, de alguma forma, ele mantinha sua equipe ativa quando ela corria o risco de não atingir as metas de vendas, como se pudesse fazê-la avançar por meio de pura força de vontade. No entanto, agora ele está cansado de lutar – lutar pelos fundos de investimento para manter o negócio funcionando, lutar para desenvolver a próxima grande novidade antes de qualquer outra pessoa, lutar para manter em dia o salário dos 20 funcionários que dependem dele para pagar o aluguel. E ele está ficando irritadiço, além de cansado. Ontem, em vez de exibir seu sorriso deslumbrante de sempre, ele se irritou com sua assistente de confiança quando ela perguntou sobre uma proposta de financiamento que estava para ser entregue. Ela ficou tão chocada que começou a chorar. Isaiah sentiu-se como um réptil, incapaz de se considerar um líder. Ele até começou a se afastar de seu marido, Jake, a pessoa com quem sempre contou para lhe dar apoio. Ele se sentia como se estivesse constantemente empurrando uma pedra morro acima e estava pensando em desistir e vender a empresa.

A autocompaixão nos ajuda a cuidar de nós mesmos quando nos sentimos esgotados, fornecendo os recursos necessários para dar a atenção necessária *para* o nosso estresse sem nos deixarmos dominar por ele.

OS TRÊS COMPONENTES DA AUTOCOMPAIXÃO

Há três componentes principais da autocompaixão que operam juntos para nos ajudar quando estamos com dificuldades: atenção plena (*mindfulness*), humanidade comum (*common humanity*) e autobondade (*self-kindness*). A atenção plena nos permite estar cientes de nossas experiências negativas com equilíbrio, clareza e aceitação. A humanidade comum reconhece que ninguém é perfeito, que todas as pessoas levam uma vida imperfeita e que não estamos sozinhos em nossa angústia. A autobondade envolve dar a nós mesmos o apoio e o incentivo de que precisamos para ajudar a aliviar nosso sofrimento. Esses três elementos são todos necessários para a resiliência e o enfrentamento. Embora operem juntos como um todo, cada um desempenha um papel específico no contexto do *burnout*.

Os três elementos centrais da autocompaixão são a atenção plena, a humanidade comum e a autobondade.

Atenção plena: estar ciente do que acontece

A atenção plena pode ser descrita como estar ciente do que está acontecendo enquanto está acontecendo. Pense na frequência com que seu dia passa no piloto automático. Sobretudo se estiver esgotado, você pode se sentir como um zumbi, passando de uma tarefa para outra, entorpecido e com a mente turva. Se você não tiver consciência do que está sentindo, como poderá ajudar a si mesmo? Imagine se um amigo ligasse para você na esperança de receber algum conforto após um dia estressante de trabalho. Ele quer lhe contar que está passando por um momento difícil e como está sobrecarregado, mas você não ouve uma palavra do que ele diz. É assim que habitualmente nos relacionamos com nosso próprio estresse: simplesmente o ignoramos. Muitos de nós aprendemos que ignorar ou evitar nossas emoções difíceis é a melhor parte da coragem. Acreditamos que "ceder" aos sentimentos de exaustão ou frustração só atrapalhará a realização das tarefas e somos lembrados de que há muitas pessoas no mundo que passam por situações piores. Sendo assim, não devemos "chafurdar" em nosso sofrimento.

No entanto, ignorar como estamos nos sentindo significa que não podemos responder à pergunta crucial: "O que eu preciso neste momento para cuidar de mim mesmo?". Preciso fazer uma pausa, estabelecer um limite, conversar com os colegas, fazer uma mudança, pedir um abraço? Abrir-se para a realidade do momento significa que reconhecemos que estamos tendo dificuldade e podemos dizer a nós mesmos: "Isso é de fato difícil. Preciso de uma ajudinha agora".

Como você descobrirá nos próximos capítulos, a atenção plena não só nos permite tomar consciência da dor do *burnout* como também nos ajuda a diminuir a resistência a ela, que por si só é desgastante. Quando aceitamos nossos sentimentos difíceis, a intensidade da dor diminui e ganhamos a perspectiva necessária para reagir com sabedoria às nossas circunstâncias.

Humanidade comum: lembrando que você não está sozinho

O *burnout* é um dos estados mais solitários em que podemos nos encontrar. O estresse pode reduzir nosso mundo a um ponto minúsculo enquanto nos concentramos no trabalho que precisamos fazer. Não temos energia para passar tempo com outras pessoas e, por isso, podemos começar a nos isolar socialmente, ou, então, nos distanciamos emocionalmente das pessoas com quem convivemos porque nos sentimos muito esgotados. As pessoas com quem costumávamos nos preocupar agora parecem um fardo, e carregamos esse fardo sozinhos.

Embora logicamente saibamos que outras pessoas se sentem como nós, de modo irracional pode parecer que somos os únicos que estão se sentindo tão esgotados. Sentimos como se todas as outras pessoas no mundo estivessem levando uma vida *normal*, energética e vibrante. "Deve haver algo de errado comigo", pensamos. Em geral, esses pensamentos estão escondidos logo abaixo da superfície de nossa consciência, onde permanecem incontestáveis. Assim, nossa sensação de isolamento em nosso próprio mundo persiste.

Foi isso que aconteceu com Isaiah. Ele presumiu que todos os seus concorrentes estavam emocionalmente bem e não estavam tão cansados quanto ele. Ele tinha vergonha de admitir o quanto estava sobrecarregado, por isso tentou esconder sua angústia dos funcionários e até de Jake. Ele imaginava que era excepcionalmente falho e incompetente por não conseguir cumprir as longas jornadas de trabalho, e isso só piorava 100 vezes mais sua sensação de isolamento.

Quando estamos exaustos, distantes e atormentados pela autorrecriminação, lembrar-se de nossa humanidade compartilhada é mais importante do que nunca. Em primeiro lugar, os fatos mostram com clareza que não estamos sozinhos. O *burnout* é onipresente na sociedade. É humano que, quando estressados e sobrecarregados por muito tempo, comecemos a nos desligar. Não somos robôs; precisamos de repouso e tempo para nos recuperarmos após um dia difícil. Sentir-se esgotado não significa que há algo de errado com você, que é simplesmente um ser humano fazendo o melhor que pode em circunstâncias difíceis. Uma enfermeira que fez nosso curso SCHC relatou ter ficado profundamente comovida com o conceito de humanidade comum: "Eu costumava acumular muita tensão dizendo a mim mesma que ninguém entendia o quanto meu trabalho era difícil. E então, lá estava eu, olhando para um grupo de 15 outros funcionários que entendiam isso perfeitamente, pois se sentiam da mesma forma. Eu respirei mais aliviada do que nunca".

Autobondade: apoiando e cuidando de si mesmo

Quando você está tão esgotado que não consegue mais fazer seu trabalho, parece que definitivamente não tem tempo para cuidar de si mesmo. Talvez você imagine que autocuidado signifique tomar banhos de espuma de uma hora ou fazer uma aula de ioga. O autocuidado não requer tempo nem esforço – exige apenas que você mude sua atitude em relação a si próprio. Em vez de julgar e criticar a si mesmo pela péssima condição em que está, você tenta dar apoio e ser compreensivo, como faria em relação a um amigo. Em vez de se tratar com frieza porque se sente de alguma forma culpado pelo esgotamento, você é caloroso e benevolente. Pense em você como uma bateria alimentada por energia solar. A luz do sol da sua atitude de autocuidado o recarrega, já as nuvens escuras de autojulgamento e vergonha o esgotam.

Entretanto, a bondade não é apenas um sentimento; é o desejo ativo de aliviar seu sofrimento. Quando você se permite ser tocado por seus sentimentos de exaustão e esgotamento, seu coração se abre e surge o desejo natural de ajudar. Você começa a valorizar seu próprio bem-estar e quer *fazer algo* a respeito de sua situação, como pegar este livro – um ato de autobondade que será recompensado mais cedo do que você imagina.

AS DUAS FACES DA AUTOCOMPAIXÃO: TERNA E FEROZ

Pesquisas demonstram que a autocompaixão nos ajuda a lidar com circunstâncias difíceis acolhendo a nós mesmos e nossos sentimentos dolorosos, mas também a modificar as circunstâncias que os causam. A autocompaixão terna alivia o sofrimento por meio do poder da aceitação. Ela tem uma qualidade gentil e carinhosa que nos acalma e tranquiliza quando estamos angustiados. Contudo, às vezes, para cuidar de nós mesmos, precisamos fazer algo para acabar com nossa angústia – proteger-nos, atender às nossas necessidades ou motivar mudanças. É aí que entra a autocompaixão feroz. Aliviamos o sofrimento agindo. Metaforicamente falando, a autocompaixão terna é como uma mãe que segura e conforta seu filho, já a feroz é como a mamãe urso que defende seu filhote. A autocompaixão feroz envolve estabelecer limites, dizer não e ficar com raiva, se precisarmos nos defender. Isso significa que afirmamos o direito de ter nossas necessidades atendidas e não abandonamos a nós mesmos. Também demanda encorajar a nós mesmos a aprender e crescer como indivíduos enquanto trabalhamos para mudar circunstâncias injustas ou prejudiciais.

Diante do *burnout*, precisamos de autocompaixão terna e feroz. Precisamos nos aceitar como uma bagunça exausta com muito carinho e cuidado, para que possamos começar a nos curar. Também precisamos invocar nossa força interior para nos proteger das forças que nos drenam e para nos impulsionar para que possamos nos reerguer outra vez. Assim como *yin* e *yang*, essas duas expressões de autocompaixão devem ser equilibradas e integradas. Se estivermos aceitando demais, podemos nos tornar complacentes e desistir, mas se estivermos muito concentrados em agir, acabaremos nos desgastando ainda mais. Precisamos aceitar a nós mesmos e nossas emoções e, ao mesmo tempo, trabalhar para mudar comportamentos e situações prejudiciais à saúde para nos recuperarmos totalmente do *burnout*.

Infelizmente, os padrões sociais de comportamento de gênero impedem nossa capacidade de equilibrar a autocompaixão feroz e terna. Esclarecendo, o problema não está na anatomia com que você nasceu ou na sua identidade de gênero (se você é homem, mulher ou pessoa não binária). O problema é a caixa de sapatos em que a sociedade nos coloca – como "homens" e "mulheres" devem se comportar.

As mulheres são incentivadas a ser carinhosas e atenciosas com outras pessoas, mas não consigo mesmas. Elas são recompensadas pelo autossacrifício e por atender às necessidades dos outros e são vistas com desconfiança quando atendem às suas próprias necessidades. Também é dito às mulheres que elas não podem ser muito ferozes – em outras palavras, fortes, enérgicas, assertivas ou poderosas. A sociedade não gosta de mulheres mandonas, raivosas ou "ambiciosas". A socialização do papel de gênero significa que as mulheres às vezes se esgotam porque não se sentem à vontade para estabelecer limites ou dizer não aos outros.

Em contrapartida, os homens são incentivados a ser poderosos e ferozes, mas não sensíveis ou carinhosos. De fato, os meninos são com frequência provocados ou sofrem *bullying* se forem muito "sensíveis", e isso continua na idade adulta. Como consequência, os homens podem ter menos acesso ao poder de cura da autocompaixão que vem da capacidade de aceitar e lidar amigavelmente com suas emoções difíceis. Às vezes, eles se esgotam porque temem que acalmar a si mesmo signifique fraqueza. Em vez disso, acreditam que devem continuar como o personagem Rambo para provar seu valor, ignorando os pedidos de socorro que seus corpos estão emitindo, consumidos pela fadiga.

Esse foi certamente o caso de Isaiah. Sua abordagem em relação aos negócios era continuar trabalhando sem parar. Ele não conseguia se imaginar fazendo uma pausa ou pedindo ajuda; Isaiah era muito duro para isso. Ele também acreditava erroneamente que, se fosse gentil e solidário consigo mesmo, perderia sua competitividade de ponta. Como um cara durão, ele achava que precisava se flagelar por cada marca financeira perdida para se estimular e continuar lutando. Em vez disso, ele ficou tão desanimado que só queria desistir.

As pesquisas deixam muito evidente que a autocompaixão oferece força e resiliência:

- Ela ajuda as pessoas a lidar com o divórcio ou a criar filhos com necessidades especiais.
- Ela ajuda pessoas com doenças potencialmente fatais, como o câncer.
- Ela ajuda as pessoas a superar desastres naturais, como furacões.
- Ela ajuda os veteranos de guerra que passaram por combates a superar o trauma sem serem destruídos emocionalmente por ele.
- Ela ajudou as pessoas a superar a pandemia da covid-19 com menos estresse e solidão.

TORNAR-SE UM ALIADO INTERNO O TORNA MAIS FORTE

Quando as coisas ficam difíceis, o que de fato ajuda os durões a seguir em frente é a autocompaixão. Um dos motivos pelos quais a autocompaixão é tão eficaz para ajudar a nos reerguer é que ela transforma nossa voz interior de inimiga em aliada. Pense nisso: quando você vai para a batalha, o que será mais útil: menosprezar-se e duvidar de si mesmo ou se amparar e se fortalecer?

Embora não seja tão extremo quanto estar em guerra, muitos de nós sentimos o estresse do trabalho como se estivéssemos em uma zona de combate. As exigências incessantes de nosso tempo e de nossa energia nos deixam entorpecidos e em estado de choque. Para virar a maré da batalha, temos de nos tornar nossos próprios aliados ativos, utilizando atenção plena, humanidade comum e autobondade para nos ajudar a vencer a guerra contra o *burnout*.

Quando as coisas ficam difíceis, os durões se recuperam oferecendo compaixão a si mesmos.

FERRAMENTA DE AUTOCOMPAIXÃO 3

Carta de autocompaixão pelo *burnout*

Uma forma eficaz de cultivar a autocompaixão é escrever uma carta de compaixão para si. Há três maneiras principais de escrever essa carta:

1. Pense em um amigo imaginário que seja incondicionalmente sábio, amoroso e compassivo e escreva uma carta para si mesmo *sob a perspectiva de seu amigo*.
2. Escreva uma carta *como se estivesse falando com um amigo querido* que estivesse lutando com as mesmas preocupações que você.
3. Escreva uma carta da parte do seu eu compassivo para a parte de si que está com dificuldades.

Primeiro, escolha a forma como você escreverá a carta dentre as três já listadas. Em seguida, escreva uma carta para si mesmo a partir dessa perspectiva que explicitamente traga os componentes da autocompaixão (atenção plena, humanidade comum e autobondade) para a sua experiência de *burnout*.

- Escreva um parágrafo que reconheça de modo consciente os sentimentos de exaustão e esgotamento que você está experimentando, validando sua luta.
- Escreva um parágrafo que reconheça que seus sentimentos são humanos e que você não é o único a sofrer de *burnout*.
- Escreva um parágrafo que expresse gentileza, incentivo, receptividade e cuidado com o que você está passando.

Após escrever a carta, você pode deixá-la de lado por um tempo e lê-la mais tarde, permitindo que as palavras o amparem e confortem quando você mais precisar.

Pode demorar um pouco até que você se sinta confortável escrevendo para si mesmo de forma compassiva, mas com certeza fica mais fácil com a prática. Se você gosta sobretudo da escrita, pode escrever uma carta de autocompaixão todas as noites antes de dormir. Pesquisas mostram que quanto mais você praticar a autocompaixão, mais autocompaixão terá.

Eis a seguir uma carta que Isaiah escreveu para si mesmo. Ele foi um atleta de destaque no time de futebol do ensino médio, cujo técnico era muito gentil e o apoiava. Ele podia contar qualquer coisa ao treinador, que o ouvia com paciência e respondia de uma forma que sempre fazia com que se sentisse melhor. Desse modo, Isaiah escreveu sua carta para si mesmo a partir do ponto de vista de seu antigo treinador, usando o apelido que este lhe dera: Rocketman (homem-foguete, pois Isaiah era veloz e adorava Elton John). Os três parágrafos da carta de Isaiah refletem os três componentes da autocompaixão.

Olá, Rocketman,

Eu sei como você está exausto. Você ainda está tentando marcar um touchdown *em cada jogada, e isso o está desgastando. Você não está dormindo bem e não se sente como se fosse você mesmo. A energia e o otimismo que costumavam animar toda a equipe, sobretudo após uma derrota, são difíceis de encontrar hoje em dia. Sei que está com dificuldades. Tanta responsabilidade – demais, na verdade.*

Lembre-se de que iniciar um negócio é difícil para qualquer um. Não há nada de errado com você por se sentir sobrecarregado – isso é completamente humano. Você é uma pessoa, não uma máquina. Você também precisa de um descanso. Qualquer pessoa em sua situação sentiria que é demais.

Realmente me preocupo com você, Rocketman, e estou triste por vê-lo nesse estado. Mas não desista de si mesmo ou de seu negócio ainda. Você pode fazer algumas mudanças que vão lhe ajudar. Em primeiro lugar, você pode delegar mais responsabilidades à sua equipe. Dê parte de sua carga de trabalho a outras pessoas, para que elas possam carregar parte do fardo. Além disso, lembre-se de que não há problema em não atingir as metas de vendas e fracassar, pois, como sempre tentei enfatizar para a equipe, aprendemos com os fracassos. Em vez de levar isso para o lado pessoal, tente descobrir o que deu errado e corrija. Isso é o que de fato o ajudará a expandir seus negócios.

Faça isso dia após dia e observe como vai se sair, certo? Eu acredito em você. Você vai superar isso.

Com carinho, Treinador

No início, Isaiah se sentiu estranho ao escrever a carta, mas colocou-a na gaveta de sua mesa de cabeceira e a leu todas as noites durante uma semana. Ele podia sentir a compaixão em sua carta, o que lhe permitiu aceitá-la e até seguir seu próprio conselho. Isaiah começou a trabalhar menos horas e a delegar mais responsabilidade a outras pessoas. Começou a ver os números decepcionantes das vendas como oportunidades de aprendizado, e não como fracassos. Isaiah também reconheceu que havia uma parte de si mesmo – um *coach* interno sábio e compassivo – que ele poderia acessar pensando em seu mentor do ensino médio. Isaiah não vendeu sua empresa e acabou recuperando seu sorriso deslumbrante.

A autocompaixão não é difícil, apenas não temos o hábito de praticá-la. Felizmente, podemos nos basear em nossas experiências com a compaixão recebida de outras pessoas ou dada a elas como modelo. Se estivermos atentos à nossa dor, nos lembrarmos de que não estamos sozinhos e nos oferecermos bondade e apoio, poderemos transformar nossa capacidade de lidar com o estresse. No entanto, concepções errôneas sobre a autocompaixão muitas vezes atrapalham nosso caminho – um tópico que abordaremos no próximo capítulo.

4

Não é o que você pensa

Equívocos sobre a autocompaixão

Mesmo quando se sentem esgotadas e exaustas, muitas pessoas resistem a dar a si mesmas o apoio e a gentileza de que realmente necessitam. Na verdade, é justamente quando estamos chegando ao esgotamento total que temos maior probabilidade de rejeitar a autocompaixão. Por estarmos tão acostumados a dar tudo de nós sem desmoronar, podemos nos culpar por ficarmos sem combustível e decidir que não merecemos nenhuma compaixão. Às vezes, quanto mais difícil se torna fazer nosso trabalho, mais duros somos conosco.

Há muitas evidências de que a autocompaixão pode nos ajudar a lidar melhor com o *burnout*. No entanto, mesmo uma montanha de evidências ainda tem de competir com alguns equívocos culturais arraigados sobre essa mentalidade de apoio. É uma boa ideia refutar essas noções, pois elas geralmente nos impedem de nos beneficiarmos da autocompaixão.

MITOS SOBRE A AUTOCOMPAIXÃO

Ao longo do tempo, observamos que as pessoas geralmente têm crenças errôneas sobre o que é e o que não é autocompaixão. Alguma das afirmações a seguir lhe parece familiar?

- ☐ Autocompaixão significa chafurdar na autopiedade.
- ☐ Ter autocompaixão é egoísmo.

- ☐ A autocompaixão é narcisismo.
- ☐ A autocompaixão nos tornará mais suaves ou fracos.
- ☐ A autocompaixão é autocomplacente.
- ☐ Se tivermos autocompaixão, evitaremos assumir responsabilidade pessoal.
- ☐ Se tivermos autocompaixão, perderemos o ímpeto e a motivação para mudar.

É interessante notar que percepções errôneas como essas parecem ser bastante universais. Ensinamos autocompaixão no mundo ineiro, e as pessoas de todos os lugares costumam ter pelo menos duas ou três dessas crenças. Um exemplo disso é Giada.

Giada trabalha como defensora pública há 25 anos. Ela representa pessoas acusadas de crimes que vão desde posse de drogas e furtos em lojas até roubo e assassinato. Os clientes que lhe são designados pelo estado são pobres e com frequência sofrem de doenças mentais ou dependência de substâncias. Ela entende as dificuldades que seus clientes enfrentaram na vida e acredita firmemente que todas as pessoas merecem assessoria jurídica competente, quer possam pagar ou não, mas seus clientes podem ser desafiadores e exigentes. Ela está começando a se sentir desconectada e menos envolvida em seu trabalho.

Giada também está começando a se desconectar em casa – ou gostaria de poder. Seu filho de 20 anos está tendo dificuldades na faculdade comunitária, como já havia ocorrido no ensino médio, e assim que ela entra pela porta da frente, ele a confronta com exigências de garantia de que não será reprovado. Com muita frequência, essas interações trazem à tona imagens de clientes que exigem dela garantias de que não irão para a cadeia. Um dia, após trabalhar com um cliente especialmente exigente que ocupou toda a sua tarde, chegar em casa com a voz do filho preocupado com as provas que estavam por vir fez Giada perder o controle, gritando: "POR FAVOR, ME DÊ UM TEMPO!". Ela se sentiu péssima e imediatamente pediu desculpas. Enquanto estava debruçada sobre o balcão da cozinha tentando preparar o jantar, começou a chorar de forma silenciosa ao pensar em todo o estresse que estava sofrendo. Mas ela apenas se sacudiu com raiva e disse internamente para parar de sentir pena de si mesma.

Giada poderia se dar um pouco de autocompaixão. Na verdade, sua vizinha lhe deu um livro para ler sobre isso, mas ela está presa em uma armadilha criada por mensagens que ouviu enquanto crescia. Ela aprendeu que a compaixão é apenas para os outros. A ideia de que ela também poderia ser compassiva para si mesma lhe parece "errada". Seus pais, que trabalhavam duro e estavam determinados a dar aos filhos uma vida melhor do que tiveram, incutiram nela os valores do estoicismo e do autossacrifício. Giada temia que ser compassiva consigo mesma a tornaria uma chorona preguiçosa e egocêntrica. Seu ceticismo em relação à autocompaixão tem raízes profundas e nega a ela o acesso a uma solução comprovada para o *burnout*.

Giada provavelmente estaria mais disposta a experimentar a autocompaixão se soubesse que suas dúvidas eram, na verdade, equívocos: a maioria das preocupações comuns sobre a autocompaixão foi refutada por pesquisas.

Autocompaixão não é autopiedade

A autopiedade pode evocar a imagem de você encolhido como uma bolinha por dias, lamentando-se sobre como o mundo é injusto. Ou reclamando de como é mais difícil para você do que para qualquer outra pessoa. Você não quer ser essa pessoa. Felizmente, a autocompaixão não demanda que você seja assim.

Compaixão e pena são coisas bem diferentes. Piedade envolve observar alguém com superioridade e sentir tristeza por essa pessoa. A compaixão diz: "Todos já passamos por isso". A pena cria separação, e a compaixão cria conexão. Isso é semelhante em relação a nós mesmos. A autopiedade nos isola por meio de diálogos internos como "Pobre de mim" ou "Por que só eu tenho de lidar com isso?". A autocompaixão nos lembra que todo mundo às vezes passa por dificuldades. Em vez de nos sentirmos ressentidos com o que imaginamos ser nosso fardo excepcionalmente pesado, o componente de humanidade comum da autocompaixão nos lembra que os outros têm fardos semelhantes. Isso nos tira da toca do coelho do pensamento de "Por que eu?".

A autopiedade nos aprisiona nos limites claustrofóbicos de nossa própria cabeça. A autocompaixão nos liberta para entender que todos os seres humanos passam por dificuldades.

O aspecto de atenção plena da autocompaixão auxilia a quebrar o ciclo de ruminação que leva à autopiedade. Ela nos distancia dos pensamentos e dos sentimentos negativos repetitivos que só pioram o *burnout*. Quando paramos para respirar algumas vezes e validamos nossa dor ("Este momento está muito difícil") sem nos perdermos nela ("Minha vida acabou"), ganhamos perspectiva para não exagerar na gravidade da situação.

Ainda que a autocompaixão volte a bondade para dentro de nós, ela, na verdade, reduz o foco em nós mesmos. Pesquisas mostram que as pessoas que são mais autocompassivas ruminam com menos frequência e têm menos probabilidade de se sentirem isoladas por suas dificuldades. Ter compaixão por si não significa chafurdar na dor. Quando se lembra de que faz parte de um todo maior e abre seu coração para a experiência humana compartilhada de sofrimento, é menos provável que você seja o protagonista de sua própria história.

A autocompaixão não é egoísta

Às vezes, presumimos que o cuidado é um jogo de soma zero: "Tenho apenas cinco unidades de compaixão, portanto, dar três para mim deixará apenas duas para qualquer outra pessoa". Muitos de nós recebem a mensagem de que é nobre colocar os outros à frente de nós mesmos, por isso utilizamos a maior parte de nossos recursos para atender às necessidades de outras pessoas. Acreditamos que seria egoísmo usar alguns desses recursos preciosos para nós mesmos. Giada certamente recebeu essa mensagem de sua mãe, que nunca reclamou de cozinhar, limpar e cuidar de seus quatro filhos enquanto trabalhava quase em tempo integral como garçonete.

Porém, não é assim que funciona. Quanto mais compaixão dermos a nós mesmos, mais teremos disponível para dar aos outros. Pesquisas mostram que as pessoas autocompassivas são mais generosas, calorosas e amorosas em seus relacionamentos do que as que são más consigo mesmas. Elas também são mais propensas a se comprometer quando suas próprias necessidades entram em conflito com as dos outros – não se colocando em primeiro ou último lugar. Além disso, pessoas autocompassivas são mais propensas a serem compassivas com os outros de forma autêntica – porque querem, não por sentirem que precisam fazer isso para serem "boas". Essa autenticidade promove mais proximidade e intimidade com os demais. O aumento da autocompaixão não só aumenta os sentimentos de compaixão pelos outros como também permite que desfrutemos (em vez de nos ressentirmos) de cuidar deles.

A autocompaixão não é narcisismo

Muitas pessoas pensam que ser autocompassivo significa inflar seu ego e melhorar sua autoestima. A autoestima é uma avaliação do valor próprio que geralmente vem do fato de nos sentirmos especiais e acima da média. A autovalorização da autocompaixão vem do fato de sabermos que cada um de nós é um ser humano imperfeito entre outros imperfeitos, e todos somos dignos e valiosos. Não precisamos nos sentir melhores do que outras pessoas para nos sentirmos bem conosco.

A necessidade de nos sentirmos especiais e superiores faz com que estejamos constantemente atentos ao próximo concorrente que queira nos substituir no pódium. Isso provoca ansiedade porque, convenhamos, sempre haverá alguém fazendo melhor. Com a autocompaixão, não vemos concorrentes, mas camaradas – companheiros de viagem na estrada acidentada da vida. Pesquisas demonstraram que o senso de autovalor derivado da autocompaixão não depende de comparações com os outros. A autoestima da autocompaixão também é altamente estável ao longo do tempo porque está sempre presente, nos bons e nos maus momentos.

O narcisismo diz que é tudo sobre mim. A autocompaixão diz que é tudo sobre nós.

A autocompaixão não é covardia

Em geral, as pessoas veem a autocompaixão como moleza ou fraqueza. Mas não se preocupe, a autocompaixão não o transformará numa massa inerte; ela é uma das fontes mais poderosas de força interior, enfrentamento e resiliência que temos à nossa disposição. Como mencionamos no Capítulo 3, pesquisas mostram que a autocompaixão nos fortalece para os momentos difíceis, seja cuidando de um familiar com doença crônica, trabalhando em um emprego estressante, passando por um divórcio ou lutando por justiça nesse mundo repleto de desigualdades. Ser capaz de apoiar e incentivar a si mesmo lhe dá maior capacidade de lidar com desafios e significa que você terá menos probabilidade de perder o fôlego.

Estudos realizados com veteranos de guerra, por exemplo, descobriram que os soldados que eram compassivos consigo mesmos após retornarem à vida civil tinham menos probabilidade de desenvolver transtorno de estresse pós-traumático (TEPT), abusar de álcool ou pensar em suicídio como forma de escapar da dor. Eles funcionavam muito melhor na vida cotidiana e conseguiam até aprender e crescer com suas experiências horríveis. A quantidade de compaixão que deram a si mesmos foi um indicador mais forte do desenvolvimento de TEPT do que a quantidade de horrores que viram. A maneira como lidamos com nós mesmos em tempos difíceis – dando de ombros ou um toque de incentivo – faz toda a diferença em nossa capacidade de lidar com os desafios da vida.

A autocompaixão não é autocomplacência

Uma preocupação comum é que a autocompaixão significa apenas ser brando consigo mesmo. "Vou apertar o botão de soneca pela sétima vez, mesmo que eu me atrase para aquela reunião importante, pois – caramba – estou cansado e mereço!" Com frequência pensamos que autocompaixão significa escolher o que nos parece bom em detrimento do que realmente é bom e saudável. Se você está esgotado, às vezes é preciso pegar mais leve para ficar bem. Às vezes, você precisa se mimar e receber uma massagem ou tirar férias. No entanto, a autocomplacência, por definição, significa escolher o prazer imediato, desconsiderando o dano em longo prazo. Se você se importa consigo mesmo e não quer sofrer, não vai escolher comportamentos que o prejudiquem em longo prazo.

Pesquisas mostram que a autocompaixão leva a comportamentos saudáveis, como comer alimentos mais nutritivos, fazer exercícios, consultar seu médico e dormir melhor. Da mesma forma que um pai compassivo não mima seu filho por causa do mal que isso pode causar, a autocompaixão nos estimula a perguntar: "O que eu preciso agora para ficar bem?".

A autocompaixão não o livrará da responsabilidade

Às vezes, as pessoas pensam que ter compaixão por seus erros e seus fracassos significa não assumir a responsabilidade por seus delitos. Embora seja verdade que, com autocompaixão, você não se sentencia de forma impiedosa quando reconhece que causou danos, paradoxalmente, isso permite que você tenha maior responsabilidade pessoal pelo que fez. Pense nisso. Se você sabe que reconhecer que fez algo errado ou prejudicial significa criticar-se duramente, seu subconsciente fará tudo o que estiver ao seu alcance para distorcer os acontecimentos e culpar outra pessoa. As consequências de admitir a verdade são muito grandes. Com autocompaixão, é seguro reconhecer que você fez besteira. Isso é humano. Acontece com todo mundo de vez em quando.

Pesquisas mostram que a autocompaixão não reduz a culpa (sentir-se mal por ter prejudicado alguém), mas reduz a vergonha (considerar-se uma pessoa má por ter prejudicado alguém). Também apontam que as pessoas que são auxiliadas a ter compaixão por erros passados têm maior probabilidade de assumir responsabilidade pessoal por suas ações, pedir desculpas e tentar reparar a situação.

A autocompaixão não prejudicará sua motivação

Chame isso de sua força, seu diferencial ou motivação, o fato de ter compaixão por si mesmo não fará com que você deixe de se esforçar ao máximo. Há pouco risco de se transformar em uma pessoa complacente e preguiçosa, mas muita gente não se dá conta disso. Seja na produtividade no trabalho, no atletismo, na criação dos filhos ou no estudo para provas, temos inúmeras evidências de pesquisa de que nos criticar não funciona tão bem para motivar mudanças quanto a gentileza, a validação e o incentivo.

Pense no melhor chefe que você já teve. Essa pessoa o motivou a dar o melhor de si abusando de você? O medo é um forte motivador, mas não por muito tempo; você provavelmente colocou distância entre um chefe ruim e você mesmo assim que pôde. Esse chefe também pode ter arruinado sua confiança a ponto de você pensar em desistir completamente desse tipo de trabalho. Um chefe que tivesse grandes expectativas, mas que também acreditasse em você, que o incentivasse e o ajudasse a aprender com seus erros, provavelmente seria muito mais eficaz. De fato, a capacidade de ter compaixão por nossos fracassos sem levá-los para o lado pessoal é exatamente o que nos permite levantar e tentar outra vez (abordaremos mais sobre motivação autocompassiva no Capítulo 18).

DANDO UM SALTO PARA A AUTOCOMPAIXÃO

Dado que muitas culturas não promovem a autocompaixão e, em alguns casos, até a veem com desconfiança, recebemos poucas mensagens que nos incentivem a adotar essa postura acolhedora. Quando já estamos nos sentindo sobrecarregados e esgotados, pode ser especialmente difícil lembrarmos de ter autocompaixão. Por esse motivo, vale a pena pensar em formas de facilitar a lembrança de ser autocompassivo em sua vida diária.

FERRAMENTA DE AUTOCOMPAIXÃO 4

Crie um lembrete de autocompaixão

Como acontece com todos os novos hábitos, você precisa praticar o novo hábito da autocompaixão repetidamente para substituir o antigo hábito da autocrítica. Reservar um tempo para criar lembretes simples para a prática da autocompaixão pode ajudar.

Experimente estes:

- Amarre uma fita no pulso como lembrete para utilizar a autocompaixão quando estiver de fato estressado. Escolha sua cor favorita como um gesto de autocompaixão.
- Cole uma mensagem de autocompaixão no espelho do banheiro para que você a veja antes do trabalho. Um médico exausto escreveu: "Você consegue – e se não conseguir, ainda estou aqui para você".

- Defina a tela de abertura do seu telefone ou do seu computador com uma imagem de incentivo. Há milhares de GIFs (imagens animadas) disponíveis *on-line*, como um coração com as palavras "Seja gentil consigo mesmo!". Ou você pode usar uma imagem que simbolize a autocompaixão. Um pai que trabalha em dois empregos para sustentar a família utilizou uma foto de si mesmo em sua praia favorita ao pôr do sol para se lembrar de que é digno de cuidados.
- Escreva pequenas mensagens sobre autocompaixão em notas adesivas e coloque-as em locais que você verá ao longo do dia: você pode colocar "Lembre-se da atenção plena, da humanidade comum e da autobondade" na gaveta de sua escrivaninha ou "Você merece autocompaixão" na sua cafeteira, ou "Não há problema em não ser perfeito" na sua geladeira. Essas notas adesivas podem servir para alguma coisa, certo?
- Defina um lembrete diário em seu telefone para fazer uma breve prática de compaixão, como a pausa para a autocompaixão terna (consulte o Capítulo 6).

Nem sempre podemos depender dos outros para nos oferecer compaixão quando precisamos dela, mas temos o que precisamos para começar a sair do *burnout* em nosso próprio coração: a capacidade de aceitar e aliviar nossa própria dor com autocompaixão terna e a força para defender nosso bem-estar com autocompaixão feroz. Saber que a pesquisa desmascarou os mitos sobre autocompaixão pode nos encorajar a descartar preocupações errôneas que possam nos deter.

Após ser incentivada por sua vizinha, Giada decidiu experimentar a autocompaixão. Como não era algo natural para ela, colocou pequenos adesivos amarelos em seu armário de arquivos no trabalho e em toda a sua casa com mensagens gentis como "Dê um passo de cada vez", "Você é apenas humana", "Não há problema em fazer uma pausa", "Não há problema em dizer não" e "Quanto mais compaixão você tiver por si mesma, mais terá disponível para dar aos outros". Depois de algum tempo, Giada começou a experimentar pequenos momentos de autocompaixão ao longo do dia. No trabalho, quando começava a se sentir sobrecarregada com um cliente, ela dizia a si mesma que era natural se sentir assim. Quando chegava em casa e seu filho falava de suas preocupações e suas inseguranças, ela reconhecia que era difícil enfrentar uma enxurrada de negatividade após um dia de trabalho árduo. Giada estava fazendo o melhor que podia. Esses pequenos momentos de autocompaixão lhe deram o espaço emocional necessário para ter compaixão pelo filho, que também estava se esforçando ao máximo para lidar com um sistema acadêmico que considerava desafiador. Com a prática, sua vergonha e sua ansiedade constantes começaram a ser substituídas por uma voz interior mais solidária, dizendo que ela estava bem e que tudo ficaria bem. Por fim, Giada percebeu que seu ressentimento e seus sentimentos de desconexão começaram a diminuir.

Esclarecer conceitos errôneos sobre a autocompaixão reduz as barreiras que podemos ter para adotar essa abordagem de cuidado. Entretanto, a fisiologia humana e nossa forma instintiva de reagir ao estresse também dificultam a autocompaixão. O próximo capítulo explora a fisiologia do estresse e do cuidado e o modo pelo qual a autocompaixão pode mudar a maneira como o sistema nervoso reage a circunstâncias estressantes.

5

Seu corpo sabe

A fisiologia do estresse e do cuidado

Seu corpo sabe quando você está esgotado. Forçando-o demais, ele se rebela, talvez com uma forte dor de cabeça, uma fadiga esmagadora ou um estômago embrulhado. Às vezes, com tudo isso junto. Quando esses e outros sintomas físicos ocorrem diariamente, você pode se perguntar como o seu próprio corpo pode se voltar contra você de forma tão cruel quando você precisa dele mais do que nunca para fazer as coisas.

Pode ser difícil de acreditar neste momento, mas seu corpo está tentando protegê-lo. Desde o surgimento dos seres humanos no planeta, nossos corpos têm contado com um mecanismo de autopreservação primoroso para nos manter em movimento. Observe como ele funciona.

A FISIOLOGIA DO ESTRESSE

Provavelmente, você já se beneficiou desse mecanismo de proteção em sua forma mais primitiva; talvez quando foi pego por uma tempestade repentina: seu sentido do tato lhe diz que a temperatura caiu e o vento aumentou... seus ouvidos escutam o estrondo de um trovão... você vê um relâmpago e ouve um estalo alto. Tudo isso acontece em um instante. Sem pensar, você corre para se proteger, escapando por pouco de ser atingido na cabeça por um galho de árvore que cai.

O que está em ação em momentos como esse é o sistema nervoso simpático, também conhecido como *sistema de defesa contra ameaças*. Às vezes, ele também é chamado de *resposta de luta/fuga/congelamento*, devido às opções que nos dá para salvar nossa vida em uma emergência. Quando nossos sentidos percebem o perigo, esse sistema prepara o corpo para lutar contra um predador faminto, escapar de um carro vindo diretamente em nossa direção ou congelar e ficar imóvel para não ser pego, ou para dar ao córtex pré-frontal um momento para pensar na melhor estratégia para salvar nossa vida. Em parte, é graças a esse sistema de autopreservação que a espécie *Homo sapiens* sobreviveu por centenas de milhares de anos.

O estresse no trabalho também pode acionar o sistema de defesa contra ameaças, quer estejamos protegendo a nós ou aos outros. Uma enfermeira de cuidados intensivos corre para o lado de um paciente quando os monitores sinalizam um problema. Um guia de safári silencia e acalma seu grupo ao se deparar de forma inesperada com um elefante macho na mata. Um soldado corre com um companheiro ferido com o dobro do seu peso em suas costas quando são atacados pelo inimigo.

Ahmed é um operador da bolsa de valores que investe para muitos clientes fiéis. Ele observa os altos e baixos do mercado como um falcão, pronto para comprar ou vender a qualquer momento. Mesmo sabendo que o mercado é instável, ele reage a cada queda de preço como se estivesse sendo bombardeado com artilharia. Em geral, responde com habilidade e precisão, mas após 15 anos de negociação, ele está tão tenso que não consegue dormir à noite, com medo de como estarão os mercados quando acordar. O estresse constante está começando a deixar Ahmed irritado em casa e no trabalho, e ele está perdendo a autoconfiança. Sua perspicácia comercial está lentamente ficando comprometida, e ele não está fazendo os investimentos inteligentes que costumava fazer.

Para operadores como Ahmed, a resposta de luta/fuga/congelamento é como o sistema de injeção de combustível em uma Ferrari: não há velocidade sem ela. No entanto, surgem problemas quando essa resposta nos impulsiona o tempo todo, inclusive quando não estamos de fato ameaçados. As ameaças comuns que enfrentamos na vida cotidiana moderna não são, em sua maioria, questões de vida ou morte.

ESTRESSE NA VIDA MODERNA

Diferentemente de nossos ancestrais distantes, não é muito provável que nos deparemos com um tigre faminto à espreita de seu jantar. Entretanto, somos vulneráveis a um milhão de estressores modernos diferentes. O estresse é definido como a tensão física, mental ou emocional causada por situações exigentes e eventos adversos que nos tiram do nosso equilíbrio habitual. Isso abrange muita coisa, sobretudo quando se trata de nossos empreendimentos mais importantes. Sentimo-nos ameaçados por prazos impossíveis, falta de pessoal, liderança tóxica. Até tarefas que assumimos com amor e devoção, como cuidar de uma criança com doença crônica, começam a esgotar nossos recursos, e então a exaustão ou a frustração se somam aos outros fatores estressantes envolvidos em nosso trabalho.

O sistema de defesa contra ameaças não percebe que não estamos prestes a ser comidos vivos. Tudo o que ele sabe é que, quando nos sentimos ameaçados, sua função é ser nosso primeiro socorrista interno. Isso é útil quando estamos tentando trabalhar a noite inteira para apresentar uma proposta de financiamento a tempo ou fazer um último esforço para cruzar a linha de chegada em uma corrida importante. No entanto, os problemas aumentam quando, em vez de um evento único, diversos fatores de estresse nos atingem o dia todo. O sistema se torna hipervigilante e começa a atuar de forma desnecessária. Ele faz com que Ahmed voe sobre a mesa da cozinha para pegar um pedaço de torrada caído, por exemplo, esbarrando em seus filhos pelo caminho, da mesma forma que o coloca em ação para fazer uma transação.

O sistema de defesa contra ameaças é programado para nos proteger de eventos que colocam a vida em risco, mas muitas vezes ele reage de forma exagerada aos estressores cotidianos.

Os tipos de estressores com os quais convivemos hoje em dia normalmente não dão trégua. Metas de vendas, um pronto-socorro lotado, a concorrência insana em nosso mercado, problemas financeiros e a prestação de cuidados diários exigem constantemente de nossos recursos. Isso significa que nosso sistema de defesa contra ameaças está mais ligado do que desligado. Podemos nos sentir como se estivéssemos sempre agachados na linha de largada, prontos para correr a qualquer momento. Muito em breve estaremos sofrendo de estresse crônico e, a partir daí, é só um passo, um pulo e um salto para o *burnout*.

COMO O ESTRESSE CRÔNICO DESGASTA O CORPO

Temos muitos dados científicos sobre os danos que o estresse crônico pode causar. Nosso sistema de defesa contra ameaças libera os hormônios adrenalina e cortisol em nossos vasos sanguíneos para desencadear alterações nas funções corporais que nos preparam para lutar, fugir ou congelar. Nossa frequência cardíaca e nossa respiração aceleram para que possamos bater forte ou correr rapidamente. Funções como a digestão, que não contribuem para a autodefesa, ficam mais lentas. Nossas vias aéreas se alargam, e a frequência cardíaca aumenta para enviar oxigênio extra aos músculos e aumentar o estado de alerta. O combustível extra na forma de glicose armazenada é enviado para as partes do corpo de que mais precisamos em uma emergência, e nossos sentidos também ficam mais aguçados.

Ficar acelerado dessa forma é extremamente eficaz em curto prazo, em pequenas doses. Porém, quando a frequência cardíaca e a pressão arterial ficam elevadas por longo prazo ou muitas vezes, nosso sistema cardiovascular acaba sobrecarregado. Ficamos exaustos e esgotados – ou seja, nos esgotamos –, e nossa saúde é prejudicada.

Não é de se admirar que às vezes pareça que seu corpo é seu inimigo. O estresse incessante faz com que você sofra os efeitos de um sistema de defesa contra ameaças excessivamente zeloso, mas bem-intencionado, e pode levar a todos os tipos de problemas de saúde.

QUANDO A RESPOSTA DE LUTA/FUGA/ CONGELAMENTO SE VOLTA PARA DENTRO

É aqui que as coisas ficam de fato arriscadas: muitas das ameaças modernas não são à nossa sobrevivência, mas à nossa autoestima e ao nosso senso de competência. Quando nos sentimos sobrecarregados e desanimados, geralmente presumimos que é porque não estamos fazendo o suficiente, ou não estamos fazendo direito, ou que há algo errado conosco. Começamos a considerar nossa própria inadequação o maior perigo que enfrentamos. Então, o que fazemos? Voltamos o sistema de defesa contra ameaças para nós mesmos em um esforço para encontrar segurança.

Se somos a ameaça contra a qual precisamos nos defender, a melhor abordagem é nos corrigirmos, certo? Acreditamos que se conseguirmos manter o controle e nos esforçarmos mais, vamos resolver os problemas e nos sentir mais seguros. Por isso, lutamos contra nós mesmos e nos maltratamos mentalmente por não sermos mais competentes. Isso nos ajuda a nos sentirmos seguros porque achamos que a autocrítica nos fará mudar para melhor. Depois, fugimos para sentimentos de vergonha e nos isolamos, o que ajuda a nos sentirmos seguros porque acreditamos que, assim, estaremos menos expostos aos julgamentos dos outros. Por fim, ficamos paralisados e ruminando sobre nossas vidas horríveis. Isso nos faz sentir seguros porque acreditamos que, se permanecermos imóveis e

Sua saúde está sendo afetada pelo estresse crônico de alguma dessas maneiras?

- ☐ Mudanças no apetite e nos hábitos alimentares
- ☐ Problemas digestivos, como úlceras ou refluxo ácido
- ☐ Aumento do consumo de álcool ou substâncias
- ☐ Diminuição do desejo ou do funcionamento sexual
- ☐ Dores e desconfortos musculares
- ☐ Pressão arterial elevada

pensarmos bastante, descobriremos como escapar de nossos problemas. Infelizmente, em vez de nos amparar, estamos apenas chutando a nós mesmos quando já estamos na lona, tornando ainda mais difícil nos levantarmos.

Com frequência, Ahmed cai nessa armadilha. Ele começou a ficar em seu refúgio no porão após o trabalho, na esperança de proteger seus filhos pequenos de suas explosões de mau humor. Lá, ele poderia se enfurecer com os jogadores do que quer que estivesse assistindo, em vez de se enfurecer com a família. No entanto, ao sair, às vezes ele ainda dá broncas nos filhos e, quando vê a expressão magoada nos rostos deles, ele se repreende por ser um pai ruim *e* um profissional fracassado. Ahmed se sente cada vez mais envergonhado, e volta a se isolar no seu porão; sua esposa às vezes até leva o jantar para ele lá.

Infelizmente, acionar o sistema de defesa contra ameaças para si mesmo só piora muito as coisas. Como podemos nos sentir seguros quando estamos nos tratando como se fôssemos tanto o predador quanto a presa? Felizmente, para nós, temos outro sistema fisiológico que evoluiu para ajudar os seres humanos a sobreviver: o sistema de cuidado.

O SISTEMA DE CUIDADO PARA O RESGATE

Uma forma importante de os seres humanos se sentirem seguros é mediante sentimentos de acolhimento e conexão. O sistema de cuidado (às vezes chamado de sistema de apego) refere-se aos vínculos mentais e emocionais que surgem quando cuidamos de pessoas ou somos cuidados por outras pessoas. Ele evoluiu para garantir que os pais cuidassem de seus filhos e que os membros do grupo cuidassem uns dos outros, garantindo a sobrevivência da espécie. O sistema de cuidado libera oxitocina (conhecida como o *hormônio do amor*) e endorfinas (nossos analgésicos naturais e calmantes), ajudando-nos a sentir conforto e calma.

Ele também estimula o sistema nervoso parassimpático, geralmente conhecido como *sistema de descanso e digestão*, que neutraliza a excitação simpática. Após a necessidade de autodefesa diminuir, nossos níveis de cortisol e de adrenalina caem, nossa frequência cardíaca e nossa pressão arterial diminuem, nossa digestão volta a funcionar e, em geral, nos acalmamos. Começamos a nos sentir relaxados, abertos e seguros.

Os sistemas de defesa contra ameaças e de cuidado trabalham juntos para a perpetuação de nossa espécie. O primeiro nos protege de qualquer coisa que queira nos matar, já o segundo promove a continuação de nossa linhagem genética. O sistema de defesa contra ameaças evoluiu principalmente para a autopreservação, e o sistema de cuidado evoluiu essencialmente para a preservação dos outros. É por isso que parece mais natural nos criticarmos e sermos compassivos com os outros. Isso também explica por que utilizamos o sistema de defesa contra ameaças com mais rapidez e facilidade do que o de cuidado, já que nossa necessidade mais básica é permanecermos vivos. Quando não conseguimos cumprir um prazo, por exemplo, sentimos o perigo e, por isso, respondemos de maneira instintiva com luta/fuga/congelamento voltado para dentro. Quando um bom amigo não consegue cumprir um prazo, não nos sentimos pessoalmente ameaçados e, em vez disso, podemos ser acolhedores e solidários.

O sistema de defesa contra ameaças evoluiu para nos proteger, e o sistema de cuidado, para proteger os outros. É por isso que instintivamente nos criticamos, mas somos compassivos com os demais.

De muitas formas, podemos pensar na autocompaixão como o processo de direcionar o sistema de cuidado para dentro em resposta à ameaça. Isso não parece de todo natural, mas nossos corpos não sabem a diferença. Pesquisas mostram que a autocompaixão ativa o sistema nervoso parassimpático (ligado ao sistema de cuidado) e desativa o nervoso simpático (ligado ao sistema de defesa contra ameaças). Por exemplo, a autocompaixão aumenta a variabilidade da frequência cardíaca, um indicador da atividade parassimpática e da capacidade de resposta e de flexibilidade cardíaca às mudanças nas condições. A autocompaixão também diminui o cortisol e os marcadores relacionados ao estresse, como a inflamação. Essa diferença na resposta do sistema nervoso leva a uma saúde melhor: as pessoas autocompassivas têm uma função imunológica melhor porque seu sistema simpático não está constantemente operando em excesso. Elas também dormem melhor, o que permite que o corpo se recupere do estresse.

A autocompaixão nos ajuda a reagir melhor psicológica e emocionalmente aos estressores para que eles tenham menos probabilidade de nos sobrecarregar, e, de fato, pesquisas mostram que a autocompaixão está ligada a percepções mais baixas de estresse. Sentimo-nos mais seguros quando estamos estressados porque nos protegemos, o que significa que o estresse não parece ser uma questão de vida ou morte. Nós o vemos com mais equilíbrio e perspectiva. A autocompaixão também altera a maneira como respondemos às ameaças internas na forma de sentimentos de incompetência ou de baixa autoestima. Respondemos com cuidado em vez de luta/fuga/congelamento, o que significa que não somos tão autocríticos, não nos sentimos tão isolados e ruminamos menos sobre nosso estresse. Aceitamos melhor nossas imperfeições humanas e utilizamos a gentileza para incentivar a adaptação e a mudança.

Mas como podemos acessar o sistema de cuidado quando estamos estressados, sobretudo porque parece mais natural e instintivo entrar no modo de defesa contra ameaças? Há um truque que podemos usar: o toque físico. O corpo está intimamente conectado ao nosso sistema nervoso autônomo e pode alterar nossas respostas fisiológicas com mais rapidez do que nossos pensamentos. Mesmo antes de os bebês aprenderem a falar, os pais demonstram compaixão por seus bebês, segurando-os e embalando-os. Eles podem murmurar ou cantar baixinho e de forma suave. Isso faz com que o bebê se sinta calmo e seguro, mesmo que não tenha ideia do que os pais estão dizendo. Ao utilizarmos nosso corpo como veículo para a expressão da compaixão, podemos nos ajudar a entrar no sistema de cuidado, mesmo que nossa mente ainda não esteja pronta para isso. Isso ajuda a reverter os efeitos fisiológicos de uma resposta hiperativa de defesa contra ameaças.

O PODER DO TOQUE

Você já viu alguém angustiado com as mãos segurando a parte superior dos braços como se estivesse se abraçando, se balançando com suavidade para a frente e para trás? Alguns de nós instintivamente recorremos ao corpo em busca de conforto quando estamos sob estresse. Há algo a que você recorre quando está estressado? Algumas pessoas adoram a sensação de estar imersas em um banho quente e perfumado, sentir o chá quente escorrer pela garganta ou fazer uma massagem leve. Até deixar o sol aquecer sua pele pode ter um efeito semelhante. No entanto, a maneira mais direta de acessar fisicamente o sistema nervoso parassimpático é por meio do toque suave e acolhedor. Um estudo mostrou que o autotoque relaxante, como colocar a mão sobre o próprio coração, reduz o cortisol da mesma forma que o toque solidário de outra pessoa.

Quando receber notícias preocupantes ou se sentir inadequado, ou estiver tão exausto que não consiga dar mais um passo, você pode se dar compaixão fisicamente. Você pode sentir o calor de suas próprias mãos em seu corpo, ativando o sistema de cuidado e ajudando-o a se sentir mais seguro. Isso auxiliará a acalmar os sentimentos de estresse que alimentam o seu *burnout*.

FERRAMENTA DE AUTOCOMPAIXÃO 5

Toque de apoio

É importante identificar um tipo de toque de apoio que *você* considere adequado. Às vezes, nosso toque tem uma qualidade gentil e carinhosa que pode ajudar a nos acalmar e tranquilizar. No entanto, o toque também pode ter uma qualidade feroz e fortalecedora que proporciona força e coragem. Explore as possibilidades da lista a seguir e crie suas próprias variações até encontrar algo que de fato o ajude a se sentir seguro no momento. Caso algum tipo de toque o deixe desconfortável, pare e tente outra coisa. Cada pessoa reage de forma diferente. Fique com cada um deles por cerca de 10 segundos e observe como você reage durante esse tempo.

Toque de apoio

- Coloque uma ou ambas as mãos sobre seu coração.
- Coloque um punho cerrado sobre seu coração (simbolizando força) e cubra-o com a outra mão.
- Coloque uma mão em seu coração e outra em seu estômago.
- Coloque uma ou ambas as mãos em seu plexo solar (entre o umbigo e a caixa torácica).
- Coloque uma das mãos em sua bochecha ou coloque o rosto em suas mãos.
- Coloque as mãos com força nos quadris (como a Mulher-Maravilha).
- Aperte uma mão com a outra.
- Dê um abraço em si mesmo e se balance para a frente e para trás.

Opcional: Sons de apoio. Algumas pessoas acham útil acrescentar linguagem ou sons ao toque de apoio; confira os exemplos na lista a seguir.

Sons de apoio

- Sussurre uma mensagem gentil: "Você consegue", "Não vou abandonar você".
- Faça ruídos que lhe pareçam bons, como "ahhhh" ou "ohhhh".
- Cantarolar ou cantar uma música que o acalme, encorage ou ponha pra cima.
- Expire com os lábios franzidos, como um halterofilista.

Quando você achar que encontrou um ou dois tipos de toque que o fazem se sentir seguro e bem cuidado, leve-os para o mundo real e teste-os. Como as outras ferramentas e estratégias deste livro, o toque de apoio pode ser utilizado em qualquer lugar e a qualquer momento. Uma enfermeira ao lado do leito de um paciente pode segurar discretamente uma mão com outra para oferecer calor a si mesma. Se você ler algo perturbador em seu computador, pode apoiar o rosto nas mãos para minimizar o choque. Você pode cantarolar uma música calmante para si mesmo enquanto, nervoso, se dirige a uma reunião. Se tocar o próprio corpo for desconfortável, tente abraçar um travesseiro macio favorito ou envolver-se em uma coberta quentinha.

A princípio, Ahmed se sentiu um pouco constrangido ao tentar o toque de apoio. E se alguém o visse? Mas quando teve certeza de que ninguém estava olhando, ele tentou esfregar com suavidade os braços como uma expressão de bondade para si mesmo. Em outras ocasiões, Ahmed entoou para si uma canção de ninar em árabe que sua avó costumava cantar quando ele era criança. Ninguém sabia o que ele estava fazendo, mas isso fez uma grande diferença.

O autotoque calmante e de apoio pode nos ajudar a baixar o volume do sistema de defesa contra ameaças e aumentar o volume do de cuidado. Outra maneira de ativar o sistema de cuidado é por meio do poder da linguagem. O próximo capítulo explorará com mais detalhes como as palavras, sobretudo o *tom* de nossas palavras, podem ser utilizadas para ativar a autocompaixão terna.

6

Aquecendo a conversa

Aceitação terna

Quando atingimos a barreira do *burnout*, podemos ser dominados por emoções – tristeza, inutilidade, raiva, frustração, ressentimento, derrota, vazio ou torpor – e então nadamos contra a corrente, na esperança de que lutar contra nossos sentimentos os faça desaparecer. Talvez nos condenemos por sermos fracos e incompetentes e depois nos refugiemos em uma caverna como um animal ferido, escondendo-nos na vergonha. Como discutimos no Capítulo 5, somos programados para entrar em modo de luta/fuga/congelamento (também conhecido como *ataque de pânico*) quando estamos estressados e, quando a "ameaça" vem de dentro de nós na forma de pensamentos e sentimentos negativos, é provável que nos voltemos contra nós. Porém, quando exploramos nossa capacidade natural de cuidado e conexão, as coisas melhoram muito.

AQUECENDO AS COISAS

A autocompaixão tem duas expressões principais: aceitação terna e ação feroz. O bálsamo curativo da autocompaixão terna é especialmente útil ao lidar com os sentimentos de inadequação e de desespero associados ao *burnout*. A autocompaixão terna promove resiliência e recuperação, que é exatamente do que precisamos quando estamos esgotados. Podemos nos beneficiar dela mudando a linguagem e o tom de nossa voz interior para que ela seja calorosa e amistosa em vez de fria e humilhante para nós mesmos.

Você conhece o poder da ternura. Talvez você já tenha visto uma criança pequena cair e começar a chorar, mas parar de chorar no momento em que o pai a pega no colo. Ou talvez tenha olhado nos olhos de um amigo que sofreu uma perda e testemunhado como ele se sentiu confortado com o seu olhar acolhedor. Nossa reação natural tende a ser gentil em vez de dura quando alguém com quem nos importamos está sofrendo. Você se imagina dizendo a um querido colega de trabalho, que estava tremendo de exaustão ao final de um turno de 12 horas, para deixar de ser tão fraco? Possivelmente não. É mais provável que você diga: "Coitado, sente-se, por favor. Tem sido uma loucura por aqui. Posso lhe trazer alguma coisa?". Contudo, quando somos *nós que estamos* lutando ou nos sentimos arrasados, a ternura não vem com tanta facilidade.

Jada teve que amadurecer rapidamente quando sua mãe faleceu há cinco anos. Agora, ela tem 24 anos e é a principal responsável por seu irmão de 14, Dion, que tem paralisia cerebral. Ela acorda de madrugada todas as manhãs, prepara o almoço do irmão, ajuda-o a se arrumar para a escola e o coloca no ônibus às 7h. Depois, vai trabalhar como assistente do gerente de uma loja de computadores das 7h30 às 16h e volta a tempo de ajudar Dion a descer do ônibus. Jada prepara o jantar para os dois e depois ajuda Dion a tomar banho. Das 19h30 às 23h30, ela trabalha em um segundo emprego em casa, solucionando problemas para um provedor de serviços de internet. Os fins de semana são melhores, mas ela ainda precisa levar seu irmão às consultas e cuidar da casa. A rotina sem fim visivelmente a está esgotando.

Jada está amargurada com a situação difícil que enfrentou – privada de sua mãe e de sua própria juventude despreocupada. Mas não quer se afundar em autopiedade. Ela acha que só precisa ser forte e seguir em frente. Afinal de contas, pelo menos é fisicamente saudável, diferentemente de Dion. Sua mãe era uma mulher incrivelmente forte e nunca reclamava, conseguindo, de algum modo, manter um sorriso no rosto, por mais difíceis que fossem as coisas. Jada sabe que sua mãe gostaria que ela se empenhasse. Sempre que começa a se sentir triste ou sem esperança, ela se sacode metaforicamente e diz: "Pare com isso, seu bebezão! Reclamar não ajuda ninguém!".

COMO VOCÊ ESTÁ SE RELACIONANDO CONSIGO MESMO?

A autocompaixão terna nos dá a capacidade de nos aceitarmos do jeito que somos, mesmo que estejamos em frangalhos e esgotados. Ela tem a qualidade de

Qual voz é mais útil?

"Pare de ser chorão e faça o que você tem que fazer."	ou	*"Sinto muito que esteja com dificuldades. O que posso fazer por você?"*
"Basta tomar uma xícara de café e se livrar disso!"	ou	*"Tome uma xícara de café e sente-se por um minuto. Você precisa de um descanso."*
"Não sei do que você está reclamando. Outras pessoas estão em uma situação muito pior."	ou	*"Qualquer pessoa se sentiria assim em uma situação tão difícil. Você está fazendo o melhor que pode."*

pais que são amorosos com um filho recém-nascido. Não importa se o bebê está chorando descontroladamente ou se acabou de fazer cocô na fralda. De alguma forma, a maioria dos pais consegue amar seus filhos mesmo assim. Com autocompaixão terna, adotamos uma atitude semelhante em relação a nós mesmos. Assim como é possível segurar um bebê irritado, podemos nos segurar em meio a sentimentos difíceis, como frustração, raiva, vergonha ou desespero, para não nos sentirmos tão sobrecarregados.

É importante ressaltar que, com autocompaixão terna, nos concentramos menos no que está acontecendo e mais em como estamos nos relacionando com o que está acontecendo. Em vez de ficar perdidos ou sermos consumidos por sentimentos de exaustão, adotamos uma atitude de cuidado e preocupação em relação a nós mesmos simplesmente porque estamos esgotados. Nossa atenção muda do conteúdo de nossa experiência para a qualidade de como estamos nos mantendo nela. Meu coração está aberto ou fechado? Estou me aceitando como sou ou me julgando e criticando? Estou sendo útil ou piorando as coisas? Meu diálogo interno é caloroso ou insensível? Quando nos relacionamos com nossa experiência de *burnout* com aceitação terna, começamos a nos sentir mais calmos, mas também energizados, pois nos sentimos seguros e cuidados. A autocompaixão terna nos faz sentir bem sem que precisemos encobrir ou negar que o *burnout* é ruim.

A autocompaixão terna nos ajuda a focar menos no que está acontecendo e mais em como estamos nos relacionando com o que está acontecendo.

EXPERIMENTE UM POUCO DE TERNURA

Quando você está esgotado, punir-se na tentativa de superar isso só o desgasta ainda mais. A autocompaixão terna pode ajudá-lo a se curar do *burnout*, oferecendo a si mesmo conforto, alívio e validação.

- **Conforto** significa responder às nossas necessidades *emocionais* de forma compassiva. Que emoções você está sentindo? Dor? Medo? Solidão? Vergonha? E do que você precisa quando se sente assim? Se você se sente triste, talvez precise ouvir música ou caminhar na natureza? Se estiver com medo, talvez precise conversar com um amigo? Em geral, o conforto tem uma qualidade carinhosa. Pense em como você reage a um colega próximo que está muito chateado com uma experiência traumática no trabalho. Você provavelmente dirá algo como "Sinto muito. Você está bem? Estou aqui para o que você precisar". Quando você está angustiado porque está esgotado, que palavras de conforto pode dizer a si mesmo? Às vezes, um sinal amigável de reconhecimento é tudo o que você precisa.
- **Alívio** refere-se às nossas necessidades *físicas* – acalmar o corpo estressado. Quando você está esgotado, é possível que seu corpo tenha sido levado ao limite, não apenas pela exaustão no trabalho como também por não comer ou dormir bem. Para se acalmar fisicamente, talvez você queira descansar, tomar um banho quente, fazer uma massagem ou beber uma xícara de chá. Você também pode se dar um toque de apoio (consulte o Capítulo 5), como colocar a mão com ternura sobre o coração ou outra parte do corpo que esteja tensionada.
- **Validação** é o processo de entender e honrar a dor do *burnout*. É *relacional*, e, no caso da autocompaixão, é como nos relacionamos conosco. Com frequência, sutilmente presumimos que não deveríamos nos sentir tão exaustos; que há algo errado conosco por nos sentirmos assim. Validando a dor, você reconhece que está tendo dificuldades e que isso é totalmente humano. É claro que você está esgotado por tudo com que tem lidado. Qualquer pessoa se sentiria assim em circunstâncias semelhantes. É importante reconhecer e nomear sua angústia de uma forma carinhosa para começar a trabalhar com ela.

TODOS NÓS ESTAMOS FAZENDO O MELHOR QUE PODEMOS

Aceitar amigavelmente o fato de estarmos esgotados é reconhecer que estamos fazendo o melhor que podemos no momento. Como seres humanos, temos recursos e habilidades de enfrentamento limitados; simplesmente não podemos fazer tudo, e seguramente não podemos fazer tudo *certo*. Um dos motivos pelos quais nos criticamos por estarmos esgotados ou sermos inadequados é que isso nos dá a ilusão de controle. Uma parte de nós acredita que é possível ser Hércules. Caímos na armadilha de pensar: "Se eu me esforçasse um pouco mais, fosse mais forte, mais inteligente ou (preencha este espaço em branco), conseguiria dar conta". De alguma forma, isso parece mais seguro do que reconhecer a verdade – a tarefa é maior do que nós.

Jada se sentia sobrecarregada pela responsabilidade que tinha em relação a Dion, mas reconhecer suas limitações parecia ainda mais difícil. Por trás de seus admiráveis esforços para cumprir suas responsabilidades, ela era assombrada pela vergonha por não ser tão forte quanto sua mãe. Sua difícil situação teria sido muito mais suportável se ela soubesse praticar a autocompaixão terna, sobretudo explorando seus três componentes essenciais.

Às vezes, reconhecer nossas limitações é difícil porque significa renunciar ao nosso senso de controle sobre uma situação incontrolável.

PRESENÇA AMOROSA E CONECTADA

Os três componentes principais da autocompaixão – atenção plena, humanidade comum e autobondade – assumem uma forma específica quando utilizados para aliviar o sofrimento por meio da aceitação terna: *presença amorosa e conectada*.

Atenção plena: estar presente

A primeira etapa de uma resposta consciente ao *burnout* é voltar-se para o nosso desconforto e permanecer presente nele. Parte de nós pode querer enfiar a cabeça na areia e fingir que nossa situação não é tão ruim, ou podemos nos deixar levar por nossas emoções e perder a perspectiva delas. Tudo o que vemos é que o céu está escuro com nuvens de tempestade. A presença consciente evita esses dois extremos. Estamos cientes de nossos sentimentos – desesperança, desespero, raiva, exaustão –, mas não nos fixamos neles. Aceitamos a sensação ruim do esgotamento sem negar ou lutar contra a realidade.

Imagine que um bom amigo ligou para você para falar de um problema conjugal difícil. Para estar presente de forma consciente, primeiro você teria de atender ao telefone e depois ouvir com atenção o que seu amigo lhe diria. Se você não atendesse a ligação ou não deixasse seu amigo falar, dando-lhe conselhos não solicitados, ele não se sentiria visto ou ouvido. Da mesma forma, no relacionamento que temos com nós mesmos, precisamos pegar o telefone e nos ouvir com compaixão. A experiência do *burnout* é real e merece nossa atenção. (No Capítulo 8, vamos nos aprofundar mais em como estar presente de forma consciente.)

Humanidade comum: sentir-se conectado aos outros

Quando você atinge o limite do *burnout*, é provável que se sinta isolado e sozinho. De fato, um dos sintomas do esgotamento é a tendência a se afastar da vida social devido à exaustão e à desilusão. Também não é incomum presumir que todos, exceto você, estão lidando bem com o estresse no local de trabalho e, assim, sentir-se emocionalmente isolado mesmo quando está entre outras pessoas. A verdade é que sua experiência de esgotamento o conecta a milhões de outras pessoas que também estão esgotadas, inclusive outros leitores deste livro.

Cuidadores profissionais e familiares de todo o planeta estão sendo sobrecarregados. O mundo está cheio de empregadores exigentes e práticas injustas no local de trabalho. O estresse é a norma, não a exceção. Sentir-se conectado com outras pessoas que estão lutando como você pode ser um conforto por si só. Você é um ser humano vivendo em um mundo humano! Super-heróis e paraísos tranquilos não são reais. Todos nós esbarramos em nossas limitações como bravos coabitantes do planeta Terra.

E, é claro, se você examinar as razões pelas quais está esgotado, perceberá que elas resultam da combinação de causas e condições complexas – seu ambiente de trabalho, a cultura mais ampla, a política, a economia, sua predisposição genética para reagir ao estresse, sua educação familiar na infância – que, em sua maioria, estão completamente fora de seu controle. Existem mais causas e condições interconectadas do que você poderia identificar. Reconhecer essa verdade o ajuda a lembrar que você faz parte de um todo maior.

Autobondade: dar amor a si mesmo

O elemento de bondade na autocompaixão tem uma qualidade amorosa e protetora quando praticamos a aceitação terna. Ela é sábia e empática. Tratamos a nós com a mesma receptividade e a boa vontade que demonstramos de forma natural em relação às pessoas de quem gostamos. Digamos que seu sobrinho seja enfermeiro e um dia ficou chateado porque se esqueceu de fazer uma pergunta importante a um paciente. Você poderia dizer algo como "Ei, eu sei que você está se sentindo mal, mas erros como esse acontecem. Não é o fim do mundo; você pode ligar para o paciente para fazer o acompanhamento. Você tinha pessoas na fila e estava muito ocupado para pensar direito". Essa manifestação de apoio seria boa tanto para você quanto para seu sobrinho.

Uma coisa incrível sobre a adoção de uma atitude calorosa e atenciosa em relação à nossa experiência de esgotamento é que ela se torna uma oportunidade de dar e receber amor – de nós para nós mesmos. À medida que aprendemos a nos sentir mais confortáveis com a voz da autobondade, nossa capacidade de amar se fortalece. Ela não tem precondições nem exige que consertemos a nós mesmos ou a nossa vida, pois o amor pode conter tudo.

Quer experimentar a autocompaixão terna e ver como ela afeta sua experiência de *burnout*? A ferramenta a seguir pode ser utilizada no trabalho ou fora dele.

FERRAMENTA DE AUTOCOMPAIXÃO 6

Pausa para autocompaixão terna

A pausa para autocompaixão é uma das práticas mais populares do programa MSC. Ela evoca intencionalmente os três componentes da autocompaixão e os aplica à nossa angústia. Essa pausa para autocompaixão foi projetada para voltar a autocompaixão terna para o *burnout*. Nos próximos capítulos deste livro, a prática será adaptada para evocar diferentes formas de autocompaixão feroz.

- Sente-se ou deite-se de forma que se sinta confortável e relaxado.
- Lembre-se de um aspecto do *burnout* que o esteja desafiando no momento, sobretudo um aspecto que exija bondade, receptividade ou aceitação própria. Por exemplo, talvez você esteja se sentindo inadequado, esgotado, sem esperança ou entorpecido (não se concentre em uma injustiça, por favor, que exigiria uma autocompaixão mais feroz). Além disso, escolha uma dificuldade que não seja esmagadora, para que você não se desequilibre durante essa prática.

- Ao pensar sobre essa experiência de esgotamento, permita-se sentir o estresse ou o desconforto que surge em seu corpo. Onde você sente mais desconforto? Observe se você pode permitir que a experiência esteja presente, mesmo que apenas por um momento, sabendo que essa é a sensação do esgotamento.
- Há três frases que você pode dizer a si mesmo – de forma silenciosa ou em voz alta – que foram criadas para trazer uma presença amorosa e conectada à sua experiência de esgotamento. Embora sejam sugeridas palavras específicas, o objetivo é encontrar a linguagem que funcione melhor para você.
- A primeira frase tem o objetivo de ajudá-lo a estar presente *de forma consciente* em relação à dor do esgotamento. Tente dizer a si mesmo, lenta e calmamente: "Estou muito sofrido neste momento". Se essa linguagem não parecer adequada, observe se consegue pensar em outra forma de expressar essa mensagem, como "É difícil passar por isso", "Eu me sinto exausto e muito estressado" ou "Estou realmente esgotado".
- A segunda frase foi criada para lembrá-lo de sua *humanidade comum*. Tente dizer a si mesmo: "O esgotamento faz parte da vida". Outras opções são: "Não estou sozinho", "Todos nós enfrentamos estresse na vida" ou "É assim que a gente se sente quando está esgotado".
- Agora, coloque as mãos sobre o coração ou em qualquer lugar do corpo que lhe pareça relaxante, sentindo o calor e o toque suave de suas mãos.
- A terceira frase invoca o poder do *amor* e da *bondade*. Tente dizer com ternura: "Que eu seja gentil comigo neste momento". Outras opções podem ser: "Que eu me aceite como sou", "Que eu seja compreensivo e paciente comigo" ou "Estou aqui para você". Se você se sentir confortável, pode até tentar dizer: "Eu amo você".
- Se estiver com dificuldade para encontrar as palavras certas, imagine que um amigo querido esteja passando pela mesma experiência que você. O que diria a essa pessoa, de coração para coração, para acalmá-la e confortá-la? Você pode oferecer a mesma mensagem a si mesmo?
- Antes de terminar esta prática, reserve um momento para perceber como você se sente em seu corpo, permitindo que sua experiência seja exatamente como é e que você seja exatamente como é, aqui e agora, mesmo que apenas por este momento.

Jada ouviu falar sobre a pausa para autocompaixão em um *podcast*. Embora a ideia a deixasse um pouco desconfortável, ela decidiu experimentá-la na próxima vez em que se sentisse sobrecarregada ao cuidar de Dion. Certa noite, enquanto ela o ajudava a tomar banho, o sabonete escorregou por entre seus dedos e deslizou para baixo da penteadeira do banheiro, e ela bateu a cabeça ao tentar recuperá-lo. Quando se sentou no chão, Jada sentiu a vontade de chorar surgindo. Ela disse a Dion que precisava de um minuto e correu para o quarto para chorar. Quando o choro diminuiu, ela se lembrou da pausa para autocompaixão.

Primeiro, ela evocou a atenção plena e disse a si mesma: "Estou uma bagunça. Estou me machucando muito. Não há nada nessa situação que não esteja doendo". Em vez de se esconder do sentimento de opressão, Jada começou a se voltar para sua difícil situação e a encará-la.

Então, ela disse a si mesma que provavelmente não era a única pessoa na situação difícil de cuidar de alguém. Nem todos tinham um irmão com paralisia cerebral, mas talvez tivessem um membro da família com câncer, doença mental ou alguma outra deficiência. Cuidar de uma pessoa com necessidades especiais era certamente uma tarefa árdua para todos. "Acho que não estou sozinha", disse para si mesma.

Jada então colocou as duas mãos sobre o coração, que batia forte. Suas mãos pareciam quentes e sólidas. Ela simplesmente as deixou ali porque se sentia bem. Tentou dizer algumas palavras de bondade para si mesma, mas não saiu nada; então ela imaginou o que sua mãe lhe diria. "Sinto muito que esteja passando por isso, querida. Sei como é difícil. Faça o melhor que puder e viva um dia de cada vez. Estou aqui para você." Para Jada, foi bom dizer essas palavras exatas para si mesma. Havia um certo pesar no fato de que sua mãe não poderia estar ao seu lado porque havia falecido, mas também certo conforto em saber que ela mesma poderia estar ao seu lado. A batida do martelo em seu coração começou a se parecer mais com uma batida suave de tambor. Cerca de cinco minutos depois, sentindo-se muito mais calma, ela voltou a ajudar Dion a tomar banho.

Essa primeira experiência com a pausa para autocompaixão incentivou Jada a utilizar a fórmula novamente na próxima vez em que se sentisse sobrecarregada. Nos meses seguintes, ela percebeu que não estava mais tão fria consigo mesma e também não se sentia sobrecarregada com tanta frequência. Às vezes, ela ainda se sentia triste e sem esperança, mas havia outra voz, amorosa e gentil, que a lembrava da voz de sua mãe. Uma voz que expressava cuidado e preocupação e a ajudava a se sentir apoiada. Isso tornou sua situação um pouco mais fácil de suportar. Jada sabia que ficaria bem, desde que vivesse um dia de cada vez.

Quando parece que o *burnout* levou a melhor sobre nós e não sabemos o que fazer, um bom ponto de partida é a autocompaixão terna. Podemos ser calorosos e gentis conosco simplesmente *por causa* do estado em que estamos, sem precondições. A autocompaixão terna reverte nossa tendência de nos castigarmos quando as coisas dão errado e utiliza os recursos de cura do cuidado e da conexão. Entretanto, se não estivermos acostumados a abrir nosso coração com autocompaixão, o próprio ato de fazê-lo pode ser desconfortável e até assustador. O próximo capítulo explora esse fenômeno – o *backdraft* – e descreve como aproveitá-lo para ajudar a aliviar o esgotamento.

7

Quando a autocompaixão parece ruim

Trabalhando com o backdraft

Em geral, um momento de compaixão é um alívio bem-vindo. Falar gentilmente consigo mesmo quando estiver chateado ou utilizar um toque de apoio pode ser de grande ajuda. Mas receber compaixão *nem sempre* é bom. Você já se sentiu desconfortável quando alguém lhe disse algo gentil ou elogioso? Você se sente estranho ao dizer algo agradável a si mesmo, como "Você está bem do jeito que está"? Se sim, você está em boa companhia.

Ben é o tipo de pessoa de alta *performance*. Ele tem um negócio bem-sucedido de reforma de casas que recebe as melhores avaliações em *sites* de busca, mas é uma luta manter seus clientes satisfeitos. Estes costumam ficar irritados quando os projetos de reforma ficam parados enquanto ele espera que os profissionais certos estejam disponíveis. E quando seus subcontratados fazem besteira, ele é responsabilizado. As noites e os fins de semana de Ben geralmente são dedicados à resolução de problemas e à organização da logística – isto quando ele não está com uma dor de cabeça terrível.

O médico de Ben lhe disse que ele precisava tirar pelo menos um dia de folga por semana porque o estresse estava "bagunçando seu cérebro" (palavras de Ben, não do médico), mas, quando fazia isso, sentia-se um preguiçoso. Ben também era impiedoso quando cometia algum erro em seu trabalho, chamando a si mesmo de "idiota estúpido" e coisas piores. Sua sócia, Sybil, havia feito um curso de autocompaixão como parte de um programa de bem-estar para funcionários e percebeu que Ben precisava ser mais gentil consigo mesmo. Ela pensou em lhe ensinar uma prática simples, como colocar as mãos sobre o coração. No entanto, assim que Ben levava as mãos ao seu peito, ficava agitado e desconfortável. A autocompaixão parecia fazer com que ele se sentisse pior.

Quando praticamos a autocompaixão, às vezes nos sentimos bem, às vezes nos sentimos mal e às vezes não sentimos nada. Todas essas reações são completamente normais e fazem parte da cura. Entretanto, pode ser confuso sentir-se mal após oferecer compaixão a si mesmo. Afinal de contas, ninguém começa a praticar a autocompaixão para se sentir *pior*! Se você se sentir pior, é provável que pense que fez algo errado ou que a autocompaixão não é adequada no seu caso.

Há uma palavra inglesa para designar a angústia que surge quando oferecemos compaixão a nós mesmos: "*backdraft*". *Backdraft* é um termo de combate a incêndios. Refere-se a como um incêndio em em um local fechado subitamente se intensifica quando o oxigênio entra rapidamente por uma porta ou uma janela que se abre. Bem, a mesma coisa pode acontecer quando as portas de nosso coração se abrem para a autocompaixão. Nosso coração guarda muita dor, geralmente de velhas feridas que deixamos de lado para manter-nos funcionais nas nossas tarefas diárias. Quando praticamos a autocompaixão e a porta do coração se abre, o amor entra e a dor sai.

Se você está sofrendo de esgotamento, é provável que tenha bloqueado suas dores emocionais. Quando você é compassivo e amoroso consigo mesmo, os sentimentos que estavam reprimidos podem começar a surgir. Eles não são *causados* pela autocompaixão; estão sendo *revelados*. Isso é bom porque você pode vê-los e começar a curá-los.

Por que o *backdraft* ocorre? Porque só podemos conhecer algo por meio do contraste. Conhecemos o quente porque conhecemos o frio. Conhecemos a luz porque também conhecemos a escuridão. Há um ditado que diz: "O amor revela tudo o que é diferente de si mesmo". Se eu disser a mim mesmo: "Que eu me aceite exatamente como sou", é provável que eu comece a pensar em minhas qualidades inaceitáveis ou em momentos em que outras pessoas me trataram como se eu fosse inaceitável. Isso acontece de forma natural, mas, como você pode imaginar, essas lembranças não são divertidas.

No caso de Ben, ele não chegou a colocar as mãos no peito, muito menos a dizer palavras gentis para si mesmo. Um ato de autocompaixão, como fazer uma pausa no trabalho, foi suficiente para desencadear o *backdraft*. Quando criança, Ben sofria de transtorno de déficit de atenção/hiperatividade não diagnosticado. Seu pai era muito crítico em relação aos seus esforços na escola e muitas vezes o envergonhava na frente dos outros. Na idade adulta, embora Ben tenha encontrado um trabalho que se ajustou perfeitamente ao seu modo de ser e fosse bem-sucedido, no fundo de sua mente ele ainda era um "perdedor" e um "idiota". Quando Sybil expressou compaixão por ele, Ben se sentiu ansioso. Seu eu mais jovem e "perdedor" estava à espreita logo abaixo da superfície, ameaçando irromper.

O que seria necessário para que Ben fosse mais autocompassivo? Ele precisaria estar aberto ao que a autocompaixão despertava. No momento, porém, ele não estava conseguindo fazer isso. Nesse caso, o próximo passo é tornar-se *curioso* em relação ao *backdraft*.

RECONHECENDO O *BACKDRAFT*

Alguma vez você já teve problemas quando tentou ter autocompaixão? Talvez uma dúvida antiga tenha surgido, ou uma emoção difícil, ou você tenha ficado fisicamente inquieto?

Quando começamos a praticar a autocompaixão, traumas antigos, grandes e pequenos, podem se revelar, como se estivessem esperando por um momento em que tivéssemos os recursos para lidar com eles. Por exemplo, talvez você ainda esteja carregando a mágoa de ter sido abandonado por um antigo amor e, quando começar a ter autocompaixão, poderá voltar a pensar na mágoa pela primeira vez em anos.

Se estiver curioso sobre o *backdraft* e estiver querendo saber o que pode acontecer com você, considere as seguintes perguntas:

- O que o impede de ser mais autocompassivo?
- Que pensamentos e sentimentos você teme que possam surgir?
- Quais são suas preocupações sobre como a autocompaixão pode afetar sua vida?

O *backdraft* pode se apresentar de diversas formas:

- **Mentalmente**, você pode começar a se criticar, pensando: "Eu sou uma tragédia ambulante", "Eu sou um fracasso", "Eu não presto para nada mesmo".
- **Do ponto de vista emocional**, você pode sentir vergonha ou culpa, tristeza ou pesar, medo ou ansiedade, raiva ou irritação.
- **Fisicamente**, você pode sentir dores e desconfortos – aperto no peito, testa latejante – ou sensações no corpo decorrentes de uma lesão anterior.
- **Em termos de comportamento**, você pode se ver tentando se esconder, agradar as pessoas, tornar-se briguento.

O *BACKDRAFT* FAZ PARTE DO PROCESSO DE CURA

O *backdraft* é um sinal de que a autocompaixão está funcionando. Ele o coloca em contato com as áreas de si mesmo que precisam ser curadas, inclusive o que você tem deixado de perceber enquanto passa pelo esgotamento. Se você for um médico esgotado, por exemplo, e tiver um momento de silêncio para si, poderá descobrir que começou a se ressentir com seus pacientes. Além disso, pode sentir vergonha por estar ressentido. Nada disso é positivo, mas é bom que venha à tona, pois daí você pode fazer algo a respeito. Você pode tratar a si mesmo com compaixão. Apenas observe o que está aflorando – pensamentos, emoções, sensações, comportamentos – e trate-se como trataria um bom amigo. Mesmo que não tenha certeza absoluta do que está acontecendo dentro de você, seja autocompassivo apenas *porque* se sente mal. Você provavelmente se sentirá mais compassivo de novo.

A coisa mais importante a se saber sobre o *backdraft* é que está tudo bem e você ficará bem. Na verdade, se mantiver a prática da autocompaixão, ficará *mais* do que bem.

Quando o *backdraft* desperta velhas feridas do passado, mesmo da primeira infância, você pode atualizar essas lembranças da infância respondendo a elas de uma nova maneira – talvez da forma como você gostaria de ter sido tratado há muitos anos. Agora somos adultos, conhecemos nossas necessidades melhor do que os outros conheciam no passado, e temos o recurso da autocompaixão para cuidar de nossas feridas. Podemos *ressignificar* essa lembrança dolorida amorosamente, respondendo com compaixão às versões mais jovens de nós mesmos, uma lembrança de cada vez.

O *backdraft* parece uma explosão, mas na verdade é uma floração!

UMA PALAVRA SOBRE SEGURANÇA

Nunca sabemos ao certo o que surgirá como *backdraft*. Pode ser qualquer coisa, desde um pequeno desconforto até um grande trauma. A autocompaixão é um remédio poderoso e, como ocorre com todos os remédios poderosos, precisamos administrar a dose certa. Ao praticar a autocompaixão, tenha em mente as zonas de tolerância que aparecem no diagrama a seguir.

O equilíbrio ideal para a prática da autocompaixão é sentir-se desafiado, mas explorar um pouco além de sua zona de conforto. Você não deve ficar muito seguro e, definitivamente, não quer ficar sobrecarregado. Quando você se sente total-

Zonas de tolerância

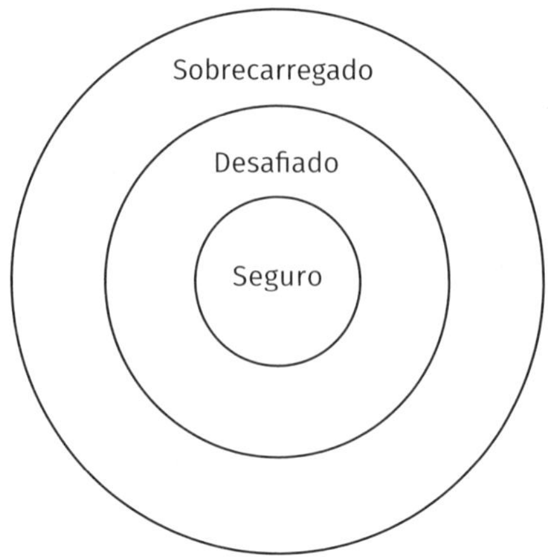

mente seguro, pode não se sentir motivado a aprender. Quando se sente sobrecarregado, está causando estresse desnecessário a si mesmo e, provavelmente, não conseguirá aprender nada.

Tente fazer a si mesmo as seguintes perguntas para determinar em que zona você está:

- "Como sei quando estou me sentindo **sobrecarregado**?" Alguns sinais são: sensação de estar inundado de emoções, dúvidas sobre si mesmo, tensão, confusão, pensamentos acelerados, distração, raiva, pavor ou exaustão.
- "Como sei quando estou me sentindo **desafiado**?" Talvez você se sinta energizado, curioso, concentrado, alerta, motivado, com a mente aberta ou mais criativo.
- "Como sei quando estou me sentindo **seguro**?" É provável que você se sinta confortável, satisfeito, afável, grato ou calmo, que seu pulso esteja lento e regular, e que sua respiração seja profunda e estável.

Algumas pessoas ficam cativadas pelo alívio que a autocompaixão pode proporcionar. Então, quando elas se sentem sobrecarregadas pelo *backdraft*, não querem diminuir a dose de autocompaixão. Elas imaginam que mais autocompaixão lhes trará alívio. Infelizmente, essa abordagem só traz mais retrocesso e mais sobrecarga. A solução para esse dilema é praticar a autocompaixão de maneira diferente.

COMO TRABALHAR COM O *BACKDRAFT*

O que você deve fazer quando surge um *backdraft*? Isso depende da zona de tolerância em que você está. A regra geral é "inclinar-se para dentro, inclinar-se para trás ou abandonar" a prática. Se você se sentir sobrecarregado, vá em direção à segurança.

Se o *backdraft* surgir e você se sentir um pouco ansioso, mas não muito, tudo o que precisa fazer é lembrar a si mesmo: "Ah, isso é *backdraft*". Nomear o *backdraft* lhe dará um pouco de distância ou de perspectiva do que está sentindo. Em seguida, continue com sua prática de autocompaixão e note se o desconforto passa sozinho.

Quando se sentir *desafiado* pelo *backdraft*, mas não sobrecarregado, talvez queira se inclinar e explorar o que está surgindo para você. Por exemplo, se tem o hábito de manter um diário, pode anotar as lembranças que estão surgindo, sobretudo por meio de uma lente compassiva. Você também pode nomear as emoções que está sentindo – "tristeza", "medo", "vergonha" –, validando-as, como faria com um amigo. Você também pode explorar onde a emoção é sentida com mais intensidade em seu corpo. (Consulte o Capítulo 10 para saber mais sobre essa prática.) Após fazer tudo isso, se você ainda se sentir desconfortável, talvez seja o momento de recuar um pouco.

Quando se trata de emoções, uma boa regra geral é "inclinar-se para dentro, inclinar-se para trás ou abandonar".

Se alguma vez você se sentir *sobrecarregado* pelo *backdraft*, a coisa mais compassiva a se fazer é parar de praticar. Isso não significa que você deva parar de praticar a autocompaixão por completo – você só precisa praticá-la de outra forma. Quando a maioria das pessoas pensa na prática da autocompaixão, pensa em treinamento *mental*, como a meditação. Entretanto, a prática da autocompaixão é sobretudo *comportamental* – atos de autocompaixão dispersos ao longo do dia. Não é possível meditar o dia todo, portanto, o que você *faz* em sua vida é a melhor indicação de quão autocompassivo você é.

Se você estiver com dificuldades por qualquer motivo e agir com compaixão em favor de si mesmo, estará praticando a autocompaixão na vida diária. Infelizmente, quando passamos por dificuldades, muitas vezes nos atormentamos ou nos escondemos na vergonha e não somos nem um pouco gentis conosco. Contudo, quando realizamos atos comuns de autocuidado *como resposta ao sofrimento* – com comportamentos como ouvir música, cuidar do jardim ou conversar com amigos –, o autocuidado se torna autocompaixão. A autocompaixão comportamental é o que torna a autocompaixão segura para todos. Você só precisa se lembrar de fazer isso!

Para praticar a autocompaixão na vida cotidiana, basta se perguntar: "Como costumo cuidar de mim mesmo?". Você já tem muitos bons hábitos de autocuidado, ou não teria chegado à idade adulta. Quais são eles? Algumas categorias a serem consideradas são:

- **Físico.** Exercite-se, faça uma massagem, tome um banho quente, saboreie uma xícara de chá.
- **Mental.** Leia um livro alto astral, assista a um filme engraçado, solte seu lado artístico.
- **Emocional.** Chore bastante, escreva em um diário, ouça música.
- **Relacional.** Reúna-se com amigos, brinque com um animal de estimação, veja fotos de férias.
- **Espiritual.** Ore, caminhe em uma área verde, ajude outras pessoas.

Se quiser, você pode fazer uma lista de atividades de que gosta e mantê-la como um lembrete útil para quando precisar de um pouco de autocompaixão.

Há também uma prática que você pode fazer quando estiver sofrendo um *backdraft* que pode ajudá-lo a se manter firme, literalmente.

FERRAMENTA DE AUTOCOMPAIXÃO 7

Solas dos pés

Uma forma comprovada de se mover em direção à segurança é ancorar sua atenção nas sensações de seus pés. Seus pés estão o mais longe possível da cabeça, e é nela que a maior parte de nossa infelicidade é fabricada. Concentrar-se nos pés o tira da cabeça e o leva para o corpo, e sentir as *sensações* dos pés o conecta com a terra. Essa sensação será ainda mais palpável se você estiver em um lugar em que possa tirar os sapatos e literalmente sentir a terra.

- Se você puder ficar de pé, faça isso. Se não conseguir andar, você pode adaptar as instruções a seguir e explorar as sensações do seu corpo sendo apoiado pela cadeira.
- Comece observando as sensações – o sentido do tato – nas solas dos pés ao pisar no chão.

- Para sentir melhor as sensações nas solas dos pés, tente se balançar com suavidade para a frente e para trás sobre os pés e de um lado para o outro. Talvez fazer pequenos círculos com os joelhos, sentindo a mudança de sensações nas solas dos pés.
- Sinta como o chão apoia todo o seu corpo.
- Quando sua mente se distrair, comece a sentir as solas dos pés outra vez.
- Agora comece a caminhar lentamente, observando as mudanças de sensações nas solas dos pés. Observe a sensação de levantar um pé, dar um passo à frente e depois colocar o pé no chão. Agora faça o mesmo com o outro pé. E depois um pé após o outro.
- Ao caminhar, talvez você perceba como é pequena a área de superfície de seus pés e como eles sustentam todo o seu corpo. Se desejar, permita-se um momento de gratidão pelo trabalho árduo que seus pés estão fazendo e ao qual normalmente não damos valor.
- Se quiser, você pode imaginar uma marca de bondade ou de compaixão no chão a cada passo – qualquer que seja o legado que você espera deixar em sua vida.
- Continue caminhando lentamente, sentindo as solas dos pés.
- Por fim, volte a ficar de pé, expandindo a consciência para todo o corpo, permitindo-se sentir o que quer que esteja sentindo e deixando-se ser exatamente como é.

Essa prática tende a interromper o *backdraft*. Se ele continuar, você pode mudar para alguma forma de autocuidado comportamental, como tomar uma xícara de chá.

Você também pode adaptar a prática das solas dos pés a diferentes situações de trabalho. Ansioso com um paciente internado que sofreu uma piora? Sinta as solas dos pés ao se aproximar ou se afastar do quarto do paciente. Foi parado com urgência pelo seu chefe quando estava indo para casa após um dia longo e difícil? Balance-se para a frente e para trás e sinta a mudança de sensações em seus pés, enquanto seu chefe explica as muitas coisas que você ainda precisa fazer, mas para as quais não tem tempo.

Ben era um homem em constante movimento, por isso gostou quando Sybil sugeriu que ele experimentasse a prática da sola dos pés. Isso lhe deu a chance de acalmar a mente após o trabalho, sobretudo quando Sybil caminhava ao seu lado. Ben também gostava de brincar com seu cachorro no final de um longo dia. Ambas as atividades eram práticas aceitáveis de autocompaixão porque eram expressões de autocuidado que não causavam nenhum *backdraft* para ele.

A autocompaixão é uma forma de se relacionar com gentileza com qualquer situação dolorosa, inclusive com o *backdraft*. Uma parte importante da prática, portanto, envolve ser gentil e solidário consigo mesmo se a compaixão despertar uma dor antiga. Não é vergonhoso admitir que se está passando por um *backdraft*, que se está esgotado ou que se está sentindo qualquer tipo de sofrimento – isso abre a porta para a cura. Saber que está sentindo o *backdraft na hora em que* o sente requer *atenção plena*. O próximo capítulo expande o papel da atenção plena no alívio do esgotamento.

8

Colocando as coisas em perspectiva

Consciência plena

Quando a exaustão e a frustração do *burnout* nos atingem, deixamos de ver as coisas com clareza. Talvez estejamos tão ocupados tentando sobreviver que perdemos o contato com o que estamos sentindo, não percebendo o quanto nossos recursos estão esgotados. Um dia, descobrimos que não conseguimos nem sair da cama e começamos a analisar o que aconteceu. A atenção plena, base da autocompaixão, pode nos ajudar a obter clareza e perspectiva.

Com a atenção plena, nos voltamos para nossa experiência do momento presente e nos conscientizamos dela, mesmo quando é dolorosa. Você pode estar dizendo a si mesmo: "Estou muito consciente de como as coisas são difíceis durante o meu dia, muito obrigado". Mas será que está? Em geral, não reconhecemos o desconforto quando ele está atrapalhando uma meta importante e ignoramos os sinais de sobrecarga.

Maggie é uma terapeuta jovem especializada em tratar adultos com traumas da primeira infância. É um trabalho difícil, mas ela está comprometida com ele. Maggie admira o desejo de sobrevivência de seus clientes e sua determinação de não se tornarem reféns do passado, o que a faz seguir com seu trabalho.

Como Maggie lida com as histórias trágicas que ouve diariamente? Ela tem os apoios habituais, como um grupo de supervisão de colegas, e tenta se exercitar com frequência. Mas sua principal estratégia é simplesmente evitar pensar no trabalho quando chega em casa. Contudo, o estresse do trabalho ainda a afeta. Ela perdeu o apetite e não está dormindo bem.

Às vezes, o problema não é ignorar nossa dor, mas se deixar levar por ela. Ficamos completamente perdidos em nossos pensamentos e nossas emoções negativas, a ponto de não termos nenhuma perspectiva sobre eles. Ficamos ruminando sobre como as coisas estão ruins e, a cada rodada de ruminação, tudo parece pior. Utilizamos o pensamento obsessivo para tentar resolver nossos problemas, mas é mais provável que fiquemos emaranhados em nós mentais.

Maggie também sucumbiu a esse padrão. Quando ela não conseguia manter a cabeça equilibrada, as histórias de seus clientes começavam a inundar sua mente. Ela analisava tudo o que eles diziam, ficando cada vez mais irritada. Como isso poderia ter acontecido com uma criança inocente? Ela também revisava tudo o que dizia em suas sessões, perguntando-se se poderia ter reagido de forma diferente, se estava usando efetivamente as técnicas que havia aprendido em seu estágio. Isso logo se transformava em uma narrativa de incompetência, de que ela era uma fraude, de que ela provavelmente pioraria a vida de seus clientes. Em um ano, Maggie estava decidida a deixar o emprego. Felizmente, um terapeuta mais velho de seu grupo de supervisão sugeriu que ela aprendesse sobre atenção plena, o que iria ajudá-la a lidar com os sentimentos difíceis que estava experimentando.

A atenção plena nos desvincula de pensamentos e emoções dolorosas, nos proporcionando um distanciamento em relação a eles. É importante observar que isso não é a mesma coisa que "camuflar" a dificuldade por meio de pensamentos positivos ou negar nossos sentimentos negativos. A atenção plena nos auxilia a tomar consciência de nossa angústia com equilíbrio e clareza, para que não sejamos tão dominados por ela.

Com a atenção plena, em vez de ignorarmos nossos sentimentos ou nos perdermos neles, ganhamos equilíbrio e perspectiva.

CONSCIÊNCIA DIRETA

A atenção plena proporciona clareza ao permitir que estejamos diretamente conscientes de nossa experiência em vez de filtrá-la pelas lentes do pensamento. Os pensamentos são utilizados para *representar* nossa experiência. Eles criam uma imagem mental do que está acontecendo para que possamos dar sentido a ela. Projetamos nossos pensamentos no passado ou no futuro, facilitando o planejamento. Em geral, os pensamentos contêm julgamentos que nos permitem decidir se algo é bom ou ruim para nós. No entanto, eles não podem experimentar a realidade diretamente. Pense em um pêssego, por exemplo. Você pode usar o pensamento para imaginar a aparência ou o sabor dele, ou para considerar se gosta de pêssegos ou se há pêssegos disponíveis no mercado local. Mas você não pode comer o pensamento de um pêssego. A atenção plena experimenta diretamente, permitindo que estejamos conscientes de tocar, ver, cheirar, provar e comer esse pêssego.

Passamos a maior parte de nosso tempo interagindo com o mundo por meio do pensamento: O que é isso? O que isso significa? É bom ou ruim? De onde veio? Eu gosto disso? Posso obter mais? O que vai acontecer com isso? O que posso fazer a respeito? O pensamento é incrivelmente útil, mas estamos tão acostumados a confiar nele que com frequência não percebemos a diferença entre *os pensamentos sobre* a realidade e a própria realidade. A atenção plena envolve deixar de lado a mente tagarela e entrar na consciência direta do que está acontecendo, neste exato momento, utilizando os cinco sentidos.

SEUS PENSAMENTOS PODEM ENGANÁ-LO!

Por que é importante diferenciar o pensamento sobre a realidade da experiência direta de vivenciá-la por meio da atenção plena? Porque nossos pensamentos geralmente estão errados. Por exemplo, você pode ter comprado um lindo pêssego imaginando como ele seria delicioso, mas acabou descobrindo que ele era insosso e farinhento. Nossos pensamentos também tendem a exagerar as coisas. Se eu estiver tendo problemas para cumprir um prazo, posso criar uma história de que sou um trabalhador incapaz e que nunca vou dar conta de fazer as coisas, que vou perder meu emprego e que serei despejado de minha casa. Quanto tempo leva para passar de "problemas para cumprir prazos" para "pessoa em situação de rua"? Os pensamentos podem se mover quase na velocidade da luz.

Experimentar diretamente o desconforto emocional com a atenção plena, sobretudo ao tomar consciência das sensações que ele produz no corpo, pode ser mais útil do que pensar sobre ele. As sensações corporais se movem de forma muito mais lenta do que os pensamentos, e é improvável que sejamos mentalmente sequestrados pelas sensações corporais. Por exemplo, se estivermos com insônia, podemos usar a atenção plena para sentir a agitação no peito, um tipo de tensão ou formigamento. Essas sensações são mais fáceis de suportar do que o pensamento "Nunca vou conseguir dormir!". Também podemos perceber

Consciência plena *versus* pensamento

Tente explorar a diferença entre a consciência direta e plena e o pensamento:

- Comece com a **audição**. Ouça os sons que chegam até você neste momento. Deixe-os entrar e experimente-os diretamente. Agora, permita-se ***pensar*** sobre os sons. ("Ah, é o ar-condicionado. Puxa, isso é barulhento. Será que eu deveria comprar um modelo mais silencioso?") Observe a diferença entre pensar sobre os sons e ouvi-los.
- Depois, olhe calmamente ao seu redor. **Veja** o que está à sua frente, à sua esquerda e à sua direita. Permita-se perceber diretamente a luz, a cor, as formas e assim por diante. Agora, ative seu pensamento. ("Isso é uma luminária. Uma de suas lâmpadas está queimada; preciso trocá-la.") Observe a diferença entre pensar sobre o que você vê e apenas ver.
- Pegue um objeto e **toque-o**. Observe sua textura, maciez ou dureza. Passe suas mãos sobre ele. Agora pense sobre o objeto. ("Esta é uma caneta com tinta verde. Eu a utilizei para assinar o cheque do jantar ontem. Por que alguém faria uma caneta com tinta verde em vez de azul ou preta?") Observe a diferença entre pensar sobre o objeto e senti-lo.
- Em seguida, inspire e perceba que **cheiro** você consegue sentir no ar. Ou leve a mão ao nariz e sinta o cheiro de sua pele. Fique atento a todos os odores que puder detectar. Agora, permita-se pensar sobre o cheiro que está sentindo. ("Minhas mãos estão cheirando a mofo por causa da esponja que usei para lavar a louça. Que nojo! Preciso trocar essa esponja.") Observe a diferença entre pensar no odor e apenas senti-lo.
- Por fim, observe todos os **sabores** em sua boca. Esteja diretamente consciente da experiência da degustação. Depois, deixe sua mente fazer o que ela faz de forma natural: pensar. ("Isso é um pãozinho de semente de papoula que comi hoje de manhã. Também gosto de pão de mirtilo, mas o de semente de papoula é definitivamente o meu favorito.") Observe a diferença entre pensar nos sabores e apenas sentir o gosto.

que as sensações de insônia estão mudando de maneira constante. A insônia é um estado temporário. Com o tempo, ela passará e adormeceremos, especialmente quando pararmos de pensar em não dormir.

Você pode utilizar a atenção plena para se conscientizar das sensações corporais do *burnout*:

- Observe um sentimento que está tendo neste momento relacionado ao *burnout* (como exaustão, estresse, tristeza, insônia).

- Em vez de pensar *sobre o* sentimento ou analisar suas causas, tente deixar o pensamento de lado e experimentar o sentimento diretamente em seu corpo.
- Onde você o sente em seu corpo?
- Observe se a sensação é sólida ou vibratória.
- A sensação está se movendo ou mudando?
- Verifique se você consegue permitir que a sensação seja como ela é, sem ignorá-la ou rejeitá-la, ou ser levado por pensamentos sobre ela.

A clareza que a atenção plena à nossa experiência nos proporciona é como ficar parado olhando para uma piscina de água límpida sem ondulações; ela espelha exatamente o que está ocorrendo – sem acrescentar nada. Ficarmos perdidos em nossos pensamentos é mais como ver um vídeo de ondas rolando, perguntando-se sobre a força da correnteza, se a água está gelada e se nossas habilidades de natação estão à altura do desafio.

Os pensamentos também nos levam a pensar que nosso sofrimento durará para sempre. Com a consciência plena, vemos que nada é permanente. Quando nos sentimos sobrecarregados com todas as tarefas que temos em mãos, nossa experiência direta não tem nada a dizer sobre quanto tempo esses sentimentos vão durar. É a mente pensante que fica fazendo previsões e, por isso, não apenas nos sentimos sobrecarregados como também com medo de ficar esgotados para sempre. Ficamos preocupados por não conseguir lidar com o estresse e pensamos em desistir.

Essa era certamente a situação em que Maggie havia se colocado, e ela estava ansiosa por uma saída. A colega que a apresentou à prática da atenção plena recomendou que ela tentasse meditar para desenvolver suas habilidades de atenção plena: em especial, sentar-se em silêncio e concentrar-se na respiração. Ela disse que isso ajudaria Maggie a se acalmar e tranquilizar sua mente. Ela realmente tentou, mas logo descobriu que conseguia se concentrar na respiração apenas por alguns segundos antes de distrair-se. Mal sabia Maggie que havia tido o primeiro *insight* da meditação da atenção plena: a mente tem vontade própria. Mas por quê?

É A REDE DE MODO PADRÃO

Você já saiu do chuveiro e constatou que não se lembrava se tinha lavado o cabelo, ou já estacionou em sua vaga sem se lembrar de ter dirigido até o trabalho?

Se sim, provavelmente você estava sob o domínio da *rede de modo padrão*. Essa rede de regiões cerebrais é um dos nossos sistemas de autopreservação programados. Segundo a neurociência, o modo padrão tende a estar ativo quando não estamos prestando atenção a nada em especial (daí o termo *padrão*). A menos que estejamos intrigados com a tarefa em questão, nossa mente tende naturalmente a vagar e ser consumida por pensamentos. Isso é o que acontece quando meditamos.

Para onde vai a mente? Bem, na maioria das vezes, ela vai em busca de problemas do passado e de problemas que podem surgir no futuro ("Não quero que *isso* aconteça comigo novamente"). Também tendemos a pensar sobre nosso assunto favorito: nós mesmos. Quando o cérebro está de folga por um tempo, ele se torna altamente ativo, planejando como nos manter longe de problemas. Você pode imaginar como nossos ancestrais mais preocupados e com uma rede de modo padrão ativa tinham maior probabilidade de sobreviver e transmitir seus genes do que nossos antepassados mais tranquilos. Mesmo deitado em uma praia durante as férias, é provável que você esteja pensando em todas as tarefas domésticas e de trabalho que o aguardam em casa e comece a se preocupar com sua capacidade de realizá-las. E você se pergunta: por que parece que minhas últimas férias não aliviaram minha sensação de esgotamento?

Felizmente, as pesquisas mostram que, quanto mais praticamos a atenção plena, menos ficamos presos no modo padrão. Quando prestamos atenção à nossa experiência direta com nossos cinco sentidos, nos desligamos da mente pensante e voltamos a focar no que está acontecendo no momento presente. Damos à mente algo para fazer, de modo que ela não se desvie para a desgraça e a tristeza. O que aconteceria se você se sintonizasse com o sentimento de exaustão ou de desesperança *sem* a narração de sua mente julgadora? Esses sentimentos ainda seriam desconfortáveis, mas seriam tão ruins quanto você pensa? Sim, sua situação é difícil. Mas e quanto a este momento, agora mesmo? Ele é difícil? Você está seguro? Você está vivo? Você consegue encontrar algo de bom nesse momento que você ignorou? E se esse momento for difícil, será difícil para sempre? Libertar nossa mente da escravidão do pensamento nos dá o espaço mental para fazer escolhas sobre como reagir à dor do *burnout*.

A consciência plena libera espaço na mente para que façamos novas escolhas sobre como reagir à angústia do *burnout*.

O PRIMEIRO PASSO PARA A AUTOCOMPAIXÃO

Precisamos estar plenamente conscientes de nossa angústia antes de podermos nos compadecer. Podemos fazer isso perguntando a nós mesmos de forma intencional: “O que estou percebendo? O que estou sentindo?”. É necessário saber que estamos sofrendo antes que a compaixão faça algum sentido. Se bloquearmos nossa angústia ou ficarmos presos nessa narrativa, ruminando sobre ela, não teremos presença de espírito para perguntar: “O que eu preciso agora que possa ajudar?”. Talvez precisemos fazer uma pausa ou sair do sofá e agir. Poderíamos utilizar algumas palavras de conforto ou de incentivo? Talvez um lembrete de que não estamos sozinhos nessa luta?

Pesquisas demonstraram que, quanto mais você pratica a atenção plena, mais se torna autocompassivo. Quando consegue perceber a história falsa que seus pensamentos geralmente criam, pode notar que – pelo menos no momento – você está bem melhor do que imaginava. A atenção plena pode ajudá-lo a lembrar-se de que mesmo um momento difícil acabará passando. A atenção plena lhe dá um espaço claro para aceitar emoções difíceis – frustração, raiva, ressentimento, desespero – como reações humanas normais ao esgotamento.

A meditação é uma forma clássica de aprender e criar o hábito da atenção plena. Meditar é como ir à academia – fortalece o músculo da atenção plena intencionalmente, conforme o tempo dedicado à sua prática. Mas quem tem energia para fazer treinamento mental quando está estressado ou esgotado? Quem quer lutar com sua rede de modo padrão? E se isso parecer apenas mais uma oportunidade de “fracassar” em alguma coisa? Não se preocupe; a ferramenta a seguir oferece um modo de meditar de forma agradável, por apenas alguns minutos, para que você possa se desligar dos pensamentos que causam estresse desnecessário sem se preocupar em “acertar”.

FERRAMENTA DE AUTOCOMPAIXÃO 8

Respiração afetuosa

Você pode realizar esta prática a qualquer momento, mesmo quando estiver fazendo uma pausa durante seu dia de trabalho. Você não precisa se esforçar para atingir a perfeição, nem esta prática deve ser uma tarefa árdua. Uma atitude curiosa, quase de brincadeira, é o melhor. Você pode fazer esta prática sentado em uma cadeira, deitado ou em pé, o que for melhor e mais adequado à situação em que estiver.

- Para começar, feche os olhos, parcial ou totalmente, e leve sua consciência para dentro do seu corpo. Faça três respirações profundas.
- Faça uma varredura no seu corpo para ver se há algum local de estresse, tensão ou dor, sobretudo onde você sente *mais* desconforto.
- Depois, se achar adequado, coloque a mão nesse lugar do seu corpo. Você também pode colocar a mão sobre o coração ou outro local relaxante. Apenas sinta o toque de sua mão em seu corpo.
- Agora, comece a perceber sua respiração, sentindo seu corpo inspirar e expirar de forma natural.
- Comece a perceber o *ritmo* de sua respiração, o ar entrando e saindo. Reserve algum tempo para *sentir* o ritmo natural de sua respiração.
- Sinta *todo o seu corpo* se movendo sutilmente com a respiração, como o movimento do mar.
- Permita que todo o seu corpo seja suavemente balançado e acariciado pela sua respiração.
- Permita-se estar ciente de que esse movimento suave está sempre ocorrendo em seu corpo, independentemente do que esteja ocorrendo.
- Sinta o ritmo suave pelo tempo que desejar. Quando sua mente divagar, como certamente acontecerá, basta voltar ao ritmo de sua respiração, permitindo-se saborear o fluxo suave.
- Por fim, libere sua atenção da respiração e permita-se sentir o que estiver sentindo e estar exatamente como está.

Esse tipo de meditação da respiração tornou-se a prática preferida de Maggie quando queria relaxar. Ela gostava sobretudo de perceber o ritmo de sua respiração, o que a fazia sentir-se como se estivesse flutuando em um oceano suave. Quando Maggie ia para o trabalho pela manhã, levava essa prática com ela. Havia um intervalo de 10 minutos entre as sessões de seus clientes e, nesse precioso intervalo de tempo, Maggie tinha o hábito de examinar seu corpo em busca de áreas de estresse e, em seguida, sentir o ritmo de sua respiração. Ela também permitia que seu corpo balançasse com suavidade para a frente e para trás com o ritmo de sua respiração. Em geral, cinco minutos eram suficientes para deixar de lado o que havia acontecido na sessão anterior e se preparar para o próximo cliente. Quando abria a porta, ela se certificava de sentir a maçaneta em seus dedos. Maggie então sorria e dava as boas-vindas ao cliente.

Às vezes, a mente pensante trabalha contra nós: culpando-nos por estarmos esgotados, criando expectativas irrealistas e catastrofizando o futuro. Felizmente, com habilidades simples de atenção plena, podemos nos livrar do pensamento improdutivo e reagir de maneira mais eficaz ao estresse. Porém, atenção plena não envolve apenas prestar atenção; envolve também *como* prestamos atenção: com aceitação em vez de resistência. O próximo capítulo explora como podemos aliviar nossos sentimentos de esgotamento, deixando de lado a resistência desnecessária.

9

A resistência é inútil

Como o combate ao burnout *pode piorar a situação*

Quando confrontados com o estresse no trabalho, nosso primeiro instinto é ignorá-lo ou lutar contra ele. A resistência é a luta que ocorre quando desejamos que nossa experiência momentânea seja diferente do que ela é. Quando não conseguimos aceitar o que está acontecendo, resistimos. O termo *resistência*, como o utilizamos aqui, não se refere ao engajamento em ativismo social ou à luta contra os sistemas injustos que contribuem para o *burnout*. Na verdade, lutar por um futuro mais justo depende de aceitar que a injustiça está ocorrendo. Da mesma forma, a cura do *burnout* depende da aceitação de que ele está ocorrendo. Quando resistimos à realidade do *burnout*, é mais difícil superá-lo. A resistência faz com que nossa mente, nosso coração e nosso corpo se contraiam, e essa tensão exacerba o estresse.

É compreensível que resistamos à experiência do estresse crônico porque ele é muito doloroso. O estresse parece intolerável, e queremos que ele desapareça de imediato – na verdade, para ontem. Desse modo, em vez de aceitar que as coisas estão assim agora e trabalhar para melhorá-las no futuro, reprimimos o que sentimos (o que causa tensão), ficamos frustrados (o que causa tensão) ou nos culpamos (a cereja do bolo da tensão).

Maria é professora do ensino fundamental em uma pequena cidade da Califórnia. Ela é extremamente dedicada ao seu trabalho e se preocupa profundamente com o direito de seus alunos a uma boa educação – muitos deles são filhos de imigrantes sem documentos que estão passando por dificuldades financeiras.

Além de tudo, após a recente onda de tiroteios em escolas, ela tem se preocupado de maneira constante com a segurança de seus alunos. Maria tem de realizar regularmente treinamento de "atirador em ação" com seus alunos, quando eles encenam o que fazer caso isso aconteça em sua escola. Maria precisa pensar em quais alunos podem não ser capazes de seguir as instruções devido a necessidades especiais, barreiras linguísticas ou traumas – ou quais alunos ela pode ter de pegar e carregar.

Maria está chateada com a maneira como a administração conduz os exercícios de atirador em ação, que aterrorizam muitos de seus alunos. Ela também se sente enojada com a realidade horrível que levou a administração a implementar os exercícios. Os sentimentos de frustração e desespero de Maria a acompanham em casa à noite e são totalmente exaustivos. Às vezes, ela bate os punhos no balcão da cozinha e grita: "Não é assim que deve ser o ensino fundamental!". Recentemente, ela desenvolveu uma úlcera e teve de tirar dois meses de licença médica. Depois, sentiu-se fracassada por decepcionar suas crianças.

RESISTINDO À NOSSA EXPERIÊNCIA

Em geral, a resistência ocorre de duas formas, e você deve estar familiarizado com ambas: luta e fuga. Às vezes, como Maria, *lutamos* contra o que existe. Nós nos revoltamos contra a realidade e ficamos com raiva e frustrados, como se, de alguma forma, pudéssemos fazer com que a realidade se submetesse a nós. Pense nas vezes em que você ficou preso em um engarrafamento quando estava atrasado para uma reunião importante. Buzinar e socar o volante não o leva mais rápido, mas certamente torna a viagem mais estressante. Lutar contra a realidade ativa nosso sistema nervoso simpático e nos deixa agitados. Quando já estamos estressados e sobrecarregados, desejar que a realidade seja outra só nos deixa *mais* estressados e sobrecarregados.

Outra forma de resistência, talvez mais sutil, é tentar evitar nossa experiência negando o que estamos sentindo. Desprezamos o estresse e ignoramos os sentimentos de exaustão. "Não tenho tempo para reclamar de uma dorzinha nas costas", murmuramos para nós mesmos, ou "Os outros estão em uma situação pior do que a minha, então quem sou eu para reclamar?". Rejeitamos nossas emoções como sinal de fraqueza e simplesmente seguimos em frente. Algumas pessoas evitam suas emoções assistindo à TV ou ingerindo álcool em excesso após o trabalho.

Seria bom se evitar nossas dificuldades fizesse com que elas desaparecessem, mas não é assim que funciona. Podemos ignorar o estresse, o cansaço ou as dores nos ossos, mas, seja como for, nosso corpo é afetado. Podemos nos distrair de nossos sentimentos de opressão e de desesperança, mas eles ainda estão lá, fervendo no nosso subconsciente. Pesquisas mostram que suprimir pensamentos e sentimentos indesejados apenas os intensifica quando eles inevitavelmente vêm à tona.

Aquilo a que resistimos persiste e se torna mais forte.

Seja lutando ou se esquivando do problema, a resistência raramente produz boas soluções para nosso estresse no trabalho. Ela não faz com que a dor desapareça; em vez disso, ela a mantém no mesmo lugar. Como disseram os alienígenas Borg em *Star Trek*: a resistência é inútil!

A RESISTÊNCIA NÃO É APENAS INÚTIL – É PREJUDICIAL

Resistir aos sentimentos de estresse, sobrecarga e esgotamento é como dar um tapa no próprio rosto. Embora queiramos nos ajudar resistindo à dor, acabamos nos prejudicando. Às vezes, suprimir a dor emocional pode ser temporariamente útil e necessário. Se você é um médico que precisa dizer a um jovem paciente que ele tem câncer terminal, talvez precise compartimentar – colocar alguns dos seus sentimentos em uma gaveta imaginária – para poder continuar a funcionar pelo resto do dia. Mas, em longo prazo, a resistência cobra um preço alto. Se você nunca abrir essa gaveta e processar a dor que está sentindo, ela voltará para assombrá-lo.

Há uma equação simples para descrever esse fenômeno:

dor × resistência = sofrimento

Em outras palavras, já sentimos a dor do estresse no trabalho, mas o quanto sofremos está, antes de mais nada, diretamente relacionado ao quanto resistimos à dor. Se não resistirmos, dói. Se resistirmos, não só dói como também nos prejudicamos com nossa resistência. As sensações de zumbi que muitas pessoas esgotadas descrevem – de sentir-se desconectadas de seus corpos e das outras pessoas – geralmente são reflexo direto da resistência ao estresse no trabalho. Nós nos fechamos para evitar sentir dor e estresse crônico, mas qual é a graça de se sentir como um zumbi?

Estamos cercados de exemplos de como a resistência à nossa experiência contribui para o *burnout*:

- Suprimir sua tristeza pela falta de apoio pode contribuir para a depressão.
- Lutar contra o medo de perder o emprego pode levar a ataques de pânico.
- Ignorar a necessidade de sono de seu corpo pode resultar em exaustão.
- Reclamar contra demandas inevitáveis do trabalho pode aumentar sua pressão arterial.
- Fingir que não está sobrecarregado garantirá que você permaneça sobrecarregado.

VOCÊ TEM RESISTIDO À DOR DO ESTRESSE NO TRABALHO?

Às vezes, não temos consciência de que estamos resistindo à dor associada ao estresse no trabalho ou ao esgotamento. Você está percebendo algum dos seguintes sinais de resistência em sua vida?

- ☐ Ficar aéreo ou distraído.
- ☐ Perder-se em ruminações ou preocupações.
- ☐ Sentir dores musculares e tensão.
- ☐ Comer demais ou ingerir álcool em excesso.
- ☐ Sentir-se irritado.
- ☐ Sentir-se vazio ou entorpecido.

COMPAIXÃO EM VEZ DE RESISTÊNCIA

Não devemos nos julgar por resistir à dor. Até uma ameba se afastará de uma toxina em uma placa de Petri. Todos os organismos biológicos resistem à dor. Isso é normal e natural. No entanto, como é algo ineficaz, precisamos encontrar uma forma melhor de lidar com o estresse. Em vez de rejeitá-lo de imediato, podemos ter autocompaixão porque o estresse machuca.

Conforme explorado no Capítulo 8, a atenção plena é um dos pilares da autocompaixão. A aceitação consciente acaba de imediato com nossa resistência, pois deixamos de lutar contra a realidade. Ela permite que possamos nos abrir para a verdade de nossa experiência sem evitar ou ruminar. Mas autocompaixão envolve mais do que atenção plena.

A atenção plena pergunta: "O que estou experimentando neste momento?".

A autocompaixão acrescenta: "Do que estou precisando neste momento?".

Essas duas perguntas nos permitem cuidar de nós mesmos no momento, em vez de nos desviarmos para remoer o passado, preocupar-nos com o futuro e resolver o "problema" de nossa própria dor.

A autocompaixão terna nos permite aceitar a nós mesmos e nossas emoções com presença amorosa e conectada quando nos sentimos esgotados. Utilizamos a atenção plena para estarmos presentes com nossos sentimentos estressantes, criando coragem para nos voltarmos para eles e ficarmos com eles como são. Também usamos a gentileza para nos acalmar e confortar porque estamos sofrendo, talvez até tocando nosso corpo gentilmente com a mão como um gesto de apoio. Podemos nos lembrar que nossos sentimentos de *burnout* nos conectam às outras pessoas. O *burnout* está em toda parte na sociedade, e certamente não estamos sozinhos. Também não há nada de errado conosco por nos sentirmos assim – é um sinal da nossa natureza humana. Quando acolhemos o estresse e a frustração do nosso trabalho com autocompaixão terna, fica mais fácil suportá-los.

O PARADOXO DA AUTOCOMPAIXÃO

O fato de a aceitação consciente estar no centro da autocompaixão cria o que chamamos de paradoxo central da autocompaixão: nós nos damos compaixão não para nos sentirmos melhor, mas *porque* não estamos bem.

Talvez você ache isso confuso (afinal, é um paradoxo). Você também pode ficar um pouco irritado. *Achei que tinha comprado este livro para me sentir melhor, e não tão esgotado! Quero meu dinheiro de volta!* É claro que queremos aliviar os sintomas do *burnout* e nos sentir melhor, mas a melhora surge de forma natural a partir de uma nova maneira de lidar com o estresse do trabalho. Não podemos jogar autocompaixão no estresse para extingui-lo do mesmo modo que jogamos bicarbonato de sódio em um incêndio. Se tentarmos utilizar a autocompaixão como uma nova forma de nos livrarmos do que estamos sentindo no momento, isso é apenas uma outra forma de resistência. Não vai funcionar, pois aquilo a que resistimos persiste e se torna mais forte.

A própria Maria descobriu a importância desse paradoxo. Um colega professor lhe falou sobre o curso Autocompaixão para Educadores, que criamos em conjunto com o programa Mindful Schools. Trata-se de um programa *on-line* de seis semanas que oferece treinamento em autocompaixão para professores. Os participantes recebem os destaques do curso completo do MSC e aprendem a aplicar a compaixão em meio ao seu dia de trabalho. Maria o cursou e descobriu que a autocompaixão fez uma grande diferença em sua capacidade de lidar com a frustração e o estresse de seu trabalho. A prática que mais a ajudou foi o toque de apoio (consulte o Capítulo 5). Ela cresceu em uma família mexicana-americana fisicamente afetuosa e amorosa. Sua mãe sempre lhe dava abraços e beijos quando ela estava chateada. A primeira vez que ela colocou com gentileza as mãos em seu coração, em resposta à sua angústia, começou a chorar. Ela ouviu a voz de sua mãe lhe dizer: “Está tudo bem, Chiquita. Estou aqui para você”. Ela ficou surpresa com a forma como a tensão diminuiu e ficou mais fácil de suportar. Ela passou a colocar as mãos sobre o coração sempre que estava estressada, mesmo na sala de aula. Não se sentia envergonhada com isso. Contou a todos os seus conhecidos sobre o poder da autocompaixão.

O paradoxo da prática da autocompaixão é que nos damos compaixão não para nos sentirmos melhor, mas porque não estamos bem.

No entanto, após um tempo, Maria percebeu que a autocompaixão não estava mais funcionando. Depois de uma reunião tensa com seu diretor para discutir sobre o treinamento de atirador em ação, por exemplo, Maria colocou as mãos no coração, mas nada aconteceu – ela continuou tão chateada como sempre. Será que estava fazendo errado? Então ela se lembrou de ter aprendido sobre o paradoxo central no curso de autocompaixão. Sua intenção havia mudado de maneira sutil. Em vez de colocar as mãos no coração para se confortar e se acalmar porque se sentia mal, Maria estava colocando as mãos no coração para se sentir melhor – para fazer com que os sentimentos ruins desaparecessem.

Assim que percebeu isso, tentou novamente. Ela aceitou e reconheceu a tensão que sentia e colocou as mãos sobre o coração como um simples sinal de carinho e de cuidado. Quando parou de se contrair em reação à sua angústia, a tensão começou a diminuir. O *motivo pelo qual* Maria colocou a mão no coração – a motivação sutil por trás do ato – fez toda a diferença.

Cultivar a aceitação do que sentimos não se opõe à ação de tomar providências para melhorar as condições de nosso local de trabalho. A autocompaixão feroz tem tudo a ver com se manifestar e fazer mudanças (falaremos mais sobre autocompaixão feroz nos próximos capítulos), mas a força motivacional da autocompaixão feroz está voltada para o futuro. Não podemos fazer as mudanças necessárias se evitarmos nossos problemas agora ou se não aceitarmos o que estamos sentindo. E se estivermos tão frustrados por lutar contra a realidade de nossa situação que perdemos a esperança, como poderemos agir de forma eficaz ou fazer uma diferença significativa? A autocompaixão terna e a feroz são necessárias para reduzir o sofrimento causado pelo *burnout*.

Uma vez que a resistência ao estresse relacionado ao trabalho pode ser contraproducente, é útil começar a perceber como você está inconscientemente resistindo e considerar como a autocompaixão pode mudar as coisas. O exercício a seguir foi elaborado para ajudá-lo a fazer isso.

FERRAMENTA DE AUTOCOMPAIXÃO 9

Reduzindo a resistência ao estresse relacionado ao trabalho

Reflita sobre as seguintes perguntas (e escreva suas respostas, se desejar):

- Lembre-se do que causa estresse no seu trabalho. Por exemplo, pode ser a carga de trabalho, o tipo de trabalho que você faz, pessoas difíceis, remuneração inadequada, carga horária, condições insalubres, clientes desafiadores ou insegurança no emprego. Em seguida, escolha o aspecto *mais* estressante do seu trabalho.
- Como você está lidando com o estresse causado por esse aspecto do seu trabalho? Por exemplo, se seus clientes estão com raiva ou são desrespeitosos, como você lida com isso? Você está evitando ou negando o estresse (talvez procrastinando um prazo de trabalho ou se distraindo assistindo à TV após um longo dia cuidando de sua mãe)? Você está lutando ou se revoltando contra ele (talvez reclamando em voz alta para os outros ou ficando muito irritado)?
- Pense nos benefícios de curto prazo que sua resistência pode estar lhe oferecendo (como a redução da intensidade de suas emoções ou a sensação de controle).
- Considere os custos de longo prazo de sua resistência. Ela pode estar lhe causando mais estresse e piorando o seu esgotamento ao longo do tempo (como criar ainda mais pressão para concluir o trabalho ou prejudicar seu relacionamento com os colegas)?
- Pense no que poderia acontecer se você tentasse aceitar a realidade do momento presente do seu estresse em vez de resistir a ele. Como as coisas poderiam ser diferentes para você?

- Verifique se pode oferecer um pouco de autocompaixão pelo estresse que está sentindo no momento. Por exemplo, você pode utilizar um toque de apoio combinado com algumas palavras de bondade, conforto ou cuidado para reconhecer o estresse que está sentindo? Isso muda alguma coisa para você?
- Considere também como a autocompaixão feroz (ação) pode ajudá-lo a reduzir o estresse no futuro (talvez conversando com seu supervisor, reservando um tempo para si mesmo, estabelecendo limites ou fazendo as coisas de forma diferente). Há alguma pequena mudança que você poderia fazer para ajudar?

Após fazer esse exercício, Maria pôde perceber como a resistência ao estresse não estava ajudando. Ficar reclamando o dia todo sobre as políticas da administração da escola só a deixava mais estressada, e nada mudava. Contudo, quando ela passou a ser autocompassiva, as coisas ficaram um pouco mais fáceis. Reconhecer sua frustração e seu medo e compartilhar o acolhimento e a compaixão reais pela situação difícil em que ela e seus alunos se encontravam – sobretudo depois de todos os apavorantes tiroteios nas escolas – amoleceu algo dentro dela. Maria se sentiu menos contraída, quase como se houvesse mais espaço em seu corpo para conter toda a tensão.

A autocompaixão feroz também foi importante para Maria. Parte de sua resistência vinha do desejo de mudar as coisas para melhor. Desse modo, ela decidiu que tentaria alterar a maneira como sua escola realizava o treinamento de atirador em ação para que fosse menos assustador para os alunos. Ela começou a ler tudo o que podia sobre o assunto, conversou com outros professores e reuniu opções para a administração. Ela não sabia se seus esforços fariam diferença, mas tentaria.

É compreensível resistir à dor e ao estresse e querer fazê-los desaparecer – quem não quer? Mas, infelizmente, bater com a cabeça na parede da realidade só nos dá dor de cabeça. Quando diminuímos nossa resistência com atenção plena e autocompaixão, temos mais recursos disponíveis para agir e mudar nosso mundo estressado e esgotado.

A verdade é que simplesmente abandonar sua resistência à dor e ao estresse é algo sobre o que é mais fácil falar do que fazer. Há um motivo pelo qual resistimos às emoções difíceis – elas podem parecer um furacão que nos arrasta, o que nos faz perder o equilíbrio e o rumo. Há técnicas específicas de atenção plena e compaixão que podem ajudá-lo a trabalhar com mais habilidade com as emoções difíceis quando elas surgem, as quais exploraremos no próximo capítulo.

10

Enfrentando a tempestade

Trabalhando com as emoções difíceis do burnout

O *burnout* envolve uma grande quantidade de emoções difíceis. Primeiro, há os sentimentos de estresse, frustração e exaustão que levam ao *burnout*. Em seguida, há os acompanhantes emocionais: desesperança, ceticismo, desânimo, tristeza, raiva, ressentimento, ansiedade. Por fim, há os sentimentos que temos em relação a nós mesmos por estarmos esgotados: vergonha, culpa e decepção. Podemos facilmente nos sentir sobrecarregados por todas essas emoções dolorosas.

O *burnout* é um tipo de mecanismo de enfrentamento que adotamos de maneira inconsciente para lidar com nossa angústia crônica. Nós nos fechamos, ficamos entorpecidos, desenvolvemos uma névoa mental e nos distanciamos, pois permanecer aberto e vulnerável à nossa dor parece insuportável. É claro que ninguém escolhe intencionalmente o *burnout* como estratégia de enfrentamento, mas a mente e o corpo se fecham de modo tão natural quanto um tatu se enrola em sua carapaça quando é atacado por um cão. O *burnout* pode ser considerado um método de autopreservação. Quando não conseguimos sair da cama, não estamos nos esforçando tanto. Quando estamos entorpecidos, não nos machucamos tanto. Quando não conseguimos pensar direito, não precisamos nos concentrar constantemente em nossos problemas. Quando somos céticos, nossas esperanças não podem ser frustradas com tanta facilidade. Quando acreditamos que somos um fracasso total, não podemos nos rebaixar ainda mais.

Klara é psiquiatra em uma grande clínica e trabalhou para obter seu diploma de medicina e sua especialização em psiquiatria porque queria ajudar as pessoas.

No entanto, ela tem tantos pacientes que só pode passar alguns minutos com cada um deles e dedica a maior parte do tempo a burocracias. Mesmo quando está com um paciente, Klara está principalmente inserindo informações em seus registros. Ela ingressou na profissão para realizar um trabalho prático que pudesse fazer uma diferença real para as pessoas com doenças mentais, mas seus principais clientes atualmente parecem ser as seguradoras de saúde.

No início, isso a incomodava de maneira profunda, mas, ultimamente, Klara não sente quase nada. Ela segue os movimentos de seu trabalho como um autômato, embora tente sorrir e esconder sua apatia. Há algo ligeiramente protetor em ficar nesse estado de distanciamento. Isso entorpece a dor de ver seu sonho de ajudar as pessoas evaporar. Contudo, Klara se preocupa com o quanto se tornou cética. Ela se vê utilizando apelidos depreciativos para seus pacientes, como "faladeira sem fim", "rainha do drama" e "desastre ambulante". Ela está começando a questionar suas habilidades de empatia e sua decisão de se especializar em psiquiatria. Culpar a si mesma também é uma distração para não sentir que não tem poder sobre o sistema de saúde mental falido que está na raiz de tudo. Embora esteja se protegendo ao se fechar, ela também está excluindo a possibilidade de melhorar seu trabalho ou sua vida.

Lidar com a dor emocional entorpecendo-a, distraindo-nos ou tornando-nos céticos resignados é apenas uma solução temporária. Não podemos evitar a dor para sempre. Conforme observado no capítulo anterior, aquilo a que resistimos persiste e se torna mais forte. Mas estar no limite da nossa capacidade em um estado de esgotamento também pode ser uma dádiva, pois destaca o fato de que não temos mais rotas de fuga. A única saída é *atravessar*. Em algum momento, temos de nos voltar para a nossa dor e encará-la. Para tanto, precisamos nos envolver no manto protetor da autocompaixão, que nos ajuda a fazer essa curva de forma lenta e com segurança.

ABORDAR EMOÇÕES DIFÍCEIS COM COSTAS FORTES E UMA FRENTE SUAVE

Com frequência, nossas reações à imperfeição da vida, incluindo o estresse crônico no trabalho e nossa capacidade limitada de lidar com ele como seres humanos, são motivadas pelo medo. Segundo Joan Halifax, professora de meditação budista e escritora, quando o medo está comandando nossas reações, geralmente adotamos uma aparência dura (o cético crítico) para esconder uma retaguarda fraca (falta de confiança de que podemos sobreviver). Ela propõe invertermos essa situação quando as coisas ficarem difíceis, buscando cultivar costas fortes, mas uma frente suave. Ter costas fortes significa que somos corajosos e firmes mas também flexíveis (as árvores que não conseguem se curvar com o vento se quebram, assim como os seres humanos). Essa força proporciona a segurança necessária para nos abrirmos à nossa dor em vez de nos defendermos dela. Adotar uma frente suave significa que utilizamos a compaixão para nos confortar e cuidar de nós mesmos porque estamos sofrendo.

Enfrentar o estresse crônico com compaixão nos permite manter nossa posição no meio do furacão, mantendo nossos corações abertos. Um exemplo incrível de alguém com frente suave e costas fortes foi Rosa Parks, uma mulher negra que vivia na década de 1950 em Montgomery, no Alabama, onde havia segregação racial. Pediram-lhe que cedesse seu assento na seção "de cor" do ônibus a um passageiro branco porque a seção "branca" estava lotada. Educada e respeitosamente, ela se recusou. Estava cansada de ver seu povo ser maltratado, por isso ficou sentada de cabeça erguida e não se mexeu. Seu profundo ato de coragem e autocompaixão feroz ajudou a desencadear o movimento pelos direitos civis e a acabar com a segregação legal nos Estados Unidos.

Podemos adotar uma atitude semelhante em relação ao ataque emocional implacável de nossa vida profissional. Em vez de permitir que ele nos expulse de nosso assento, podemos decidir não ceder e enfrentá-lo. Se conseguirmos nos manter com força e amor enquanto nos permitimos *sentir* o que estamos sentindo, não ficaremos tão sobrecarregados. Não é diferente de segurar uma criança birrenta de 2 anos com firmeza e ternura ao mesmo tempo, fazendo com que ela saiba que a amamos e que ela tem nosso apoio enquanto chora. Com o tempo, a criança começará a se acalmar. Podemos utilizar a mesma abordagem para as emoções relacionadas ao *burnout*.

Infelizmente, Klara ainda não havia aprendido sobre autocompaixão, e suas costas não eram fortes. Um dia, ela entrou em seu consultório e encontrou papéis espalhados pelo chão ao lado de sua mesa. Ao que parecia, a pilha de prontuários dos pacientes tinha ficado precariamente alta e tombado, espalhando os papéis pelo chão. Ela fraquejou e pensou em jogar tudo no cesto de lixo. O que aquilo importava, afinal?

Então, olhou para um papel em sua mão e reconheceu o nome de um paciente que lutava contra a depressão após sofrer *bullying* e ser rejeitado na escola, um adolescente transgênero que só queria ser aceito por quem ele era. Ele importava. A armadura de Klara rachou. A dor, a frustração, a raiva e os sentimentos de desespero começaram a aflorar, e seguiram aflorando até que, por fim, ela desabou no chão ao lado dos papéis. Ela foi derrubada. As portas do coração de Klara se abriram muito de repente, e ela não tinha uma prática sólida de autocompaixão para se apoiar, então foi arrastada pela enxurrada de seus sentimentos reprimidos.

ACEITAR GRADUALMENTE

Emoções difíceis podem ser avassaladoras se nos abrirmos a elas com muita rapidez. É importante irmos aos poucos, certificando-nos de que temos a força e os recursos necessários para lidar com elas a cada momento. Temos um ditado no mundo da autocompaixão: "Ande devagar, vá mais longe". Em outras palavras, definimos nossa intenção de nos abrir para nossa dor e abandonar a resistência, mas fazemos isso pouco a pouco, para que possamos ganhar força ao longo do caminho. O processo de abandonar a resistência às nossas emoções normalmente passa por cinco estágios, conhecidos como *estágios de aceitação* (mostrados no quadro da página seguinte).

Ao lidar com o estresse crônico, normalmente nos relacionamos com ele resistindo. Nós o ignoramos ou somos dominados por ele, alimentando o *burnout*. O primeiro passo para a aceitação é simplesmente identificar o que estamos sentindo. Você reconhece que está estressado. O próximo passo envolve sentir o estresse no corpo, talvez como tensão no pescoço e nos ombros. Tolerar significa que você está fazendo um contato mais direto com o sentimento, mesmo que ainda queira que o estresse vá embora. Na fase de permissão, você desiste de tentar fazer com que o estresse desapareça. Você aceita que está estressado e abre espaço para ele na sua consciência. Por fim, você começa a perceber que a sensação de estresse está lhe transmitindo uma mensagem importante. Em vez de se ressentir do estresse, você se sente grato por ele indicar que você está sobrecarregado de trabalho e precisa desacelerar. Quando nos tornamos amigos de nossas emoções difíceis, elas deixam de ser tão difíceis. Ao mudarmos nossa relação com a dor, nos ajudamos a sofrer menos.

No entanto, sentir-se grato por emoções difíceis pode ser uma tarefa complicada, e por isso que é importante ir devagar e apenas em um ritmo que pareça seguro. Você sempre pode recuar um pouco, se necessário. Por exemplo, ficar sobrecarregado de adrenalina após tentar tolerar as sensações de estresse em seu corpo seria um sinal claro para se desligar e voltar a apenas perceber mentalmente que o estresse está presente. Você deve seguir em frente somente quando se sentir seguro (talvez depois de dar uma caminhada ou

Ande devagar, vá mais longe.

Os cinco estágios da aceitação

1. **Resistir:** é aqui que a maioria de nós começa. Queremos desesperadamente que as emoções dolorosas desapareçam, então fingimos que elas não existem ou lutamos contra elas. Infelizmente, nenhuma dessas estratégias funciona.
2. **Explorar:** espiamos pelo buraco da fechadura para ver quem está lá. Ao nos voltarmos para nossas emoções difíceis com curiosidade, perguntamos: "O que estou sentindo?". Contudo, fazemos isso de maneira mais cognitiva do que emocional.
3. **Tolerar:** uma vez determinada certa estabilidade, toleramos a realidade de nossas emoções dolorosas. Nós as sentimos, mas ainda desejamos que elas desapareçam.
4. **Permitir:** na próxima etapa, desistimos de nossa resistência e permitimos a entrada dos sentimentos dolorosos. Aceitamos totalmente nossa experiência emocional como ela é.
5. **Fazer amizade:** por fim, começamos a ver valor em nossas emoções difíceis, percebendo que muitas vezes elas têm uma importante dádiva de crescimento ou aprendizado para nós.

de conversar com um amigo). Trabalhar com emoções difíceis requer autocompaixão.

ESTRATÉGIAS PARA SE ABRIR PARA EMOÇÕES DIFÍCEIS RELACIONADAS AO *BURNOUT*

Emoções difíceis são temporárias. Deixadas por conta própria, elas surgem, são sentidas por um tempo e depois passam. Entretanto, quando resistimos aos nossos sentimentos, eles ficam presos em algum lugar e não podem desaparecer naturalmente. Por isso é tão importante tentar abandonar a resistência quando nos sentimos seguros para fazê-lo. Para deixar de lado a resistência a sentimentos desafiadores e trabalhar para aceitá-los, considere as três técnicas a seguir, baseadas em atenção plena e compaixão.

Rotular emoções: você pode explorar uma emoção difícil que surge atribuindo-lhe um nome ou um rótulo (medo, decepção, estresse, vergonha, e assim por diante). Repita com gentileza o nome do sentimento quando ele surgir, observando o que está acontecendo de forma objetiva. Ao nomear uma emoção, você para de evitá-la, mas também evita perder-se nela. Na verdade, ao nomear o que está sentindo, você se distancia desse sentimento e não é mais capturado por ele. A prática de rotular é uma ferramenta eficaz de atenção plena para trabalhar com emoções difíceis, e pesquisas demonstram que o uso dessa estratégia enfraquece a tendência do cérebro de se tornar reativo e diminui a atividade na amígdala.

Sentir as emoções no corpo: uma técnica útil de atenção plena que pode ajudá-lo a tolerar emoções difíceis é *sentir* a emoção como uma sensação física em seu corpo. Todas as emoções têm um componente mental e um físico. A emoção do medo, por exemplo, pode ser motivada pelo pensamento "Estou muito atrasado e vou perder meu emprego", mas também se expressa fisicamente como um embrulho no estômago. Somos seres tão baseados em pensamentos que tendemos a focar sobretudo no que está acontecendo, em por que não deveria estar acontecendo e em quem é o culpado pelo que está acontecendo. Em vez disso, focar na experiência física de nossas emoções nos ajuda a nos desvencilharmos de nossos pensamentos, onde está nossa resistência.

Suavizar-acalmar-permitir: um processo baseado na compaixão, que chamamos de *suavizar-acalmar-permitir*, pode ajudá-lo a aprender a abrir espaço para emoções difíceis e até a fazer amizade com elas. Ao vivenciar uma emoção como uma sensação física, você se volta para ela com suavidade e ternura, relaxando a tensão do corpo. Depois, você se acalma, se consola e se apoia *porque* está sofrendo e sentindo dor emocional. Por fim, com a força e a segurança oferecidas pelo seu próprio cuidado, você simplesmente permite que sua experiência seja como ela é. Uma vez que a resistência aumenta o sofrimento, abrir mão dela é um ato de autocompaixão.

- **Suavizar – compaixão física**
- **Acalmar – compaixão emocional**
- **Permitir – compaixão mental**

Você pode utilizar as duas técnicas de atenção plena – rotular as emoções difíceis e senti-las em seu corpo – como práticas independentes. Entretanto, acrescentar compaixão à mistura é algo especialmente poderoso. Um momento muito bom para usar a ferramenta a seguir, que combina as três abordagens, é quando você está na cama à noite e sua mente está repleta de pensamentos e sentimentos angustiantes.

FERRAMENTA DE AUTOCOMPAIXÃO 10

Como lidar com emoções difíceis relacionadas ao *burnout*

Tome consciência de uma situação relacionada à sua experiência de esgotamento que esteja gerando emoções difíceis – ter muito trabalho a fazer, dormir pouco, lidar com um sistema administrativo falido, e assim por diante. Represente a situação em sua mente – o que está acontecendo e quem está envolvido, se houver alguém.

- ***Rotule*** quaisquer emoções difíceis que estejam surgindo, como estresse, decepção, tristeza, medo, desesperança, vergonha, inadequação e confusão. Você também pode perceber e rotular uma falta de emoção (como um torpor). Verifique se consegue identificar a emoção mais forte que está experimentando e repita o nome dessa emoção de forma amigável.
- ***Saia de sua cabeça e entre em seu corpo.*** Concentrando-se na emoção que você nomeou, verifique se consegue identificar onde realmente *sente* a emoção como sensação física. A cabeça latejando, um aperto na garganta, uma cólica intestinal ou outra sensação? Se não conseguir identificar um local específico do corpo onde reside a emoção, verifique se consegue sentir alguma tensão ou desconforto físico. Na medida do possível, deixe de lado o enredo da história que está produzindo a emoção e simplesmente sinta seu corpo.
- ***Amoleça*** seu corpo em torno da sensação física da emoção sem tentar mudá-la. Abrace-a com um pouco mais de ternura, relaxando pelas bordas, permitindo que a tensão se dissolva um pouco.
- ***Acalme-se,*** console-se e apoie-se, pois é difícil sentir essa emoção. Você pode colocar sua mão quente no local do corpo em que sente a emoção ou em algum outro local reconfortante. Em silêncio, diga algumas palavras de bondade e apoio, como faria com um amigo próximo: "Lamento que a situação seja tão difícil." ou "Estou aqui para o que der e vier.".
- ***Permita*** que seu desconforto esteja presente. Crie algum espaço para ele, deixando de lado qualquer necessidade de mudá-lo ou fazê-lo desaparecer, pelo menos neste momento.
- Se quiser, mantenha a emoção como uma sensação física, repetindo "suavizar-acalmar-permitir". É possível que surjam outras emoções ou que a localização da emoção mude. Simplesmente permita que as emoções façam sua dança, mantidas na segurança de seu próprio cuidado e seu apoio.

Quando Klara aprendeu essa prática, isso fez uma grande diferença para ela. Ela fazia isso todas as noites quando se deitava, perguntando-se quais emoções difíceis haviam sido desencadeadas por seu trabalho naquele dia. Normalmente, eram sentimentos de frustração pela quantidade de papelada com que tinha de lidar. Ela nomeava a frustração e entrava em seu corpo para sentir a tensão em seu peito. Em seguida, suavizava as bordas da frustração. Era quase como se ela estivesse perfurando-as para que ela não ficasse tão apertada. Depois, colocava as mãos no peito, sobre o coração, e se consolava pela dor que estava sentindo. Utilizando um tom de voz caloroso e carinhoso, mas firme, ela dizia de forma silenciosa coisas como "É claro que você está chateada, Klara. Você quer ajudar essas pessoas que estão com problemas de saúde mental, mas suas mãos estão atadas por toda a papelada. Qualquer pessoa se sentiria frustrada. Você está fazendo o melhor que pode em circunstâncias difíceis". Ela sentiu sua própria força e o compromisso de estar presente para si mesma. Esse apoio possibilitou que deixasse de lado sua resistência à frustração e simplesmente permitisse que ela estivesse presente como uma sensação física. Klara imaginou que a sensação estava surgindo em um espaço vasto, caloroso e amoroso, e que ela de fato era esse espaço vasto e amoroso. Como o espaço pode ser prejudicado?

Com frequência, quando fazia outras rodadas de suavizar-acalmar-permitir, Klara descobria outras emoções por trás da frustração – medo, raiva, desespero, tristeza. Ela se mantinha firme em relação a todas as emoções que surgiam, sem se mexer, mantendo-as com espaço e amor. Por fim, começava a sentir uma sensação de conforto e paz, e as emoções difíceis diminuíam um pouco. Klara passou a contar com essa prática noturna para processar e digerir a dor emocional de seu trabalho, de modo que não ficasse mais sobrecarregada por ela.

Também percebeu que sua frustração tinha uma mensagem importante para ela: Klara precisava tentar fazer algo a respeito do sistema falido. Ela se uniu a um grupo de médicos que estavam defendendo a reforma do sistema de seguro. Embora tenha sido uma batalha difícil, pelo menos ela se reencontrou com o valor de ajudar os outros que a havia levado a trabalhar na área de saúde mental.

Quando utilizamos uma frente suave e costas firmes para suportar o desconforto das emoções difíceis, estas tendem a surgir, fazer sua dancinha e depois seguir em frente. Não precisamos ser derrubados por elas. Não precisamos nos fechar em um estado zumbi de esgotamento para evitar senti-las. Ao mudar a maneira como nos relacionamos com as emoções difíceis, podemos superar praticamente qualquer tempestade e viver para lutar outro dia.

A autocompaixão não apenas nos ajuda a lidar com nossas próprias emoções difíceis como também nos ajuda a lidar com as emoções difíceis dos outros, sobretudo em situações de prestação de cuidados. O próximo capítulo examina como a autocompaixão pode nos proteger da angústia empática, causa comum de *burnout*.

11

Parando o desgaste

Reduzindo a fadiga de empatia

Para aqueles que cuidam de outras pessoas diariamente, um fator fundamental para o esgotamento é o estresse decorrente de estar próximo de pessoas em sofrimento, também conhecido como *angústia empática*. Isso não é nenhuma novidade para socorristas, profissionais da saúde, cuidadores familiares, membros do clero ou ativistas sociais, que em geral ficam esgotados pela exposição contínua ao sofrimento alheio. A sensibilidade à angústia e o desejo de aliviar o sofrimento geralmente atraem os cuidadores para seu trabalho, mas quanto mais você se importa, mais vulnerável fica ao *burnout*.

Quando está profundamente empenhado em ajudar os necessitados, você tende a dar tudo de si, mesmo quando seus recursos pessoais estão se esgotando. Você trabalha de forma desinteressada por longas horas, mesmo além do ponto de exaustão, quando é chamado para isso. A autocompaixão é necessária para interromper o desgaste. Sem oferecer a si mesmo apoio, bondade e conforto, você não pode esperar continuar assim para sempre.

Mas não é apenas o excesso de trabalho motivado pela dedicação e pela perseverança que causa o desgaste. É sentir a angústia dos outros como se fosse a sua própria.

"EU SINTO O QUE VOCÊ SENTE"

Empatia é a capacidade do cérebro humano de entrar em sintonia com as emoções dos demais em um nível pré-verbal. Quando os outros se sentem tristes, nos sentimos tristes. Quando os outros riem, nós rimos. Quando estão tensos, nós nos sentimos tensos. Essa capacidade evoluiu para garantir nossa própria sobrevivência e a da nossa espécie. Os pais que conseguiam sentir o que seus bebês sentiam bem antes de eles aprenderem a falar tinham maior probabilidade de atender às suas necessidades de forma eficaz, de modo que seus filhos sobrevivessem para transmitir seus genes às gerações futuras. A capacidade dos membros do grupo de se identificar com as emoções uns dos outros, seja medo, raiva, alegria ou contentamento, foi crucial para que nossos ancestrais caçadores-coletores coordenassem suas interações a fim de que a tribo pudesse sobreviver e prosperar.

Nossa capacidade de empatia é inata e natural. Nos últimos anos, foram realizadas pesquisas significativas sobre o fenômeno da ressonância empática, algumas sugerindo que temos um tipo específico de neurônios, chamados *neurônios-espelho*, projetados de maneira específica para transmitir informações sobre o que os outros estão sentindo. Sabemos que o cérebro humano se sincroniza para compartilhar emoções. As pesquisas em um campo, às vezes chamado *neurobiologia interpessoal*, mostram que a sincronização ocorre entre duas pessoas em tudo, desde áreas de atividade cerebral até as frequências cardíaca e respiratória, tamanho da pupila e movimentos corporais.

Em geral, a empatia flui com mais facilidade com as pessoas com as quais nos importamos – família, amigos e entes queridos – porque interagimos com elas com frequência e estamos mais conscientes de suas experiências. No entanto, a empatia por aqueles que estão sofrendo não envolve necessariamente importar-se com o sofrimento deles. Por exemplo, vigaristas podem utilizar a empatia para perceber quando um alvo está se sentindo confiante ou seguro e tirar vantagem da vítima pretendida.

A empatia geralmente é benéfica e promove a coesão social e a proximidade interpessoal, mas também tem custos. Quando estamos na presença de pessoas que sentem dor física ou emoções negativas, como medo, estresse, tristeza ou raiva, sentimos diretamente a dor delas. Quando vemos uma pessoa acidentalmente fechar o dedo em uma porta, nos retraímos não apenas por causa dessa pessoa, mas porque os centros de dor em nosso próprio cérebro foram ativados. Para os cuidadores familiares que sentem a angústia de seus entes queridos todos os dias, ou para os cuidadores profissionais que lidam com sucessivos clientes com dor, a empatia torna o trabalho de cuidar ainda mais estressante e desgastante. Um obstetra que presencia a dor de uma paciente pela perda de seu filho ainda não nascido também sente pesar. Um homem que cuida de seu irmão deprimido provavelmente também se sentirá deprimido com o tempo. O assistente executivo cujo chefe está estressado e ansioso sente a própria respiração acelerada e o coração acelerado junto com o do empregador. Já é difícil sentir nossa própria angústia e nossa frustração no trabalho que fazemos, mas, como se estivéssemos em um acidente com diversos veículos, também sentimos a angústia de todos os demais!

Há 20 anos, Martin é pastor de uma igreja episcopal, na qual construiu um ambiente inclusivo e acolhedor para todos os que ali rezam. Ao longo dos anos, a igreja se tornou um importante refúgio para muitas pessoas desabrigadas em sua paróquia, que vão até ali para receber alimentos ou suprimentos médicos, e mesmo procurando Martin em busca de conforto e aconselhamento. Martin parece incansável e, às vezes, precisa ser persuadido por sua esposa, Sheila, a voltar para casa tarde da noite. Sheila está preocupada com ele. Martin anda pálido e parece distraído, e ela sabe que ele geralmente fica acordado à noite preocupado com as almas em dificuldades que estão buscando ajuda ou conselhos.

Sheila percebe no rosto de Martin a mesma dor gravada no rosto das pessoas que estão na fila da distribuição de alimentos na terça-feira. Ela o observa caminhar encurvado como aqueles que perderam a esperança de encontrar um emprego e o procuram desesperados para pedir ajuda. Mas quando Sheila sugere que eles tirem uma semana de férias e deixem a igreja nas mãos competentes do pastor auxiliar, Martin se endireita, coloca um sorriso no rosto e diz que está bem.

Contudo, ele não está bem. Martin está completamente esgotado e recentemente começou a ficar sentado olhando para o nada em seu escritório durante a tarde. Seu sistema imunológico está enfraquecido e ele parece pegar todos os vírus que circulam por aí. Martin é um cara empático que sente tudo o que seus paroquianos estão sentindo, a ponto de esgotar sua própria força e resiliência.

Estresse traumático secundário

Quando sentimos empatia por quem está sofrendo, corremos o risco de sofrer estresse traumático secundário. O termo foi criado quando os pesquisadores notaram que os socorristas que lidavam com traumas como acidentes de carro ou ferimentos a bala desenvolviam sintomas de transtorno de estresse pós-traumático (TEPT), como pensamentos e lembranças intrusivas, sudorese, náusea e tremores. Mesmo que não estivessem vivenciando o trauma, sua mente e seu corpo estavam traumatizados empaticamente, daí o termo estresse traumático *secundário*. Não é preciso presenciar sangue e vísceras para sofrer um trauma empático. Qualquer pessoa exposta a alto nível de dor emocional, psicológica ou física – terapeutas, assistentes sociais, cuidadores familiares, professores – pode ser afetada.

COMPAIXÃO *VERSUS* EMPATIA

Algumas pessoas usam o termo *fadiga por compaixão* como sinônimo de sofrimento traumático secundário ou como uma forma de descrever a exaustão emocional e o esgotamento vivenciados pelos cuidadores. Porém, a compaixão não é fatigante. Quando sentimos compaixão, sentimos a dor dos outros e também sentimos carinho e preocupação. A compaixão gera sentimentos de receptividade e de conexão que são energizantes e oferecem um amortecedor contra os efeitos negativos da dor empática. Em um estudo de pesquisa que treinou um grupo de pessoas em compaixão e outro em empatia, os cientistas descobriram que assistir a um filme que retratava o sofrimento ativava redes diferentes no cérebro dos dois grupos de participantes. O treinamento em empatia ativou a amígdala e foi associado a sentimentos negativos, como tristeza, estresse e medo; já o treinamento em compaixão ativou os centros de recompensa do cérebro e gerou emoções positivas, como bondade e interesse.

Os cuidadores sofrem de fadiga de empatia, não de fadiga de compaixão.

Quando sentimos compaixão por outras pessoas que estão sofrendo, ficamos menos sobrecarregados com a dor delas. Primeiro, a bondade é uma emoção positiva e gratificante que pode nos reabastecer e nos fornecer recursos para lidar com a situação. Nosso reconhecimento da humanidade comum nos ajuda a nos sentirmos conectados àqueles que estão sofrendo, sem deixar de entender a distinção entre o eu e o outro. O elemento da atenção plena, fundamental para a compaixão, evita que fiquemos em simbiose ou excessivamente identificados com as emoções negativas dos outros, como pode ocorrer com a empatia.

Uma enfermeira que fez nosso curso de Autocompaixão para Comunidades de Saúde (SCHC) relatou: "Sou muito boa em me conectar com as pessoas, e isso é bom. Mas isso também me deixa muito cansada, e sou vulnerável a ficar muito sobrecarregada. Eu não deveria ter uma ressaca emocional por dois dias, ficar exausta e querer me esconder em casa porque não aguento mais. Durante muito tempo, não conseguia separar ou nem sabia que deveria tentar separar as emoções de outra pessoa das minhas, pois, para mim, às vezes elas acabam sendo a mesma coisa. O treinamento de autocompaixão me auxiliou a entender o que eu já havia lido antes: há uma diferença entre compaixão e empatia. Só porque estou sentindo a dor de alguém não significa que ela seja minha".

Você está sofrendo de estresse traumático secundário?

O Departamento de Saúde e Serviços Humanos dos Estados Unidos descreve o estresse traumático secundário como envolvendo uma variedade de sintomas cognitivos, emocionais, comportamentais e físicos. Se você interage de forma regular com pessoas com dor física ou emocional, está sentindo algum dos seguintes sintomas?

- ☐ Dificuldade de concentração
- ☐ Dificuldade para respirar
- ☐ Frequência cardíaca elevada
- ☐ Hipervigilância
- ☐ Pesadelos
- ☐ Raiva persistente
- ☐ Dificuldade para dormir
- ☐ Mudanças no apetite
- ☐ Doenças frequentes
- ☐ Desejo de evitar pessoas
- ☐ Torpor
- ☐ Tristeza persistente

É importante ressaltar que, para combater os efeitos desgastantes da fadiga da empatia, a compaixão precisa ser direcionada tanto para fora quanto para dentro. Precisamos nos relacionar com nossa própria angústia empática com carinho, receptividade e força enquanto cuidamos de outras pessoas.

COLOCAR SUA PRÓPRIA MÁSCARA DE OXIGÊNIO PRIMEIRO

Em todos os voos de companhias aéreas, somos informados de que precisamos colocar nossa própria máscara de oxigênio antes de ajudar os outros. Essa metáfora é amplamente utilizada para explicar por que os cuidadores precisam praticar o autocuidado para evitar o *burnout*. Normalmente, as pessoas estão se referindo ao autocuidado físico, como ioga, massagens e sono. Embora as atividades de autocuidado sejam importantes (consulte "Autocuidado e autocompaixão", no Capítulo 16), elas são de pouca ajuda no exato momento em que nossos neurônios-espelho estão vibrando com a dor de outra pessoa. Não podemos dizer: "Desculpe, mas seu choro está me assustando. Vou fazer uma massagem!". Entretanto, enquanto estivermos sentindo dor empática, podemos direcionar a compaixão para nós mesmos.

A autocompaixão é o presente mais precioso que podemos dar àqueles que cuidamos.

Ao sentir o estresse ou a intensidade da dor de outra pessoa, você pode reconhecer de forma consciente sua angústia empática: "Isso é muito difícil. Estou me sentindo triste, confuso e sobrecarregado". Você pode perceber que cuidar dos outros é um aspecto desafiador, mas gratificante, da experiência humana: "Não estou sozinho; todos os cuidadores se sentem assim às vezes". E você pode se apoiar com o tipo de palavras carinhosas que utilizaria naturalmente com um amigo: "Sinto muito que esteja passando por um momento tão difícil. Estou aqui para você". Acolher sua dor empática com compaixão ao cuidar de outras pessoas proporciona uma sensação de calma, estabilidade e resiliência.

E há um bônus por fazer isso. A ressonância empática vale para os dois lados. Assim como somos afetados pelas emoções daqueles com quem nos importamos, as outras pessoas são afetadas de igual modo por nossos próprios estados mentais internos. Quando somos autocríticos ou estamos irritados, os outros percebem isso por meio de seus neurônios-espelho e ficam mais agitados. Porém, quando somos autocompassivos e nosso coração está cheio de presença amorosa e conectada, as outras pessoas sentem essa presença. Pode-se dizer que as pessoas podem vivenciar a autocompaixão secundária da mesma forma que vivenciam o estresse traumático secundário. Quando voltamos nosso foco para dentro e nos compadecemos por sentir a dor dos outros, eles se beneficiam de nosso coração aberto por meio da ressonância empática. Nosso calor interior eleva a todos.

É trágico que alguns cuidadores familiares e profissionais não pratiquem a autocompaixão, acreditando de maneira errônea que ela é egoísta ou egocêntrica. Não é nada disso.

AUTOCOMPAIXÃO E EQUANIMIDADE

Outra forma pela qual a autocompaixão ajuda a reduzir a fadiga de empatia é cultivando a equanimidade. Quando nos criticamos como cuidadores, geralmente há uma postura implícita de controle. Queremos aliviar ou eliminar o sofrimento da outra pessoa e achamos que *devemos* ser capazes de fazer isso. Não apenas incorporamos as emoções dos outros como também assumimos a responsabilidade pelo bem-estar deles. A sabedoria da autocompaixão nos lembra que temos limitações humanas e, embora façamos o melhor que pudermos, não temos poder sobre a saúde mental, psicológica ou física das outras pessoas. A autocompaixão nos permite ser humildes e abandonar a ilusão de controle.

Há algumas frases de equanimidade que ensinamos no programa SCHC para ajudar os cuidadores a lembrar dessa verdade, sobretudo quando estão trabalhando com um paciente que está sofrendo:

Todos estão em sua própria jornada de vida.

Eu não sou a causa do sofrimento dessa pessoa nem está totalmente
ao meu alcance fazer com que ele desapareça, mesmo que eu queira.

Momentos como este são difíceis de suportar,
mas ainda assim tentarei ajudar se puder.

Para muitos cuidadores, a sabedoria da equanimidade é a peça do quebra-cabeça que faltava e que lhes permite abrir o coração para a autocompaixão. Quando deixamos de lado as expectativas de onipotência, podemos descansar com mais facilidade. A equanimidade pode ser especialmente complicada para os

FERRAMENTA DE AUTOCOMPAIXÃO 11

Compaixão com equanimidade

Para praticar a autocompaixão durante uma interação de prestação de cuidados, você pode utilizar esta ferramenta como forma de colocar a máscara de oxigênio. Na verdade, ela usa a respiração como veículo metafórico para a compaixão dirigida tanto para dentro quanto para fora. Essa ferramenta foi criada para ser usada quando você se sentir angustiado ao cuidar de alguém que está sofrendo, mas talvez você queira aprendê-la primeiro ao imaginar uma situação de prestação de cuidados *antes* de utilizá-la em tempo real.

- Tente dar a si mesmo algum tipo de toque calmante e de apoio. Se você estiver na frente da pessoa de que está cuidando, pode usar um toque não óbvio, como acariciar seus antebraços ou segurar sua própria mão.
- Repita essas frases em silêncio para si mesmo, como um lembrete para cultivar a equanimidade:

Todos estão em sua própria jornada de vida.

Eu não sou a causa do sofrimento dessa pessoa nem está totalmente
ao meu alcance fazer com que ele desapareça, mesmo que eu queira.

Momentos como este são difíceis de suportar,
mas ainda assim tentarei ajudar se puder.

- Sinta o estresse que está carregando em seu corpo e inspire profundamente, atraindo compaixão para dentro de seu corpo e preenchendo cada célula dele com compaixão. Deixe-se acalmar inspirando de modo profundo e dando a você mesmo a compaixão de que precisa.
- Ao expirar, envie compaixão para a pessoa que é a fonte de sua dor empática. Imagine que cada célula do corpo dela está sendo preenchida com compaixão.
- Continue respirando compassivamente, permitindo que seu corpo encontre de forma gradual um ritmo respiratório natural. "Inspiro para mim, expiro para você." "Um para mim, um para você."
- Se achar que precisa se concentrar principalmente em ter compaixão por si mesmo, dê a si total permissão para fazer isso. Você pode se concentrar na inspiração e, apenas ocasionalmente, na expiração. "Seis para mim, um para você."
- Imagine que há um suprimento ilimitado de compaixão disponível no ar que está respirando, mais do que suficiente para você e para a pessoa de que está cuidando.
- Se você se sentir preso pela dor do outro, tente repetir as frases de equanimidade.
- Abandone a prática quando tiver encontrado algum equilíbrio e não se sentir sobrecarregado pela dor empática.

pais, mas eles acabam entendendo que até seus próprios filhos têm experiências e trajetórias de vida separadas e individuais.

Martin não achou fácil mudar para a autocompaixão. Ele havia aprendido no seminário que a abnegação e o sacrifício próprio eram as principais virtudes de um pastor. Ele se contorcia ao dar bondade a si mesmo quando tantos em seu rebanho estavam em tamanha necessidade. Contudo, um de seus congregantes era um médico que havia participado do programa SCHC e lhe ensinou a ferramenta da compaixão com equanimidade. Ele começou a utilizá-la na distribuição de alimentos das terças-feiras, dando seu toque pessoal a ela. Ao ver a depressão e o desespero nos rostos de muitas pessoas que pegavam as caixas de alimentos, ele expirava por elas, enviando-lhes o amor de Deus. Isso não era novidade para ele. O que era novo era entrar em contato com sua dor empática – percebendo o quanto seu próprio coração estava partido. Desse modo, ele também enviava a si mesmo o amor de Deus. Sussurrava em silêncio palavras inspiradas nas de Davi no Salmo 23:6: "Que a bondade e o amor me sigam todos os dias de minha vida". Ele permitia que essas palavras, juntamente com a imagem de levar compaixão para cada célula de seu corpo, o confortassem e o acalmassem.

As frases de equanimidade mudaram de fato as coisas para Martin, pois o fizeram lembrar da Oração da Serenidade: "Deus, conceda-me a serenidade para aceitar as coisas que não posso mudar, a coragem para mudar as coisas que posso e a sabedoria para reconhecer a diferença". Ele percebeu que, em algum momento, sentiu que um bom pastor deveria ser capaz de aliviar o sofrimento de sua congregação. Quando adquiriu mais perspectiva por meio da prática da autocompaixão, reconheceu que, embora seus esforços fossem importantes e necessários, em última análise, a vida de seu rebanho estava em mãos mais capazes do que as suas. Quando começou a aliviar a pressão sobre si mesmo, notou que sua força voltou de forma gradual. Martin descobriu que tinha mais energia para dar aos outros quando sua compaixão fluía tanto para dentro quanto para fora.

Não escolhemos sentir dor empática; ela faz parte de nossa neurobiologia. Felizmente, podemos combater seus efeitos negativos com autocompaixão. No entanto, é preciso algum esforço intencional para reconhecer como a fadiga da empatia está exacerbando nossos sentimentos de esgotamento e direcionar a compaixão para nossa dor empática. Abandonar a ilusão de controle também é um divisor de águas, sobretudo para quem tem o traço de personalidade do perfeccionismo.

Assim como a empatia, o perfeccionismo tem custos e benefícios. No próximo capítulo, exploraremos as desvantagens de acreditar na mensagem da sociedade de que precisamos ser perfeitos para sermos dignos. O perfeccionismo pode nos ajudar a atingir nossas metas, mas também pode nos atrapalhar, em especial quando resulta em *burnout*. Felizmente, a autocompaixão pode nos ajudar a deixar de lado a necessidade de sempre acertar.

12

Quando o bom não é bom o suficiente

Como evitar o poço do perfeccionismo

Preocupar-se com o trabalho que fazemos e tentar dar o melhor de nós são qualidades maravilhosas, mas podem ter um lado sombrio. Quando julgamos nosso valor pela nossa produtividade e esperamos ser perfeitos, ser uma pessoa imperfeita torna-se um problema. Os seres humanos (por definição) são imperfeitos; portanto, o perfeccionismo (por definição) é inatingível. O perfeccionismo diz que nunca estamos fazendo o suficiente, nunca somos bons o suficiente e, por fim, começamos a acreditar nessas mensagens. Se não for aceitável falhar, cometer erros ou alcançar menos do que estamos buscando, nunca estaremos em paz.

Kebede é um advogado em Nova York especializado em auxiliar imigrantes recém-chegados. Sua própria família emigrou da Etiópia quando ele tinha 7 anos, e seu pai lhe ensinou a importância de se destacar na escola para ter sucesso em seu novo país. Kebede tornou-se um perfeccionista que sempre tinha de acertar as coisas. Na escola, se tirasse um A- em uma prova, ficava chateado e pedia um trabalho extra para aumentar sua nota. Em sua carreira, ele se destacou por sua diligência e pelas longas horas de trabalho. Era habilidoso nos tribunais e na maioria das vezes conseguia defender os direitos de seus clientes. Mas, quando perdia um caso, culpava-se. Certamente havia um argumento melhor que ele poderia ter apresentado. Então, revisava as transcrições da audiência no tribunal, vasculhando-as em busca de qualquer possível erro que tivesse cometido.

Após algum tempo, o estresse do trabalho começou a cobrar seu preço. Kebede estava fisicamente exausto devido a todas as horas extras que dedicava ao trabalho; sentia-se sobrecarregado pelos sentimentos de responsabilidade que assumia em nome do bem-estar de seus clientes e estava mentalmente esgotado por sua constante autocrítica. Ele percebeu que estava se importando um pouco menos com seus clientes e começou a se sentir desconectado deles. Por fim, começou a ter pavor de ir ao escritório.

COMO O PERFECCIONISMO CONTRIBUI PARA O *BURNOUT*

O perfeccionismo é um traço de personalidade definido pela tendência de buscar a perfeição, estabelecer padrões irrealisticamente altos para si mesmo e tornar-se autocrítico quando esses padrões não são atendidos. Pesquisas mostram que, se você é perfeccionista, está vulnerável ao *burnout* por diversos motivos. Primeiro, você é altamente comprometido com tudo o que se propõe a fazer. Embora ser dedicado seja admirável, os perfeccionistas geralmente se comprometem demais. Você pode investir tempo e esforço excessivos em tarefas e projetos para acertar as coisas, com frequência às custas de sua vida pessoal. Quando perfeccionistas como Kebede assumem mais responsabilidades do que o razoável, acabam trabalhando horas a fio para cumpri-las. Atos essenciais de autocuidado, como comer bem, fazer exercícios, dormir e estar com os amigos, podem ser deixados de lado. Com o tempo, o corpo acaba cedendo à exaustão e o *burnout* se instala.

Não é apenas a exaustão física que atormenta os perfeccionistas. Quando você tem padrões irrealisticamente altos, a pressão para atender às demandas autoimpostas também o esgota mentalmente. Mesmo o "muito bom" não é bom o suficiente; apenas a perfeição o será. Já é estressante fazer um trabalho difícil, mas é ainda mais estressante se a expectativa for de que você deve fazer esse trabalho difícil sem falhas. Sem margem de manobra, é inevitável que você se perceba aquém do esperado. O perfeccionismo pode levar a um foco obsessivo nos detalhes e ao desejo de controlar todos os aspectos do trabalho. Mas nenhum de nós pode controlar todos os fatores que determinam se nosso trabalho será bem-sucedido – forças externas e ocorrências inesperadas sempre acontecem. Isso significa que, mesmo quando você faz tudo certo, o perfeccionismo o deixa infeliz e insatisfeito com suas realizações.

Quando você não faz tudo exatamente certo – em outras palavras, quando comete erros ou faz más escolhas (suspiro!) –, sua resposta pode ser totalmente cruel. Você pode se xingar e dizer coisas maldosas que jamais diria a alguém de que gosta. A autocrítica severa ativa a resposta de luta/fuga/congelamento, que gera estresse fisiológico e psicológico adicionais (veja mais sobre autocrítica no Capítulo 13). As tendências de autocrítica dos perfeccionistas também são um tiro pela culatra. A suposição é que ser cruel consigo mesmo após cometer erros será tão doloroso que você nunca mais se equivocará. Mas tudo o que isso realmente faz é despertar a ansiedade e criar sentimentos de inadequação, vergonha e, por fim, depressão. Todos esses fatores aumentam, e não diminuem, a probabilidade de você cometer erros no futuro.

Por fim, os perfeccionistas sofrem com o medo do fracasso. Se você não aceita fracassos de qualquer tipo, a simples ideia de fracassar pode causar arrepios na espinha. Isso cria uma preocupação constante que nunca diminui. O medo do fracasso também pode levar à procrastinação: você adia as tarefas em que pode falhar porque são arriscadas. Isso aumenta o estresse à medida que os prazos se aproximam e a quantidade de tempo disponível para realizar bem as tarefas vai se reduzindo.

Você pode achar que se punir o ajudará a ser perfeito, mas isso tornará mais difícil acertar as coisas.

O perfeccionismo é um sumidouro que drena seus recursos mentais, emocionais e físicos e o suga para o poço chamado *burnout*. A atenção extra que você presta e o trabalho extra que faz certamente podem contribuir para o seu sucesso. No entanto, as expectativas irrealistas, o excesso de responsabilidade, o excesso de trabalho, a autocrítica, o medo do fracasso, a ansiedade e o estresse que você experimenta tornam as coisas muito mais difíceis do que precisariam ser.

VOCÊ É PERFECCIONISTA?

- ☐ Você frequentemente tem a sensação de que não é bom o suficiente?
- ☐ Você tenta fazer tudo da melhor maneira possível?
- ☐ Você sente que seu valor depende apenas de sua última conquista?
- ☐ Você adota padrões altos e irreais para si mesmo?
- ☐ Você se pune por cometer pequenos erros?
- ☐ Você continua trabalhando em excesso, apesar de se sentir cada vez mais exausto?
- ☐ Você tem medo do fracasso?

PERFECCIONISMO E SENSO DE VALOR PRÓPRIO

Pesquisas mostram que os perfeccionistas tendem a ter a chamada *autoestima contingente*, o que significa que seu senso de autoestima depende da realização nas áreas da vida importantes para sua identidade. Se ser um corredor competitivo é fundamental para sua identidade e você tem autoestima contingente, você se sentirá no topo do mundo se vencer a próxima corrida, mas como um perdedor total se chegar em terceiro lugar. (Você provavelmente não se importará se perder um concurso de karaokê caso não se identifique como um bom cantor). Seja você um enfermeiro de emergência, um professor ou uma criança ao lado do leito de um pai doente, se for perfeccionista, se sentirá bem consigo mesmo quando atingir seus altos padrões, mas mal quando não os atingir.

O perfeccionismo é um falso amigo. Achamos que o fato de nos esforçarmos muito nos ajudará, mas quando estabelecemos padrões irrealistas para nós mesmos e depois nos julgamos com severidade por não atingi-los, acabamos dando um tiro no pé. O perfeccionismo também é um amigo das horas boas. Ele proporciona uma sensação de merecimento nos bons momentos, mas nos abandona quando mais precisamos dele, quando falhamos ou ficamos aquém do esperado. Por exemplo, Kebede ficava radiante de orgulho e confiança quando ganhava um caso para um cliente, mas abaixava a cabeça envergonhado na semana seguinte se perdesse um caso. Sua autoestima oscilava para cima e para baixo como um ioiô. Essa instabilidade na autoestima o deixava mais vulnerável ao estresse, à ansiedade, a sentimentos de inadequação e à depressão – todos fatores que contribuem para o *burnout*.

O perfeccionismo é um amigo falso e inconstante. A autocompaixão é uma amiga verdadeira e constante.

A autocompaixão, em contrapartida, é uma amiga verdadeira e estável. Com ela, nosso senso de autoestima não depende do sucesso ou do fracasso; ele está enraizado no fato de sermos um ser humano imperfeito que faz o melhor que pode no momento. A autocompaixão proporciona uma fonte de autoestima incondicional que está sempre disponível, independentemente das circunstâncias.

A AUTOCOMPAIXÃO DIMINUI SEUS PADRÕES?

A autocompaixão nos auxilia a deixar de lado a ideia de que temos total controle sobre o resultado das coisas. A verdade é que a vida acontece. "Ser" humano significa cometer erros, equivocar-se e errar o alvo. Mas se a autocompaixão disser que você é "bom o suficiente", isso não significa que você reduzirá muito o padrão e deixará de desejar a excelência?

É interessante notar que estudos mostram que as pessoas autocompassivas ainda estabelecem altos padrões para si mesmas: se você se preocupa consigo mesmo, vai querer atingir suas metas e realizar seus sonhos. A grande diferença é como as pessoas autocompassivas se relacionam consigo mesmas quando não conseguem atingir seus altos padrões. Elas são gentis e se apoiam, em vez de serem frias e cirúrgicas consigo mesmas. Com um senso de valor e autoconfiança preservados e a segurança de saber que não há problema em fracassar, aumenta a probabilidade de elas se levantarem e tentarem outra vez. Esse enfoque para o crescimento e o aprendizado contribui para o sucesso.

Recentemente, realizamos um estudo sobre o impacto do treinamento de autocompaixão nos atletas da NCAA. Nos Estados Unidos, os jogadores universitários têm padrões incrivelmente altos para si mesmos. Ser bom o suficiente significa ser muito bom. As bolsas de estudo da faculdade e as futuras carreiras profissionais dependem da excelência, e ser negligente significa ser expulso da equipe. Descobrimos que os atletas que aprenderam a ser compassivos com seus erros nos jogos ou com as deficiências em suas rotinas de treinamento tornaram-se menos autocríticos e tiveram reduções na depressão, na ansiedade e no estresse. O mais significativo é que eles relataram que seu desempenho atlético melhorou, e seus técnicos concordaram com essa avaliação. Ser compassivo consigo mesmo não significa abrir mãos de seus padrões, mas que você tem mais recursos disponíveis para cumpri-los.

DAR-SE COMPAIXÃO POR SER PERFECCIONISTA

Se você é perfeccionista, a esta altura pode estar interpretando seu perfeccionismo como um sinal de imperfeição. E como você provavelmente é um perfeccionista esgotado, ou não estaria lendo este livro, é possível que também está se condenando por contribuir para o seu estado de exaustão. Primeiro, é importante ser gentil consigo mesmo por se esforçar tanto. Você está tentando desesperadamente fazer um bom trabalho. Além disso, ninguém conscientemente escolhe ser perfeccionista. Em geral, este é um comportamento aprendido que se origina de alguma dor da nossa infância. As pessoas que cresceram com pais ou outros adultos que eram muito críticos ou exigentes aprenderam que, quando seu desempenho era perfeito, estavam seguras. Se não fizermos nada de errado, não poderemos ser criticados. Esse padrão geralmente começa com o medo da crítica dos pais, dos professores e de outras pessoas com alguma autoridade sobre nós e acaba sendo internalizado.

Certamente foi isso que aconteceu com Kebede. Ele amava seu pai e o respeitava muito, e sua aprovação era essencial para a sua sobrevivência. Kebede ficava arrasado ao ver o olhar de decepção do pai quando as suas notas não eram perfeitas. Ele supunha que seu pai deixaria de amá-lo se não se destacasse em todas as aulas. Mesmo que isso provavelmente não fosse verdade, Kebede não ia se arriscar. A dor de trabalhar longas horas e estudar até cair não era tão ruim quanto a de decepcionar o pai. Em algum momento, Kebede passou a confiar no perfeccionismo para trilhar seu caminho no mundo. E isso era algo muito humano.

É bom sermos gentis e compreensivos conosco por causa dos padrões de perfeccionismo, mas, ao mesmo tempo, cuidar de nós mesmos significa tentar agir de outra forma. O perfeccionismo não está nos ajudando e está contribuindo para nossa sensação de esgotamento. Podemos aprender uma abordagem diferente para nosso trabalho que será mais eficaz e menos exaustiva: autocompaixão.

FERRAMENTA DE AUTOCOMPAIXÃO 12

Deixar de lado a necessidade de ser perfeito

Mesmo que não tenhamos o traço de personalidade do perfeccionismo, todos queremos fazer a coisa certa. Como recebemos muitas mensagens em nossa sociedade de que precisamos alcançar o sucesso no trabalho para sermos dignos, pode ser um desafio abrir mão da necessidade de sermos perfeitos nas áreas da vida importantes para nós. Quem sabe este exercício de escrita pode lhe ajudar.

- Pense em algum aspecto de sua vida profissional em que o perfeccionismo possa estar aparecendo. Por exemplo, talvez você espere responder a todos os *e-mails* em tempo hábil. Talvez você seja um cuidador e espere atender plenamente às necessidades da pessoa de quem está cuidando. Talvez você seja um contador que espera nunca cometer um erro de cálculo em seus balanços. Concentre-se em uma área de seu trabalho que seja importante, mas não crucial para a sua segurança ou a de outras pessoas (p. ex., um médico que espera não cometer um erro ao realizar uma cirurgia de coração aberto). Concentre-se em uma maneira na qual você está sendo perfeccionista.
- Imagine que você não atenda às suas expectativas ou cometa um erro nessa área de sua vida profissional. O que teme que possa acontecer com você?
- Observe se você está concentrado em como seu desempenho no trabalho será afetado (p. ex., isso o deixará mais lento) ou no que isso diz sobre você (será motivo de piada, ficará envergonhado, será um fracasso).

- Que emoções surgem quando você imagina que não está atendendo às suas expectativas? Medo, ansiedade, estresse, vergonha, decepção, tristeza, frustração, raiva?
- Se você se sentir confortável, respire fundo duas ou três vezes e coloque a mão no coração ou em algum outro lugar relaxante. Permita-se entrar em contato com qualquer desconforto em seu corpo.
- Agora fale consigo mesmo (em voz alta ou em silêncio) em linguagem calorosa e compassiva sobre o desejo de ser perfeito. Você pode imaginar o que diria a um amigo que estivesse causando a si mesmo estresse e tensão desnecessários devido ao perfeccionismo ou o que um bom amigo diria a você. Tente algo como: "Não há problema em ser imperfeito e cometer erros", "Você é apenas humano", "Seu valor não depende do sucesso", "Eu te amo incondicionalmente".
- Se os sentimentos de medo e ansiedade forem especialmente fortes, você pode dar garantias a si mesmo, como "Estou aqui para você. Não vou abandoná-lo. Apenas faça o melhor que puder e dê um passo de cada vez".
- Por fim, tente se permitir ser como você é, falho e imperfeito. Perceba que não está sozinho, que suas imperfeições o tornam um membro legítimo da raça humana.

Quando Kebede fez esse exercício, ficou muito emocionado. Ele focou em sua expectativa irreal de que poderia vencer todos os seus processos judiciais. A verdade é que ele ganhou muitos, mas quando não foi bem-sucedido, ficou muito abalado. Quando pensou sobre o impacto do fracasso, percebeu que seu foco estava sobretudo no que isso dizia sobre ele. Kebede se preocupava com seus clientes, é claro, mas o que mais o chateava era a expressão no rosto deles quando tinha que lhes dizer que havia perdido o caso. Ele se sentia ineficaz e incompetente. Sentimentos de vergonha surgiam. Imaginava o rosto de seu pai, um imigrante recém-chegado, profundamente decepcionado com ele. Então Kebede gentilmente colocou as mãos sobre o coração e se acolheu enquanto sentia o desconforto. Sentiu-se amparado com o calor de suas mãos. Ele deu permissão para sua dor aparecer, e seus olhos começaram a se encher de lágrimas.

No início, quando disse "Não há problema em ser imperfeito" e "Seu valor não depende do sucesso", ele não acreditou. Mas então imaginou que um de seus colegas do escritório de advocacia o procurou com sentimentos semelhantes de vergonha por não ter vencido um caso. Sem hesitar, ele diria: "Você não pode controlar tudo; você é apenas humano. Perder faz parte do trabalho. Não seja tão duro consigo mesmo". Quando imaginava que era seu colega que lhe dizia essas palavras, Kebede as recebia com mais facilidade. Ele então percebeu a verdade delas.

Kebede começou a praticar mais autocompaixão no trabalho e a definir expectativas mais realistas, e percebeu que seu estresse começou a diminuir. Ele parou de fazer horas extras excessivas e passou a dedicar mais tempo às coisas que o reabasteciam. O que mais o preenchia era saber que seu valor era incondicional, que ele não precisava merecê-lo e que não havia problema em ser imperfeito.

A autocompaixão nos permite aceitar nossas imperfeições e perceber que o fato de ninguém ser perfeito é o que nos conecta a outras pessoas. Que alívio. Embora a autocompaixão não faça com que o *burnout* desapareça por mágica, ela pode ser uma válvula de escape fundamental para o estresse causado pelo perfeccionismo. Quando você não estiver tão ansioso e exausto e quando souber que poderá se segurar se cair, será mais fácil se recuperar do *burnout*.

Embora os perfeccionistas sejam especialmente autocríticos, a autocrítica é uma característica da vida de todos, perfeccionistas ou não. Há razões poderosas para que nosso crítico interno fale tão alto. Falaremos disso no próximo capítulo.

13

Por que nos punimos

Entendendo o crítico interior

Alguma vez você já se considerou fraco e inútil por não ter um pingo de energia para fazer seu trabalho? Ou sentiu que precisava dar um tapa em si mesmo para continuar? Já ouviu uma voz severa dizendo que você deveria ser mais forte, mais resiliente, trabalhador, dedicado ou altruísta? Com frequência, nos martirizamos por nos sentirmos desanimados. Achamos que deve haver algo errado conosco por estarmos tão cansados e esgotados. Porém, quando nos criticamos por estar assim, acabamos nos sentindo cada vez mais destruídos e mais esgotados.

Essa voz autocrítica provavelmente não é nova. Na verdade, é possível que ela tenha desempenhado um papel importante no seu esgotamento. Conforme descrito no Capítulo 12, as qualidades que nos tornam vulneráveis ao *burnout* – inclusive o fato de nos preocuparmos profundamente com nosso trabalho e valorizarmos o autossacrifício – geralmente nos levam a estabelecer padrões muito altos para nós mesmos. Utilizamos a autocrítica como motor de ação, estimulando-nos a nos esforçarmos mais e a fazer melhor, a continuar o máximo que pudermos. Metaforicamente, colocamos nossa própria cabeça na guilhotina e nos ameaçamos de forma incessante com o pior destino – nos vermos como fracassados – para que não sejamos complacentes. Ao fazer isso, esgotamos ainda mais os recursos de que precisamos para seguir em frente.

A autocrítica causa as mesmas alterações fisiológicas que qualquer outro fator de estresse crônico. Eleva os níveis de cortisol, levando à hipertensão e até a doenças cardiovasculares. Também é uma das principais causas de depressão, pois a mente se fecha em resposta ao ao ataque crônico a nós mesmos. A autocrítica nos esvazia tanto quanto um prego que fura um pneu.

QUÃO AUTOCRÍTICO VOCÊ É?

- ☐ Quando algo dá errado, você logo aponta o dedo da culpa para si mesmo?
- ☐ Você se sente envergonhado quando não tem conhecimento ou habilidade suficiente?
- ☐ Você se repreende para tentar melhorar seu desempenho?
- ☐ Você se julga ou julga seu trabalho com severidade?
- ☐ Você se compara negativamente com os outros?
- ☐ Você se chama de nomes humilhantes quando comete um erro?

Mei concluiu recentemente a faculdade de medicina em uma universidade de prestígio e está fazendo nela sua residência. Ela acaba de ser nomeada residente-chefe, e seus pais não poderiam estar mais orgulhosos. Essa nomeação representa um dos últimos degraus em uma jornada que exigiu anos de foco total e horas extenuantes. É uma grande honra ser residente-chefe, mas agora que Mei adicionou tanto trabalho ao seu próprio treinamento – agendamento clínico, planejamento de conferências e ajudar outros residentes a resolver queixas com o corpo docente da universidade –, a palavra *extenuante* ganhou um novo significado. Os demais residentes da clínica não têm ideia do peso que Mei está carregando. Eles veem uma defensora obstinada com um senso de humor perverso, capaz de alfinetar membros do corpo docente e médicos assistentes "difíceis". Eles não sabem que a pessoa que Mei mais alfineta é ela mesma.

Mei costuma andar pelos corredores com a cabeça baixa, castigando-se de forma silenciosa por não estar à altura de sua nova função. Ela tem procrastinado os estudos para os exames de certificação do conselho médico, que serão realizados em seis meses. E não consegue dormir à noite, mesmo estando exausta, agonizando com o fato de se sentir sobrecarregada. Sua mente gira, preocupada com o fato de que ela não tem o que é preciso para ser uma médica bem-sucedida, e ela pensa que pode decepcionar toda a sua família se não "der um passo à frente".

Mei acorda com o coração acelerado, com medo de que esse seja finalmente o dia em que será exposta como uma fraude incompetente. No entanto, em vez de reconsiderar sua estratégia de autocrítica, ela a intensifica.

POR QUE FAZEMOS ISSO?

Todos temos uma parte de nós mesmos que chamamos de "o crítico interior". Para alguns, esse crítico é duro e depreciativo, para outros, é mais um sentimento silencioso de vergonha ou decepção. Nosso tirano interior pode ter surgido quando éramos crianças pequenas ou um pouco mais tarde, e, na idade adulta, a maioria de nós está muito familiarizada com sua voz depreciativa. A autocrítica não é agradável, então por que nos disporíamos a nos atormentar? Porque, em algum nível, achamos que isso é bom para nós. Achamos que a autocrítica ajuda a nos motivar a melhorar. Na verdade, as pesquisas mostram que o maior obstáculo à autocompaixão é a crença de que ela prejudicará nossa motivação.

De forma consciente ou inconsciente, acreditamos que precisamos de um belo chute no traseiro para atingir nossas metas, seja para concluir uma pós-graduação, impressionar o chefe, ser mais eficiente com os clientes ou levar nossos pais às consultas médicas no horário. Essa crença não é de todo infundada: críticas severas às vezes produzem resultados. Talvez no passado você tenha se repreendido com sucesso para passar a noite em claro se preparando para uma reunião importante pela manhã, ou por vergonha tenha se levantado para acalmar um bebê com cólica pela quarta vez em uma única noite. Porém, a autocrítica tem um preço alto e efeitos colaterais negativos.

Imagine utilizar críticas severas para motivar uma criança que você está tentando ensinar a andar de bicicleta. A criança sobe na bicicleta e cai, tenta outra vez e cai de novo. Agora imagine que você zomba da criança e a chama de perdedora, desajeitada e incompetente. Essa abordagem pode funcionar. Ela entenderá a mensagem de que você não a respeitará até que ela acerte. Após vários joelhos arranhados e cotovelos machucados, a criança pode aprender. Mas você facilitou ou dificultou as coisas para ela? Sentir-se chateado, envergonhado e burro não coloca ninguém no estado mental adequado para aprender uma nova habilidade. E se a criança não conseguir aprender a andar de bicicleta por conta própria, é provável que ela pare de tentar e desista definitivamente. Pesquisas mostram que a autocrítica tem o mesmo efeito. Ela aumenta a ansiedade, mina a autoconfiança, cria o medo do fracasso e torna mais difícil aprender com os erros. Ela também está diretamente ligada à vergonha, à depressão e à ideação suicida – que dificilmente são os melhores estados mentais para se levantar e seguir em frente.

Uma abordagem muito mais eficaz com a criança seria mostrar compaixão e gentileza se ela cair da bicicleta. Você poderia ajudá-la a se levantar e dar-lhe um abraço, assegurando-lhe de que não há problema em cair – é assim que aprendemos! Receptividade, compreensão e dicas úteis sobre como manter o equilíbrio aumentarão a capacidade da criança de dominar a habilidade. O mesmo se aplica à motivação autocompassiva (consulte o Capítulo 18), então por que não fazemos a melhor escolha?

Um artifício para a segurança

A intenção subliminar de nosso crítico interior é boa: ele está simplesmente tentando nos manter seguros. Quando vemos um problema em nós mesmos ou em nosso ambiente, ou nos sentimos ameaçados de alguma forma, a resposta de luta/fuga/congelamento é ativada e dirigida para dentro. Nós nos castigamos na esperança de fazermos o melhor, para evitarmos falhar e *ficarmos seguros*. Fugimos para sentimentos de vergonha e isolamento para evitar o julgamento e a crítica de outras pessoas (antecipando-nos a elas, por assim dizer) para *ficarmos seguros*. Congelamos e ruminamos, na esperança de que, talvez, após rodar nossos problemas em nossa cabeça pela sexagésima sétima vez, consigamos encontrar uma solução e *ficar seguros*. Não queremos nos criticar por criticarmos a nós mesmos, pois aquela voz maldosa em nossa cabeça está, na verdade, tentando nos proteger. Só que ela não é muito boa nisso.

Por mais dolorosa que seja a autocrítica, sua intenção é boa: ela está tentando nos manter seguros.

Uma das coisas que a autocrítica nos proporciona é uma sensação de poder e controle. O crítico interior se mantém firme, com total certeza de estar correto. É melhor dizer que *deveríamos* ter acertado – o que pressupõe que *poderíamos* ter acertado se tivéssemos nos esforçado o suficiente – do que reconhecer que às vezes, por mais que tentemos, não conseguimos. Embora essa sensação de controle seja uma ilusão, é fácil perceber por que nos apegamos a ela em uma tentativa de obter segurança.

A autocrítica também pode ter nos servido quando éramos crianças. Para algumas pessoas, o crítico interior representa as mensagens internalizadas de crítica ou de vergonha dos pais ou de outros cuidadores. A sobrevivência das crianças depende da confiança naquilo que os adultos com quem convivem lhes dizem. Uma criança não pode dizer a um adulto crítico: "Você está errado! Eu estou bem exatamente como sou". Isso não só deixaria o adulto irritado como também seria assustador pensar que os adultos não sabem do que estão falando. As crianças dependem dos adultos para receber orientação e para que todas as outras necessidades da vida sejam supridas. Pesquisas sugerem que as crianças não internalizam apenas as mensagens críticas que os pais dirigem a elas pessoalmente, mas também as mensagens autocríticas dos próprios pais. Quando ouvem os pais se repreendendo por cometerem erros, elas aprendem que essa é a maneira "certa" de falar consigo mesmas.

Contudo, à medida que nos tornamos adultos, é evidente que a autocrítica não está mais nos mantendo seguros. Ela está piorando as coisas ao minar nossa capacidade de nos dar compaixão e apoio, sobretudo quando enfrentamos um desafio tão assustador como recuperar-se do *burnout*.

O crítico interior tem um papel a desempenhar

Após reconhecer o mal que seu crítico interior está fazendo, pode ser tentador querer se livrar dele. Entretanto, o crítico interior está desempenhando um papel importante: ele percebe um perigo e está tentando avisar você sobre ele. Se você tentar calá-lo, ele apenas gritará mais alto. Há um modelo de terapia altamente eficaz chamado *sistemas familiares internos* (IFS, do inglês *internal family systems*), o qual vê o crítico interior como uma parte de nós mesmos que está interagindo com outras partes nossas (como os diferentes membros de uma família, mas todos operando em nossas próprias mentes). Consideramos esse modelo muito útil para trabalhar de forma eficaz com o crítico interior e, de fato, ele é importante para entender como nos relacionamos com o *burnout* em geral.

A ideia é que há em nós certos grupos de pensamentos/emoções/comportamentos que podemos chamar de *partes*. Em geral, tais partes se formam quando somos jovens e relativamente imaturos. Temos partes ocultas que carregam o fardo de emoções assustadoras e difíceis, como vergonha, medo, mágoa e tristeza. Também temos partes protetoras com a função de nos manter seguros, em grande parte nos impedindo de sentir essas emoções assustadoras. Os protetores podem ser raivosos e defensivos em relação aos outros, mas também podem ser críticos internos que utilizam o julgamento e a desaprovação para nos manter na linha ou nos fazer avançar.

Quando uma parte específica é acionada por circunstâncias da vida, ou talvez por um pensamento ou um sentimento, nossa consciência muitas vezes é completamente dominada por ela. Quando sua parte "incompetente" é acionada, você se perde em sentimentos de vergonha e de indignidade. Quando sua parte guerreira é acionada, você é consumido pela raiva e fica rigidamente convencido de que os outros estão errados. Quando seu crítico interior é acionado, você acredita que a única maneira de acertar as coisas é ser duro e cruel consigo mesmo.

OUVIR NOSSO EU COMPASSIVO

Albert Einstein, ao discutir as implicações da bomba atômica, enfatizou que não podemos resolver um problema sob a mesma perspectiva com que foi criado. Precisamos sair de nossas partes imaturas para não sermos limitados por suas perspectivas simplistas. Felizmente, também temos uma parte de nós que é sábia e madura e que pode nos ajudar. Você pode pensar nisso como seu eu superior, seu eu espiritual, seu eu compassivo ou, se tiver uma orientação mais científica, seu sistema mamífero de prestação de cuidados.

Quando adotamos a perspectiva de nosso eu compassivo ao nos relacionarmos com nossas outras partes, conseguimos nos desvencilhar delas. Em vez de nos perdermos em autocríticas, por exemplo, podemos ter curiosidade sobre nosso crítico interior de forma gentil e amigável. Desse modo, nosso crítico interior se sente ouvido e não precisa gritar tão alto para nos alertar sobre o perigo. Isso nos permite entrar em sintonia com nosso eu compassivo, que pode ver o cenário mais amplo do que está acontecendo com maior sabedoria e complexidade. E seus métodos são mais eficazes para estimular o crescimento e a mudança do que bater em nossas cabeças.

Quando nosso eu compassivo é gentil e curioso em relação ao nosso crítico interior, nossa voz crítica não grita tão alto.

É difícil nos sentirmos inspirados a fazer qualquer coisa quando estamos esgotados, mas quando nosso crítico interior está no banco do motorista, é ainda mais difícil. O exercício a seguir se baseia nos princípios do IFS e é um dos que utilizamos no programa MSC para auxiliar as pessoas a entender seu crítico interior, encontrar a voz de seu eu compassivo interno e fazer mudanças a partir de uma perspectiva mais sábia e gentil.

FERRAMENTA DE AUTOCOMPAIXÃO 13

Encontrar sua voz compassiva

Este exercício escrito explora a voz de seu crítico interior. Se você sabe que seu crítico é a voz internalizada de alguém que foi abusivo em seu passado, ou se surgirem lembranças intrusivas durante este exercício, pule esta prática. Você poderá trabalhar com isso depois, quando se sentir forte e pronto, ou talvez com a ajuda de um terapeuta.

- Pense em um *comportamento* que você gostaria de mudar e que esteja relacionado à sua sensação de esgotamento. Escolha um que esteja causando problemas para você, mas que seja leve ou moderadamente problemático, não prejudicial ao extremo (como o abuso de substâncias). Talvez você esteja tão exausto que tem dificuldade para sair da cama pela manhã, e isso o atrasa para o trabalho; ou talvez esteja tão estressado que está brigando com seus filhos e isso está começando a afetá-los. Escreva o comportamento relacionado ao *burnout* que gostaria de mudar, bem como os problemas que ele está causando em sua vida.

Identificando o crítico interior

- Escreva como você normalmente reage quando se vê envolvido nesse comportamento. Como seu crítico interior se expressa? Com palavras indelicadas? Com um tom especialmente áspero? Com uma sensação de frieza ou de decepção, ou talvez com uma sensação corporal?

Compaixão por se sentir criticado

- Reserve um momento para entrar em contato com a parte de si mesmo que se sente criticada. Como se sente ao receber essa mensagem, e qual o impacto dela sobre você?
- Tente escrever algumas palavras de compaixão sobre como é difícil receber esse tratamento severo – talvez validando suas emoções: "Sinto muito que você tenha passado por isso. Tem sido muito difícil e doloroso para você".

Voltando-se para seu crítico interior

- Agora tente se voltar para seu crítico interior com interesse e curiosidade. Reflita por um momento sobre o motivo pelo qual a crítica continua por tanto tempo. O crítico interior está tentando protegê-lo de alguma forma, mantê-lo a salvo do perigo ou ajudá-lo – mesmo que o resultado tenha sido improdutivo? Em caso afirmativo, escreva o que o crítico interior pode estar tentando fazer por você.
- Se não conseguir encontrar nenhuma forma pela qual seu crítico interior esteja tentando ajudá-lo, ou se perceber que é a voz internalizada de alguém abusivo do seu passado, pule a próxima etapa e continue a dar-se compaixão pela dor da autocrítica.

- Contudo, se você identificou um modo pelo qual seu crítico interior está tentando ajudá-lo, verifique se pode reconhecer seus esforços escrevendo algumas palavras de agradecimento. Diga ao seu crítico interior que, embora ele possa não estar lhe servindo muito bem agora, você reconhece sua boa intenção e que ele estava fazendo o melhor que podia. Você também pode expressar alguma compaixão pela tarefa difícil e pelos sentimentos negativos vivenciados pelo crítico interior, talvez por muitos anos.

Encontrando seu eu compassivo

- Agora que o crítico interior foi reconhecido, você vai mudar de perspectiva e abrir espaço para a voz do seu eu compassivo.
- Essa parte ama você e o aceita de forma incondicional. Entretanto, seu eu compassivo também reconhece como o comportamento pelo qual você se critica está contribuindo para o seu esgotamento. Assim como o crítico interior, ele quer que você mude, mas por motivos muito diferentes.
- Por favor, coloque as mãos sobre o coração ou outro lugar relaxante, sentindo o seu calor. Permita que seu eu compassivo surja, talvez como uma imagem, uma postura ou simplesmente um sentimento amoroso.
- Reflita outra vez sobre o comportamento com o qual tem dificuldades. Seu eu compassivo gostaria que você tentasse fazer uma mudança, não porque você seja inaceitável do jeito que está, mas por querer o melhor para você. Ele não quer que você sofra mais por causa desse comportamento.
- Se estiver tendo dificuldade para entrar em contato com seu eu compassivo, você também pode trazer à mente a imagem de uma pessoa que se preocupa profundamente com você (como um amigo ou um avô) ou uma imagem ideal que represente compaixão.
- Comece a escrever uma pequena carta para si mesmo com sua voz compassiva; escreva livre e espontaneamente, abordando o comportamento que gostaria de mudar. Que palavras de sabedoria, compreensão e incentivo surgem desse profundo desejo por seu bem-estar?
- Se estiver com dificuldades para encontrar palavras, talvez seja mais fácil pensar no que você diria a um amigo querido que tenha enfrentado o mesmo problema ou no que esse amigo diria a você.
- Se você conseguiu escrever algumas palavras compassivas para si mesmo, verifique se consegue relê-las e apreciar a sensação dessas palavras fluindo de sua própria mão. Se você teve dificuldade em encontrar palavras compassivas, também não há problema. Isso leva algum tempo. O importante é que tenhamos a intenção de ser mais gentis conosco e, com o tempo, novos hábitos se formarão.

Esse exercício teve grande impacto sobre Mei. Ela havia escolhido a procrastinação como seu comportamento problemático. Foi fácil identificar como seu crítico interior se manifestou nesse exercício. "Você é tão burra. Por que aceitou o cargo de residente-chefe se não consegue estudar e cumprir suas obrigações ao mesmo tempo? Você tem uma cabeça grande e também é preguiçosa. Nunca passará nos exames, ainda mais nesse ritmo." Reconhecer que seu crítico interior estava tentando protegê-la do fracasso foi um divisor de águas. Mei pensava em seu crítico interior como um déspota cruel, frio e mau, e com frequência se criticava por ser tão autocrítica. Contudo, quando ela se perguntou se o crítico interior estava tentando mantê-la segura, a resposta foi clara: evidentemente que estava. Ele estava tentando levá-la adiante, evitar a complacência e mantê-la humilde.

Mei também percebeu que havia internalizado essas mensagens de seus pais quando era criança, que muitas vezes se criticavam para se esforçarem mais. Quando agradeceu a seu crítico interior por seus esforços para ajudá-la, Mei o sentiu relaxar por dentro.

O que de fato a impressionou, entretanto, foi o que seu eu compassivo disse quando seu crítico interior se sentiu validado. Essa voz carinhosa não a deixou perder tempo de estudo, pois isso não seria gentil. Em vez disso, ela lhe deu conselhos sábios sobre como administrar melhor seu tempo para atingir suas metas: dizer não aos pedidos de ajuda dos residentes que não estavam relacionados de modo direto ao seu trabalho como residente-chefe; ser encorajadora consigo mesma ao rever seu dia para que ela dormisse melhor e conseguisse estudar de manhã cedo. Sentir-se apoiada dessa forma a ajudou a tornar-se mais confiante de que estava à altura da tarefa.

Quando ficamos esgotados, em geral somos extremamente duros conosco, mas podemos tratar nossa tendência à autocrítica – esse comportamento de segurança inato – com compaixão. Normalmente, é uma parte jovem e inocente de nós mesmos que só sabe intimidar para evitar danos. Embora as pessoas possam se preocupar com o fato de a autocompaixão minar sua motivação, o amor e a bondade são mecanismos de crescimento e mudança muito mais eficazes do que o medo.

Nosso eu compassivo não está interessado somente em mudanças internas; ele também está interessado em mudanças externas. Muitos dos fatores que levam ao *burnout* decorrem das circunstâncias externas de nossas vidas: sistemas falidos, condições de trabalho injustas ou pessoas que ultrapassam os limites. O próximo capítulo aborda de que forma agir com autocompaixão feroz pode nos ajudar a lidar com alguns dos fatores situacionais que causam o *burnout*.

14

Fazendo algo a respeito

Autocompaixão feroz em ação

A autocompaixão pode ser um salva-vidas quando estamos esgotados. Quando nos aceitamos e validamos nossos sentimentos de exaustão e de desesperança, a cura pode começar. Mas a aceitação, por si só, não pode reverter o *burnout*. Quando dizemos a nós mesmos que "é natural se sentir assim", com frequência acabamos completando a frase com "pois meu trabalho é uma porcaria!". Não podemos simplesmente nos acalmar e esperar que nosso trabalho se torne menos ruim.

O *burnout* não se refere apenas à nossa experiência emocional interna, ele também decorre das demandas impostas a nós por nossos empregadores ou pelo ambiente em que trabalhamos. Exigências irracionais podem ser feitas em relação ao nosso tempo. Os recursos são muitas vezes sobrecarregados, as empresas têm falta de pessoal e, em muitos casos, o dinheiro todo-poderoso tem precedência sobre a saúde e o bem-estar dos trabalhadores. As pessoas podem ficar exaustas por situações de ganância, incompetência ou injustiça, ainda mais do que devido à autocrítica e ao perfeccionismo.

Por exemplo, Annabelle não recebe o respeito que merece. Ela começou como escriturária em sua empresa de contabilidade há 10 anos, mas fez cursos noturnos em uma escola *on-line* para poder passar no exame de certificação; agora ela é oficialmente uma contadora. Contudo, os demais contadores da empresa ainda a tratam como assistente, e não como colega, solicitando rotineiramente que lhes traga café ou faça fotocópias. Seu chefe também lhe dá muito trabalho pesado, atribuindo-lhe projetos menos importantes, que não exigem solução criativa de problemas. Desde que Annabelle foi promovida, espera-se que ela trabalhe mais horas, mas o aumento de salário que recebeu não é compatível com seu novo cargo. Essa situação a deixou insatisfeita e esgotada.

Em geral, Annabelle é uma pessoa gentil, tanto consigo mesma quanto com os outros. Ela não se diminui nem se envergonha. Seu maior desafio é que tem medo de falar com os colegas sobre as demandas insensíveis deles ou de pedir ao chefe um aumento de salário, melhores horas de trabalho ou uma carga de serviço mais variada. Annabelle tende a simplesmente ignorar o fato. "Não é nada demais", diz a si mesma. "Provavelmente vai melhorar com o tempo." Entretanto, no fundo, ela está fervilhando de ressentimento, o que aumenta sua exaustão.

Annabelle foi criada em um lar tradicional, no qual as mulheres que falavam alto ou que eram muito assertivas eram rotuladas como megeras mal-humoradas. Ela aprendeu que uma mulher é valorizada por ser doce e alegre. Annabelle internalizou a crença de que nunca deveria levantar a voz ou (Deus a livre) ficar com raiva. Ela deveria acalmar as coisas, não criar problemas. Essa visão limitada do comportamento feminino aceitável alienou Annabelle de sua força e de seu poder interiores.

Como ela acabaria aprendendo, a compaixão não envolve apenas aceitação; trata-se também de entrar em ação para lutar pelo que é certo. A autocompaixão feroz nos ajuda a lidar com as causas situacionais do *burnout*, estimulando-nos a falar, dizer não, estabelecer limites, acabar com a injustiça ou fazer mudanças. Para aliviar o sofrimento, devemos focar em melhorar as circunstâncias de nossas vidas e consertar o que está errado por fora e por dentro.

ENCONTRANDO NOSSA MAMÃE URSO INTERIOR

A autocompaixão feroz é bem diferente da terna, que tem uma qualidade suave e protetora. Metaforicamente falando, a autocompaixão terna é como pais amorosos cuidando de uma criança que chora. A aceitação calorosa permite que nos acalmemos e nos ajuda a nos sentirmos amados e dignos. Já a autocompaixão feroz tem uma qualidade poderosa e enérgica, mais parecida com a de uma mamãe urso que protege ferozmente seus filhotes, viaja quilômetros para encontrar comida para eles e, por fim, os expulsa da cova quando estão prontos para

> **A autocompaixão feroz consiste em tomar medidas para nos proteger, atender às nossas necessidades e motivar mudanças.**

se defender sozinhos. A autocompaixão feroz nos estimula a agir de modo a nos proteger, prover e motivar. Não precisamos ser mães ou nos identificar como mulheres para encontrar nossa mamãe urso interior. Trata-se de uma energia universal que está pronta para lutar por nós, atender às nossas necessidades e nos motivar sempre que precisarmos.

Uma enfermeira que fez nosso curso de oito semanas, Autocompaixão Feroz, no Center for Mindful Self-Compassion, nos contou como o curso fortaleceu sua postura. Um dia, em uma sala de emergência lotada e caótica, ela corajosamente decidiu se defender. Enquanto os pacientes esperavam por horas com poucas informações sobre quando seriam atendidos, um homem apontou para ela, sentada em sua mesa além da sala de espera, e a acusou em voz alta de "se esconder atrás daquela janela" e não se importar com eles. Ela entrou com calma na sala de espera com as costas eretas e respondeu com dignidade: "Não estou me escondendo, estou fazendo meu trabalho. Sim, isso é um problema. Peço desculpas. O sistema está falido e estamos com falta de pessoal. Entendo sua frustração. Eu também estou frustrada. Por favor, ligue para a administração do hospital, para os políticos locais, para qualquer pessoa que você possa imaginar, e conte-lhes sobre isso. O sistema está falido. Estamos fazendo o melhor que podemos".

É evidente que essa enfermeira se sentiu tão exausta e desamparada quanto qualquer outra pessoa. Mas ela não só conseguiu continuar trabalhando como também pôde falar sobre os problemas reais do hospital. Não se sabe se alguém naquela sala de espera de fato a ouviu ou fez uma ligação, mas ela se sentiu melhor apenas por ter se expressado e dado um pequeno passo em direção à mudança.

Será que você pode fazer o mesmo? Talvez esteja muito esgotado para tentar fazer grandes mudanças nas causas estruturais do *burnout*. Mas você consegue pensar em um passo pequeno e factível que possa ajudá-lo?

- ☐ Você poderia propor prazos mais realistas ao seu supervisor?
- ☐ Sugerir intervalos rotativos de 15 minutos entre os funcionários?
- ☐ Tentar reduzir suas horas de trabalho em 10%?
- ☐ Falar sobre a sensação de que está sendo tratado injustamente?
- ☐ Talvez escrever uma carta para um político local?
- ☐ Talvez pedir a um vizinho que se sente com seu pai idoso por uma hora à noite?
- ☐ Você poderia (preencha este espaço com suas próprias ideias criativas)?

AUTOCOMPAIXÃO FEROZ E AUTOCOMPAIXÃO TERNA: UMA DUPLA FORMIDÁVEL

Precisamos da autocompaixão feroz e da terna para combater o *burnout*. É como o *yin* e o *yang* – um desequilíbrio entre essas duas energias não é saudável. Se aceitarmos demais nossos sentimentos de exaustão sem agir com firmeza para tratar suas causas externas, os sistemas falidos nunca mudarão. Porém, se formos muito ferozes, sem ternura para com nós mesmos e nossas emoções, apenas nos estressaremos e nos esgotaremos ainda mais.

Para encontrar o equilíbrio, precisamos honrar e convidar ambas as energias a surgir, mesclando-se e integrando-se dentro de nós. Podemos fazer perguntas simples como "Em que parte da minha vida preciso ter mais coragem para falar, dizer não, agir?" e "Em que parte da minha vida preciso aceitar mais a mim mesmo ou aos outros como seres humanos que fazem o melhor que podem no momento?". Se você iniciar um abaixo-assinado contra políticas injustas no trabalho, por exemplo, você pode acolher sua dor com carinho e, ao mesmo tempo, lembrar-se de que aqueles que criam as políticas são seres humanos que também merecem consideração?

A combinação e o equilíbrio das energias da autocompaixão feroz e da terna criam um tipo de força de cuidado que pode levar a mudanças reais no mundo. Como escreveu Martin Luther King Jr., "O poder sem amor é imprudente e abusivo, e o amor sem poder é sentimental e anêmico. O poder em sua melhor forma é o amor implementando as exigências da justiça, e a justiça em sua melhor forma é o poder corrigindo tudo o que se opõe ao amor".

A RAIVA COMO UM ALIADO ENERGIZANTE

Às vezes, a raiva é malvista, sobretudo no mundo da atenção plena e da compaixão. Mas a raiva tem um papel a desempenhar na autocompaixão feroz. É uma emoção natural que evoluiu com um propósito: alertar-nos sobre ameaças para que possamos nos proteger ou proteger as pessoas com as quais nos importamos. A raiva nos energiza e nos dá uma sensação de empoderamento. Ela anula nossa resposta ao medo e aumenta nossa coragem. Ela também tem uma importante função expressiva, pois indica com clareza – tanto para nós quanto para os outros – que algo está errado. Embora desabafar e ruminar sobre a raiva seja problemático, isso pode ser catártico em algumas circunstâncias, como xingar após bater o dedo do pé (e pesquisas mostram que fazer isso reduz a dor percebida!).

Ficar com raiva das causas do *burnout* – salário inadequado, comentários rudes, prazos impossíveis, um sistema frio e impessoal (a lista continua) – pode ser útil quando a raiva é construtiva e aproveitada para o bem. Ficar irritado com uma situação de trabalho injusta, por exemplo, pode motivá-lo a se manifestar ou a fazer uma mudança. Desde que você não ataque as pessoas pessoalmente e não seja ofensivo ou humilhante, sua raiva serve a um propósito importante: ela comunica de forma clara que você está falando sério. Ela também pode lhe dar o impulso de energia de que precisa quando está tão esgotado que parece impossível sair do sofá.

AUTOCOMPAIXÃO FEROZ EM AÇÃO

Se observarmos os três componentes da autocompaixão em sua forma feroz protetora, eles são expressos como *uma clareza corajosa e capacitada*.

A bondade nos inspira a sermos corajosos e valentes para podermos assumir riscos e agir para melhorar nossa situação. Ela exige coragem e determinação – como quando entramos em greve ou pedimos um aumento. Pode parecer mais seguro permanecer em um emprego tóxico, ignorar aquele comentário cortante de um colega ou render-se a um sistema ineficiente que exige um trabalho desnecessário, mas não agir é uma forma de autoflagelação. A bondade nos obriga a fazer tudo o que pudermos para nos ajudar. Isso pode assumir a forma de estabelecer limites (abordaremos mais sobre isso no Capítulo 15), ter conversas difíceis, fazer uma reclamação formal a alguém que tenha autoridade para alterar os procedimentos-padrão, obter ajuda de outras pessoas ou até mudar de emprego, se possível.

A humanidade comum em sua forma feroz nos fortalece e nos capacita. O sentimento de conexão nos faz lembrar que não estamos sozinhos na experiência do *burnout*. Nós nos identificamos com as pessoas que estão em situações semelhantes às nossas – pais de crianças com necessidades especiais, enfermeiras de emergência, veterinários, cuidadores de pais idosos, bombeiros e outros – e lembramos que muitos de nossos companheiros também estão esgotados. Defender-nos significa defendê-los também. Há força nos números. Quando nos esquecemos disso e nos sentimos isolados, nós nos sentimos desamparados. Porém, quando nos unimos a outras pessoas, seja na realidade ou simplesmente mentalmente,

Raiva construtiva *versus* destrutiva

A raiva pode ser construtiva ou destrutiva, dependendo do fato de evitar ou causar danos.

- A raiva construtiva é uma energia benevolente que se concentra na proteção; já a destrutiva é uma energia hostil que busca retaliar e destruir.
- A raiva construtiva se concentra em comportamentos ou situações; a destrutiva é pessoal e desumaniza os outros.
- A raiva construtiva é clara e sensível às consequências; a destrutiva é reativa e não considera os impactos sobre os demais.
- A raiva construtiva vem do amor e do desejo de bem-estar; a destrutiva vem do medo e da proteção do ego.

reivindicamos o direito humano de estar bem e completos e nos sentimos mais inspirados a agir.

Por fim, a atenção plena nos permite perceber nossos problemas com clareza. Não nos afastamos da verdade quando somos tratados de forma injusta ou quando as coisas não estão funcionando. Às vezes, é mais fácil minimizar a gravidade de nossa situação para que não tenhamos de gastar energia para fazer algo a respeito. Esse pode ser o caso, sobretudo quando estamos exaustos e esgotados. Mas se não reconhecermos que há um problema, como poderemos resolvê-lo? Mesmo que não possamos fazer muito para mudar nossa situação, é importante sermos honestos conosco e entender claramente quando o mal está sendo feito. Pelo menos dessa forma, não acreditamos nas desculpas.

A autocompaixão feroz nos permite ver nossos problemas com clareza, sentir-nos fortalecidos por nosso senso de conexão com as pessoas e encontrar coragem para agir.

Para algumas pessoas, em especial as que têm a condição social de mulher, a autocompaixão feroz pode parecer desconfortável e estranha. Mas mesmo que sua mamãe urso interior esteja dormindo, ela ainda faz parte de sua natureza. Com a prática, você pode acordar da hibernação e reivindicar seu direito a um tratamento justo. Desenvolvemos uma versão da pausa de autocompaixão (apresentada no Capítulo 6) que foi projetada para evocar uma clareza corajosa e capacitada quando precisamos agir para combater as causas do *burnout*. Por que não experimentar?

FERRAMENTA DE AUTOCOMPAIXÃO 14

Pausa de autocompaixão protetora

Vamos relatar aqui uma prática que pode ajudá-lo a desenvolver seus músculos de autocompaixão feroz, sobretudo quando você precisa falar ou se proteger de alguma forma. Você pode utilizá-la no trabalho ou em casa, e leva apenas alguns minutos. Se você se deparar com uma situação em que sabe que precisa se defender ou agir contra a injustiça, fazer essa prática pode ajudar a fortalecer sua energia e sua determinação.

- Pense em uma situação em sua vida que esteja exigindo a energia feroz da proteção. Talvez um cliente esteja desrespeitando seu tempo, ou você esteja sendo tratado de maneira injusta pela sua chefia, ou seus irmãos estejam esperando que você cuide de seus pais idosos, ou algo esteja acontecendo em seu local de trabalho que seja injusto ou esteja errado. Escolha uma situação em que você se sinta de leve a moderadamente irritado ou ameaçado, mas não sobrecarregado.
- Evoque a situação em sua imaginação. O que está acontecendo? O que está se passando? Permita-se sentir as emoções que estão surgindo. Medo, desprezo, frustração?
- Entre em contato com o desconforto como uma sensação física e sinta seu corpo.
- Agora, tente adotar a atitude da mamãe urso. Sente-se de forma ereta, com as costas retas, e vire os ombros para trás.
- A primeira frase evoca a atenção plena – vemos as coisas com clareza como elas são. Tente dizer a si mesmo, lentamente e com convicção: "Meus olhos estão abertos". Outras opções são: "Eu vejo a verdade do que está acontecendo" ou "Tentarei ver essa situação da maneira mais clara possível".
- A segunda frase se concentra na humanidade comum. Você se lembra de sua conexão com algo maior do que você, permitindo que esse reconhecimento o fortaleça. Tente dizer: "Eu não estou sozinho, estamos juntos". Outras opções incluem "Todos os seres humanos merecem tratamento justo" e "Eu também".
- Agora, coloque o punho fechado sobre seu coração, em um gesto de força e determinação.
- A terceira frase expressa a autobondade na forma de coragem. Tente dizer com convicção: "Vou ser corajoso e forte". Outra opção pode ser "Vou encontrar minha voz" ou simplesmente "Não!".
- Imagine que alguém de quem você realmente gosta esteja sendo maltratado de maneira semelhante. O que você diria a essa pessoa para ajudá-la a ser forte, a se manifestar, a ter coragem? Agora, você pode oferecer a mesma mensagem a si mesmo?
- Por fim, coloque a outra mão sobre o punho e segure-o com carinho. O convite é para combinar a energia feroz da clareza corajosa e empoderada com a energia terna da presença amorosa e conectada. Dê a si mesmo permissão total para sentir a força do seu poder, da sua determinação, da sua verdade, e também para estar em contato com o seu afeto natural.

- Dirija sua compaixão feroz para as situações ou os comportamentos que causam danos, não para a pessoa ou as pessoas que os causam. Elas são humanas e você é humano. Você pode se comprometer a agir e, ao mesmo tempo, manter vivo o fio do amor?
- Verifique se você consegue permitir que ambas as energias fluam.

Quando conheceu a pausa de autocompaixão protetora, Annabelle sentiu-se desconfortável. Parecia pouco feminino. Mas sua previsão de que as coisas no trabalho "provavelmente melhorariam com o tempo" estava se mostrando imprecisa, e ela percebeu que, se não se manifestasse no escritório, as coisas nunca mudariam. Ela nunca seria respeitada pelos colegas nem receberia o salário que merecia ou as tarefas interessantes que almejava. Então, todas as noites ela praticava os exercícios de autocompaixão protetora.

Annabelle utilizou a atenção plena para analisar com clareza como era errado que seus colegas continuassem pedindo que ela fizesse cópias e café. Eles deveriam respeitar as longas horas que ela dedicou para se tornar uma contadora certificada! E não estava certo que ela recebesse um salário baixo e ficasse com todo o trabalho pesado! Ela encarou essa realidade.

Ao considerar a humanidade comum, Annabelle lembrou-se de que muitas pessoas eram tratadas de forma injusta. Isso não diminuiu a importância de sua situação, mas certamente a ajudou a se sentir menos sozinha. Em todo o mundo, as pessoas estavam lutando contra isso. Ela pensou em todos os "-ismos" – racismo, sexismo, etarismo, heterossexismo, e assim por diante. Falar por si mesma não era egoísmo; era promover a causa da justiça. Lembrar-se disso a fez sentir-se mais poderosa.

Então, Annabelle sentou-se ereta e colocou o punho sobre o coração, encarnando sua mamãe urso interior. Ela mergulhou fundo em seu coração e, das profundezas de seu ser, veio um sonoro "NÃO! CHEGA!". Ela encontrou sua determinação. Encontrou sua raiva – raiva que havia sido reprimida durante toda a sua vida. Ela não suportaria isso por mais tempo. Decidiu falar com seu chefe e com seus colegas de trabalho. Contudo, essa raiva era algo novo para ela e parecia perigosa.

Ajudava muito quando ela trazia um pouco de ternura para equilibrar a ferocidade. Não, ela não estava sendo tratada com justiça. As coisas tinham que mudar. Mas seu chefe e seus colegas não eram pessoas ruins. Eles também estavam estressados e fazendo o melhor que podiam e provavelmente nem pensavam em como o comportamento deles a estava afetando. Annabelle podia ser forte e firme sem ser fria ou má. Quando era capaz de sentir ternura e ferocidade ao mesmo tempo, ela se sentia mais autêntica e completa.

Após praticar todas as noites durante uma semana, Annabelle encontrou coragem para marcar uma reunião com seu chefe. Ela iniciou uma conversa assustadora, mas, em última análise, gratificante, apontando como estava sendo tratada de forma diferente de seus colegas. Para sua grande surpresa, seu chefe concordou com ela e disse que tentaria corrigir as coisas. Nossa. Ainda mais gratificante, na próxima vez que seus colegas lhe pediram para fazer café, ela disse que não o faria. Ela lhes disse que não era mais a assistente do escritório e que não queria ser tratada como tal. Seus colegas de trabalho com certeza foram pegos de surpresa, mas sabiam que estavam passando dos limites. Dois deles até pediram desculpas. Annabelle passou a amar esse seu lado feroz de mamãe urso e continuou a se dar o respeito que merecia.

O que ela fez, sobretudo com seus colegas, foi estabelecer um limite. Estabelecer limites é essencial para a autocompaixão, mas pode ser algo complicado e difícil de fazer. Por esse motivo, no próximo capítulo, falaremos sobre como a autocompaixão pode nos ajudar a superar algumas das barreiras que impedem a criação de limites eficazes.

15

Traçando uma linha na areia

Aprendendo a dizer não

Quantas vezes você se deparou com a palavra *limites* ultimamente? Ela está estampada em todos os códigos de ética do local de trabalho e aparece com regularidade em colunas de conselhos sobre como ter sucesso no trabalho e nos relacionamentos pessoais. E agora que você está esgotado, talvez a ouça em sua cabeça: "Se ao menos eu tivesse estabelecido limites mais firmes...".

Um aspecto fundamental para lidar com o *burnout* é saber como estabelecer limites – quando recusar solicitações de seu tempo e de sua energia ou abrir espaço para atender às suas próprias necessidades. Os limites também envolvem informar às pessoas quando o comportamento delas é intrusivo ou indesejado. Traçar uma linha na areia é complicado para todos. Na infância, os pais e professores aprovam aqueles que são agradáveis e solícitos, e isso continua na vida adulta com chefes, colegas e parceiros. Pode ser difícil separar claramente o nosso senso de autoestima de ser prestativo ou condescendente.

Na verdade, qualquer pessoa treinada para atender às necessidades dos outros em seu trabalho, independentemente da forma como foi educada, pode achar desconfortável e estressante estabelecer limites. Quando dizer "não" desencadeia um clima de incerteza e de medo, a areia (na qual você não traçou o limite) pode se transformar em areia movediça. Quando não estabelecemos limites, desperdiçamos nosso tempo e nossa energia. Quando não dizemos nada sobre o comportamento inadequado de alguém, nos sentimos violados. Isso pode se transformar em uma exaustiva espiral descendente, pois a falta de limites nos deixa ainda mais estressados.

Luís acha difícil estabelecer limites. Ele tem trabalhado como vendedor em uma loja de roupas masculinas de alto padrão nos últimos dois anos, e isso o está desgastando. Luís é um jovem com maneiras impecáveis e um sorriso caloroso que faz com que todos se sintam relaxados e bem-vindos assim que entram pela porta, desde o nervoso futuro noivo que procura um terno para o casamento até o exigente chefe corporativo que quer impressionar na próxima reunião de cúpula. Ele habilmente redireciona os clientes para opções mais adequadas e favoráveis à ocasião. É respeitoso, mas nunca servil. Ele vende uma quantidade significativa de roupas, e seu gerente o admira bastante.

Seus colegas também o adoram porque Luís é muito solícito. Ele raramente diz não a suas solicitações, por mais irracionais que sejam: "Oh, Luís, você se importa de limpar os provadores e colocar tudo de volta nas prateleiras? Eu realmente preciso ir para casa". Ou "Ei, amigo, você não se importa de terminar meu turno, se importa? Tenho um encontro hoje à noite e não posso me atrasar. Na verdade, talvez você possa me dar alguns conselhos sobre o que devo vestir". Luís assente com uma inclinação de cabeça. Ele gosta do fato de ser reconhecido como simpático e prestativo. É bom saber que todos na loja o apreciam e dependem dele, inclusive o gerente e os clientes. Contudo, esse reconhecimento tem um custo.

Um dia, os vestiários estavam um desastre total. Era o baile de formatura do ensino médio, e um grupo de formandos invadiu a loja como um furacão. Luís deveria fechar a loja com outra vendedora, mas ela disse que queria sair mais cedo para ir a uma festa. "Você é legal, não é?" "Claro", disse Luís com um sorriso falso. Ele queria ser legal. Enquanto pegava as camisas, as calças e as jaquetas amarrotadas do chão do vestiário e as colocava em cabides e as organizava nas prateleiras por tamanho, seu estômago começou a se revirar. Ele desabou em uma cadeira e só queria chorar. Luís se sentia sobrecarregado e exausto por fazer o trabalho por todos os outros.

POR QUE TEMOS DIFICULDADE EM DIZER NÃO

As pessoas que não conseguem estabelecer limites são grandes candidatas ao *burnout*. Por que é tão difícil dizer não? Identificar os motivos de seu desconforto pode ajudá-lo a entender seus padrões para que, com sorte, você possa mudá-los. A relutância em dizer "não" pode ter origem nas normas sociais, nas reações dos outros ou na imagem que temos de nós mesmos – às vezes, uma combinação das três.

É melhor dar do que receber

As pessoas que trabalham em profissões de ajuda e serviços (incluindo cuidadores pessoais) são altamente suscetíveis ao *burnout*, em parte porque o autossacrifício está implícito no trabalho. Esses campos atraem personalidades que são naturalmente prestativas e generosas, que dizem sim de forma automática quando solicitadas a ajudar. Outra campanha de arrecadação de fundos? Claro, posso organizá-la (mesmo trabalhando 50 horas por semana e tendo três filhos pequenos). Sim, vou assumir aquele turno extra (mesmo estando exausto e precisando desesperadamente dormir). Seria egoísmo recusar, não é mesmo? E ser egoísta é a pior coisa que você pode ser caso se identifique como uma pessoa atenciosa e generosa.

A visão do autossacrifício como virtude nobre é culturalmente arraigada e normalmente inquestionável. Contudo, vale a pena examinar essa noção mais de perto. O ônus do autossacrifício não é compartilhado com igualdade. Os que estão na base abrem mão de suas necessidades com mais frequência do que os que estão no topo. De fato, a doação assimétrica define relações de poder desiguais. Os que estão no topo retratam o autossacrifício como nobre para tornar essa amarga verdade mais palatável e manipular os desfavorecidos para que digam sim de bom grado quando têm todo o direito de dizer não.

As pessoas sem poder são levadas a acreditar que é nobre se sacrificar.

Quando nos preocupamos conosco, não nos deixamos manipular se pudermos evitar. A autocompaixão feroz nos estimula a estabelecer limites e a dizer não, pois nossas necessidades também contam. Pesquisas mostram que pessoas autocompassivas têm menos probabilidade de subordinar suas próprias necessidades às dos outros. Elas também não priorizam suas próprias necessidades – tentam encontrar soluções de meio-termo que considerem as necessidades de todos. Como Prentis Hemphill, CEO do Embodiment Institute, disse com sabedoria: "Os limites são a distância em que posso amar você e a mim ao mesmo tempo". Esse ditado se aplica tanto aos relacionamentos profissionais quanto aos pessoais, embora no trabalho você possa substituir a palavra *amar* por *respeitar*.

É claro que há situações em que o autossacrifício é aceitável: cuidar de crianças com doenças crônicas ou outras necessidades especiais, correr para resgatar alguém preso em um incêndio, ficar acordado a noite toda para conseguir redigir um pedido de financiamento de uma fundação até o prazo final da manhã ou trabalhar em dois empregos para sustentar a família. O que não é apropriado é a mensagem de que nosso valor é derivado apenas de nossa utilidade para os outros. Dizer sim como escolha autêntica nos energiza. Dizer sim porque achamos que *devemos* dizer sim para sermos uma boa pessoa nos esgota.

Temendo as reações dos outros

Mesmo que não nos identifiquemos com o autossacrifício como virtude, a maioria de nós se interessa pelo que os outros pensam a nosso respeito. Alguma vez você já disse sim a um pedido, embora de fato quisesse dizer não, para parecer "legal"? Ou ficou calado quando alguém agiu de forma inadequada porque você não queria ser "rude"? Isso certamente foi o que levou Luís a substituir seus colegas de trabalho e concordar com suas solicitações insanas. Ele tinha tanto medo de não ser apreciado que deixava que os outros passassem por cima dele.

O medo de que as pessoas não gostem de nós se dissermos "não" não é totalmente infundado. Os outros gostam mais de nós quando fazemos o que eles querem que façamos. No entanto, se nunca corrermos o risco de desagradá-los dizendo não às solicitações de nosso tempo e nossa energia e, como resultado, ficarmos esgotados e exaustos, será que vale a pena? Os outros gostam mais de nós quando rimos de suas piadas ofensivas do que quando chamamos sua atenção por causa delas. Porém, se não nos manifestarmos, nosso silêncio pode ser interpretado como validação e incentivo tácito a um mau comportamento no futuro. Mais uma vez, será que vale a pena? Talvez seja melhor os outros gostarem um pouco menos de nós e nós gostarmos um pouco mais de nós mesmos. Em vez de nos preocuparmos com a percepção que os outros têm a nosso respeito, talvez devêssemos nos preocupar com o fato de estarmos saudáveis e realizados. Se gostarem de nós, mas estivermos estressados a ponto de não conseguirmos sair da cama, não ajudaremos ninguém, muito menos a nós mesmos.

Quando somos autocompassivos, não somos totalmente dependentes da opinião positiva dos outros. Nossa autoestima não depende da aprovação social. Isso nos permite escolher a integridade em vez de agradar às pessoas. A autocompaixão feroz nos dá a força e a determinação para dizer "não" quando necessário e estabelecer limites claros entre o comportamento com o qual concordamos e o comportamento indesejado. A autocompaixão terna nos dá apoio e conforto se houver consequências negativas. A autocompaixão é a força que nos impulsiona a permanecer fiéis a nós mesmos.

A autocompaixão nos permite escolher a integridade em vez de agradar aos outros.

É claro que essa é uma questão diferenciada. Desagradar seu amigo que lhe pede para ser babá é diferente de desagradar seu chefe que lhe pede para trabalhar até mais tarde. Como mencionamos, a capacidade de estabelecer limites está entrelaçada com a dinâmica do poder. No mundo real, nenhum de nós poderá se manifestar ou estabelecer os limites exatos que desejamos em todas as situações. Provavelmente, você não vai querer recusar uma solicitação para trabalhar nos fins de semana durante um período de crise, caso possa ser demitido. Talvez a reunião da diretoria para a qual você está redigindo as atas não seja o lugar certo para criticar o comentário ofensivo do CEO. Talvez você decida que, embora esteja cansado de fazer mais do que a sua parte das tarefas domésticas, não vale a pena entrar em mais uma discussão com seu parceiro. *Somente você pode decidir*. Pessoas que vivem na pobreza, pessoas com baixa escolaridade e grupos minoritários oprimidos podem não ter o luxo de estabelecer limites se estiverem lutando pela própria sobrevivência. Esses são fatores reais que precisam ser considerados, e a última coisa que queremos fazer é nos punir por não estabelecermos limites adequados.

Se optarmos por não colocar um limite porque as consequências seriam muito grandes, é importante que saibamos o que estamos fazendo e por quê. Precisamos ter claro em nossa mente e em nosso coração que somos valiosos e dignos de ter nossas necessidades atendidas e que temos o direito de estabelecer limites, mesmo que decidamos que é mais sensato não fazer isso no momento. Infelizmente, com muita frequência caímos na armadilha de acreditar que somos menos importantes do que as outras pessoas, que nossas necessidades e nossos desejos não merecem atenção. Quem sou eu para ter tempo para mim, para descansar, para brincar, para falar, para expressar minha opinião? Quando aceitamos a ideia que nos é vendida pelos poderosos e privilegiados, nos desumanizamos.

A verdade é que todo ser humano tem o direito de ter suas necessidades básicas de proteção, saúde e felicidade atendidas. Com autocompaixão, sabemos o que merecemos, conhecemos nosso próprio valor. Portanto, mesmo que optemos por não estabelecer um limite em determinado caso, mantemos o direito de nos impor no futuro, quando possível. A autocompaixão requer sabedoria ao escolher como, quando, onde e se devemos estabelecer limites para que nossa escolha cause o mínimo de sofrimento possível. Ela nos ajuda a determinar se o estabelecimento de um limite parece certo ou errado, seguro ou inseguro, útil ou prejudicial.

ESTABELECER LIMITES COM A FORÇA DO CUIDADO

A qualidade gentil e protetora da autocompaixão terna prepara o caminho para que sejamos corajosos, tomemos atitudes firmes e estabeleçamos limites claros. É importante que essas duas faces da autocompaixão sejam equilibradas e integradas. Assim como acontece com a raiva, se dissermos "não" de forma rude, insultando ou rebaixando os outros, trabalharemos contra a compaixão. Precisamos de costas firmes e frente suave (apresentadas no Capítulo 10) para podermos nos expressar com firmeza, mas com gentileza. Queremos manter relacionamentos amigáveis e respeitar os outros sem sacrificar nossas necessidades ou nossa verdade. Com a prática, podemos aprender a ter tato, a dizer não e, ao mesmo tempo, respeitar a humanidade dos outros e a nossa própria. Só você pode encontrar a linguagem certa para demonstrar cuidado com os outros e consigo mesmo, mas afirmar seus limites com autocompaixão pode soar mais ou menos assim:

- "Sei que isso pode desapontá-lo, mas isso não vai funcionar para mim no momento."
- "Agradeço por ter me pedido. Não posso fazer isso, mas aqui estão outras opções."
- "Gostaria de ajudar, mas preciso cuidar de mim mesmo dizendo 'não'."
- "Provavelmente você não quis ser ofensivo, mas quando me interrompeu, senti que não estava interessado no que eu tinha a dizer."
- "Cada um de nós tem o direito de expressar suas opiniões, mas eu preferiria que não discutíssemos política neste momento."

Quando nos manifestamos de forma clara e inequívoca ou dizemos "não" (sem rodeios com respostas como "ã-hã, bem..."), podemos nos posicionar de modo que permita que nossa voz seja ouvida. Estabelecer limites é um ato de autocuidado. Ele modela e reforça a mensagem de que, em última instância, somos todos responsáveis por nosso próprio bem-estar e que o autocontrole significa às vezes dizer não. Isso também dá permissão para outras pessoas fazerem o mesmo.

Há prateleiras cheias de conselhos sobre como comunicar limites de forma eficaz (o modelo de comunicação não violenta desenvolvido por Marshall Rosenberg é especialmente útil). Nosso objetivo neste capítulo não é tanto ensiná-lo a estabelecer limites, mas sim explorar como a autocompaixão pode ajudá-lo a deixar de lado algumas das barreiras que impedem essa ação feroz.

A ferramenta a seguir o ajudará a explorar seu desconforto em criar limites. Você não se concentrará em estabelecer um limite nas circunstâncias atuais de sua vida, pois é muito complicado fazer isso e há muitas variáveis a serem consideradas. Em vez disso, será solicitado que pense em uma experiência passada com o estabelecimento de limites e considere como a autocompaixão pode ajudá-lo a abandonar as atitudes limitantes.

FERRAMENTA DE AUTOCOMPAIXÃO 15

Ficar confortável com os limites

Este é um exercício escrito, portanto, pegue caneta e papel ou outra coisa para escrever.

- Pense em uma situação em que você *não estabeleceu* um limite, mas gostaria de tê-lo feito. Se puder, tente se concentrar em uma situação em que a falta de um limite contribuiu para sua sensação de esgotamento. Pode ser algo como concordar com a solicitação de um colega para assumir o trabalho dele quando você já estava sobrecarregado; não dizer nada quando alguém fez comentários grosseiros que o estressaram e aborreceram; ou fazer as tarefas domésticas após um dia de trabalho árduo, embora seu filho adolescente devesse fazê-las. Não escolha uma situação traumática, como alguém sendo abusivo, pois a sensação de sobrecarga pode dificultar a realização da prática.
- Agora pergunte a si mesmo: "O que me impediu de traçar o limite que eu queria?".
  - Você se preocupou com as consequências de traçar um limite? Em caso afirmativo, o que você achava que poderia acontecer?
  - Surgiram pensamentos que o atrapalharam, como "Não seria legal dizer 'não'", "Eu seria excluído do grupo" ou "Seria egoísmo se eu não ajudasse"?
  - Certas emoções o impediram de estabelecer o limite, como medo, culpa, confusão, dúvida?
- Tente ter um pouco de autocompaixão por ter feito o melhor que podia naquele momento e por qualquer coisa que tenha impedido que você estabelecesse esse limite. Escreva algumas palavras que validem e expressem compreensão pelo que aconteceu. O que você diria a um bom amigo que estivesse em uma situação semelhante?
- Agora verifique se você consegue invocar uma energia protetora feroz. Sente-se ereto, incline os ombros para trás e imagine que a energia feroz está fluindo para cima e para baixo em sua coluna. Lembre-se de que suas necessidades também são importantes. Você tem o direito de dizer não! Não há problema em se defender! Você não precisa fazer sempre o que os outros querem; você também pode fazer valer seus próprios desejos. Escreva algumas palavras de afirmação sobre seu direito de se impor.
- Você também pode considerar estas perguntas: É o fim do mundo se as pessoas não gostarem de suas decisões, caso você seja fiel a si mesmo? Sua autoestima depende do que as outras pessoas pensam de você? Escreva as ideias que surgirem.
- Agora imagine: se você pudesse ter feito isso de forma diferente, como teria estabelecido esse limite. Você poderia imaginar fazer isso de maneira firme, sábia, clara e gentil – que respeitasse as necessidades de todos, inclusive as suas? Reserve alguns momentos para pensar no que você teria feito ou dito.

✦ Por fim, como você se sente quando imagina ter estabelecido esse limite? Em especial, você percebe alguma diferença em seus sentimentos de *burnout*?

Quando fez esse exercício, Luís explorou um incidente que o deixou muito chateado. Em uma sexta-feira à noite, o gerente da loja pediu a Luís que deixasse um terno na casa de um cliente do outro lado da cidade. O local não ficava no caminho de Luís para casa, e ele tinha planos para um jantar especial com sua família naquela noite. Luís queria dizer não e sabia que provavelmente não teria sido demitido se o tivesse feito, mas de sua boca saiu "Claro, eu ficaria feliz". Quando ele se perguntou o que o havia impedido de estabelecer um limite, a resposta foi simples. Queria que seu chefe gostasse dele. Achou que não seria bom recusar. Quem seria ele se não fosse o Luís bonzinho? Ele também sentia um profundo medo de rejeição e desaprovação.

No início, Luís ficou envergonhado por ser tão covarde, mas então ele gentilmente colocou a mão em seu coração e disse: "Eu entendo por que foi tão difícil para você. Você só quer ser amado. Todo mundo quer ser amado e aceito. Não há vergonha nisso". Ele relaxou de imediato. Ele também se sentiu bem quando se sentou ereto e pediu um pouco de autocompaixão feroz. Disse em voz alta: "Não vou mais permitir que as pessoas se aproveitem de minha gentileza! Não preciso ajudar todo mundo que me pede. Sou uma pessoa boa e gentil. Se as outras pessoas não gostam de mim como sou, isso é problema delas!".

Luís pensou no que teria feito de diferente se pudesse. Ou o que ele poderia fazer na próxima vez que uma situação como essa surgisse (o que provavelmente aconteceria em breve). Embora pudesse ser satisfatório dizer "Vá se ferrar", ele sabia que isso não era justo. Seu gerente e seus colegas estavam apenas tentando fazer seu trabalho. Em vez disso, talvez algo direto como "Eu gostaria de ajudar, mas tenho um compromisso; desculpe por isso" tivesse sido suficiente. Isso era algo que Luís teria de experimentar. Mas quando ele se imaginou traçando um limite, ficou surpreso com o quanto se sentiu mais energizado e capacitado. Seu trabalho ainda era cansativo e exigente, mas ele suspeitava que seus sentimentos de *burnout* não seriam tão fortes quando ele deixasse de ser um capacho e começasse a ser uma porta que ele poderia escolher abrir e fechar conforme sua própria vontade.

A autocompaixão pode ajudá-lo a valorizar seu eu autêntico a fim de que você se sinta mais à vontade para falar e traçar limites. Especialmente quando nosso trabalho é difícil e desgastante, precisamos guardar nosso tempo e nossa energia com zelo, e isso geralmente significa dizer não. Outra maneira pela qual a autocompaixão feroz pode ajudar a combater o *burnout* é permitir que digamos sim – a nós mesmos. Perguntar a nós mesmos o que precisamos e tomar medidas para atender às nossas necessidades é um aspecto fundamental do autocuidado. No próximo capítulo, examinaremos como a autocompaixão pode nos ajudar a atender às nossas próprias necessidades, começando com as fundamentais, essenciais para a cura do *burnout*.

16

Abastecendo a nós mesmos

Do que eu preciso?

Após criar os limites necessários – uma cerca em torno de seu jardim –, você terá mais espaço emocional para olhar ao redor, observar o que pode nutri-lo e decidir o que plantar. Como adultos, devemos cuidar de nós mesmos porque as outras pessoas nunca saberão com exatidão *do que* precisamos, *quando* precisamos e *como* nos dar. Cuidar de nós mesmos não é egoísmo, é essencial.

O primeiro passo para cuidar de si mesmo é determinar o que você precisa para estar bem. Se você estiver se sentindo esgotado e fizer essa pergunta agora mesmo, observe se sua resposta se assemelha a alguma das seguintes opções:

- "Preciso ficar em meu computador até terminar este relatório!"
- "Preciso me certificar de que minha filha está confortável antes de ir me deitar."
- "Preciso encontrar moradia para essas pessoas antes de sair do trabalho, ou elas ficarão na rua esta noite!"

Essas respostas são louváveis, mas não refletem suas necessidades. Para começar, há uma nítida falta de *você* em todas elas. Todas as respostas se concentram nas necessidades *dos outros* – a necessidade de seu chefe por seu relatório, a necessidade de sua filha por cuidados ou a necessidade de seus clientes sem moradia de um lugar seguro para dormir. Quando a pergunta sobre o que precisamos converte-se de forma automática no que *os outros* precisam de nós, estamos no caminho do *burnout*.

Quando *não* estamos passando por dificuldades, pode ser edificante focar nas necessidades dos outros. Contribuir para a vida das pessoas pode aumentar de maneira exponencial nossa alegria. O Dalai Lama descreve a compaixão como "egoísmo sábio". Todos se beneficiam da bondade e da generosidade quando elas são dadas de graça. Contudo, precisamos nos incluir no círculo da generosidade e descobrir como ajudar os outros sem nos abandonarmos no processo.

Winona, 43 anos, é uma mãe solteira que mora em Albuquerque com sua filha adolescente, Tallulah, que tem síndrome de Down. Ela sabe o que é priorizar as necessidades de outra pessoa em detrimento das suas próprias e pagar o preço por isso. Desde cedo, Winona decidiu dar à sua filha todas as oportunidades de crescer e se desenvolver. Ela deixou seu emprego de tempo integral como assistente social e passou a trabalhar em meio período em um escritório quando Tallulah era pequena, para poder cuidar dela. Isso consumia todo o tempo livre de Winona, para não falar de suas modestas economias. Tudo o que Tallulah queria, Winona providenciava. Por exemplo, Tallulah tinha um fascínio por grampos de cabelo extravagantes – quanto mais reluzentes, melhor. Winona passava horas procurando belos grampos de cabelo na internet e os encomendava para Tallulah, mesmo que às vezes fossem caros. Ela adorava ver o rosto de Tallulah se iluminar de alegria quando um novo grampo chegava pelo correio. No entanto, o dinheiro era escasso, e Winona estava sempre estressada com o pagamento do aluguel e das contas do mês.

O médico de Winona lhe disse que, se ela não controlasse sua pressão arterial, seria uma das principais candidatas a doenças cardíacas, apesar de ser relativamente jovem. No entanto, na mente de Winona, estar sob pressão era um estilo de vida. Se ela não se sentisse exausta no final do dia, achava que não tinha feito o suficiente pela filha. Embora o coração generoso de Winona estivesse mais do que disposto a continuar a bombear amor, seu coração anatômico estava começando a falhar.

Os amigos de Winona perceberam que ela estava ficando sem energia, mas ela rejeitou a sugestão de matricular Tallulah em um centro de repouso administrado por uma instituição de caridade local por uma semana e tirar uma folga. Tallulah não iria gostar disso, pensou ela. Winona era a última pessoa no mundo a se perguntar: "Do que *eu* preciso?".

A PERGUNTA ESSENCIAL DA AUTOCOMPAIXÃO

A compaixão reflete o desejo de aliviar o sofrimento. Portanto, a pergunta essencial da *autocompaixão* é: "Do que eu preciso?".

Você não precisa se perguntar "Do que eu preciso?" usando exatamente essas palavras, mas precisa ter a curiosidade e a inclinação do coração para descobrir o que o está afligindo e pensar no que poderia ajudar. Quando você está esgotado, às vezes é difícil saber do que precisa. Quando você está de fato exausto, pode ser difícil até saber onde estacionou o carro! Também não há problema em não saber do que você precisa. O simples fato de fazer a pergunta nos ajuda a sentir que estamos sendo cuidados. Isso valida a verdade de que nossas necessidades são importantes e dignas de serem atendidas. Ainda assim, você pode obter clareza fazendo a pergunta de maneira mais específica para apontar a direção certa, por exemplo, "**Do que eu preciso...**"

- ☐ **para me sentir seguro?** Preciso me afastar e encontrar alguma privacidade?
- ☐ **para me confortar emocionalmente?** Conversar com um amigo?
- ☐ **para me acalmar fisicamente?** Um banho quente ou algum exercício?
- ☐ **para me encorajar?** Ler um livro inspirador?
- ☐ **para me proteger?** Estabelecer um limite com alguém?
- ☐ **para me abastecer?** Descansar um pouco ou comer alimentos saudáveis?
- ☐ **para entrar em ação?** Fazer uma mudança?

A pergunta essencial da autocompaixão é "Do que eu preciso?".

AFINAL, O QUE SÃO "NECESSIDADES"?

Nem sempre fica claro o que queremos dizer com "necessidades". Os seres humanos podem ter um número ilimitado de "desejos", mas nossas necessidades básicas são relativamente poucas. Em geral, as necessidades estão associadas à sobrevivência. Algumas são *necessidades físicas*, como alimentação, vestuário, abrigo, exercícios e descanso. Além de nossas necessidades físicas, temos *necessidades mentais e emocionais*, como paz de espírito, motivação mental ou alegria. Os seres humanos são programados para se conectarem, e não nos damos bem quando nossos relacionamentos estão com problemas. Portanto, também temos *necessidades relacionais*, como a de sermos aceitos, respeitados, valorizados e amados.

Se nos sentimos esgotados, é provável que muitas de nossas necessidades não estejam sendo atendidas. Talvez não estejamos dormindo o suficiente, talvez não estejamos nos alimentando bem, talvez não nos sintamos seguros ou talvez nos sintamos isolados e sozinhos. Quando somos capazes de identificar uma necessidade não atendida e reconhecê-la como necessidade humana *universal*, é mais provável nos sentirmos no direito de abordar isso, mesmo quando as necessidades das outras pessoas estão em primeiro plano em nossas mentes.

Diferentemente das necessidades, as "vontades" são desejos que não são fundamentais para a sobrevivência. Por exemplo, podemos querer um tipo específico de entretenimento ou um tipo de alimento, mas podemos viver sem eles. Os desejos tendem a ser pessoais, e não universais. Um exemplo é o desejo de Tallulah por grampos de cabelo reluzentes. Os desejos nos dão prazer, e não há nada de errado com isso, mas se confundirmos nossas necessidades e nossos desejos, teremos mais dificuldade em atender às nossas necessidades básicas no pouco tempo que temos disponível.

Uma forma útil de saber a diferença entre necessidades e desejos é colocar a mão sobre o coração quando fizer a pergunta "Do que eu preciso?". *Os desejos surgem do pescoço para cima, e as necessidades vêm do pescoço para baixo*. Podemos ter milhões de desejos, como temos milhões de pensamentos, mas nossas necessidades são relativamente simples e poucas. Se você se sentir exausto no final do dia, colocar a mão sobre o coração e perguntar, de forma gentil e sincera, "Do que eu preciso agora?", é improvável que diga "Um *smartphone* de última geração".

POR QUE NÃO FAZEMOS ESSA PERGUNTA A NÓS MESMOS?

Não é habitual para a maioria de nós perguntar sobre o que precisamos. Um obstáculo comum é sentir que não somos dignos de ter nossas necessidades atendidas. Contudo, como todos os seres humanos, você merece ser feliz e estar livre de sofrimento. Não é egoísmo suprir suas necessidades – é *preciso* para ser um adulto responsável. Além disso, se você se tornar infeliz por ignorar suas necessidades, as pessoas ao seu redor também se sentirão infelizes. Uma coisa que você sempre pode fazer pelos outros é cuidar bem de si mesmo.

Cuidar bem de si mesmo também beneficia os outros.

As raízes do sentimento de desvalor são profundas. Ao nascer, ninguém se sentia indigno, mas talvez você não tenha recebido atenção ou afeto suficiente na infância e concluiu que não merecia consideração e cuidado. As mensagens culturais também podem deixar um rastro de desvalor. Infelizmente, as culturas dominantes validam algumas identidades e desvalorizam outras. Mesmo que seus pais o tenham apoiado totalmente, quando você sai de casa, sua cultura ainda pode proclamar que, de alguma forma, você é menos digno, e você internaliza essas mensagens. Winona, que era da tribo Navajo, teve de lutar contra isso vivendo em Albuquerque, onde a discriminação ainda é um fato da vida, como acontece em muitos lugares.

Em geral, nossas personalidades são moldadas por sentimentos de desvalor. Por exemplo, o perfeccionismo (nunca ser bom o suficiente), a ambição desenfreada (nunca ter sucesso o suficiente) ou o materialismo excessivo (nunca ter coisas suficientes) podem ser interpretados como esforços para convencer a nós mesmos ou aos outros de que somos valiosos e dignos. Infelizmente, a ferida original da falta de amor-próprio é obscurecida por nossos esforços esmerados para provar nosso valor.

Pesquisas mostram que a maioria das pessoas é mais compassiva com os outros do que consigo mesma. Isso se deve, em parte, ao fato de a sociedade nos dizer que é egoísta e autocomplacente focar em nossas necessidades. Para as mulheres, essa mensagem é especialmente forte. Estudos indicam que as mulheres têm menos autocompaixão e mais compaixão pelos outros do que os homens, em parte porque se sentem menos no direito de satisfazer suas próprias necessidades. Conforme mencionado no Capítulo 3, isso não é uma questão de anatomia ou de identidade de gênero (se as pessoas são cisgêneras, transgênero ou não binárias), mas do papel social do gênero. Pesquisas também demonstraram que as mulheres se permitem menos tempo livre do que os homens e se beneficiam menos desse tempo porque não conseguem deixar de se preocupar com outras pessoas.

Às vezes, não focamos em nossas próprias necessidades porque tememos que, ao fazer isso, nos importemos menos com os outros. No entanto, nos cuidarmos não nos tira a capacidade de cuidar dos outros. De fato, pesquisas demonstraram que as pessoas autocompassivas são mais capazes de cuidar dos outros, são mais hábeis em fazer concessões e estão mais dispostas a buscar uma solução em que todos saiam ganhando, equilibrando suas necessidades com as de outras pessoas. Se você não atender às suas próprias necessidades, será muito difícil continuar ajudando os outros, pois ficará esgotado e exausto.

AUTOCUIDADO E AUTOCOMPAIXÃO

Ouvimos tanto o termo *autocuidado* atualmente que talvez você até revire os olhos. Por meio de treinamentos exigidos pelos empregadores e pelos conselhos da mídia popular, somos inundados com exortações para tomar um banho quente após um dia difícil de trabalho, fazer uma caminhada curativa em meio à natureza ou ter uma boa noite de sono. Aulas de ioga? Claro, você pode encaixá-las por volta das 4h da manhã, antes de arrumar o almoço dos seus filhos, preparar-se para o trabalho, examinar suas anotações para a primeira reunião do dia e verificar seu *e-mail*. Ninguém nunca lhe diz *como* encaixar as atividades de autocuidado em sua vida. E pode ser muito difícil tentar, sobretudo quando você está esgotado.

O autocuidado, como o termo é comumente utilizado, refere-se a comportamentos que usamos para nos mantermos saudáveis e evitarmos o sofrimento. Portanto, o autocuidado está sob a égide da autocompaixão. Ele deve ser um princípio orientador de tudo o que fazemos, desde a escolha de nossos amigos até o local em que trabalhamos, o que comemos e como movimentamos nosso corpo. Mas a realidade é que, quando estamos no limite de nossas forças, muitas vezes não temos tempo nem energia para isso.

A autocompaixão é mais ampla do que o autocuidado e inclui a forma como nos relacionamos com qualquer momento de sofrimento mental ou emocional. Na verdade, podemos ter compaixão pelo fato de estarmos exaustos demais para praticar o autocuidado básico. Você não deve se punir por não cuidar de si mesmo, mas deve se perguntar "Do que eu preciso?", mesmo que as circunstâncias o impeçam de tomar as medidas que gostaria. A autocompaixão é uma disposição contínua de agir no interesse de sua própria saúde e seu bem-estar, com base na compreensão de que suas próprias necessidades merecem ser atendidas.

COMO OS TRÊS COMPONENTES DA AUTOCOMPAIXÃO PODEM AJUDAR

Quando queremos saber o que precisamos para aliviar o *burnout*, os três componentes da autocompaixão – autobondade, humanidade comum e atenção plena – podem nos ajudar a cultivar *uma autenticidade gratificante e equilibrada*.

Quando somos gentis conosco, nos preocupamos em *atender* às nossas próprias necessidades. A gentileza proporciona o acolhimento, a validação e o apoio para afirmar que nossas necessidades são importantes. Mesmo quando estamos exaustos, a gentileza é o motor que nos leva a reservar um tempo para nós mesmos se pudermos, ou, no mínimo, a nos estender acolhimento e compreensão quando não pudermos. Atender às nossas necessidades passa a fazer parte de nossa atitude na vida diária, em vez de ser uma meta a ser alcançada em um futuro distante.

A humanidade comum nos permite *equilibrar* nossas necessidades com as dos outros. Para sermos verdadeiramente compassivos, nosso cuidado deve fluir tanto para dentro quanto para fora. Isso nos permite dar um passo atrás, ver o panorama e descobrir o que é justo e viável para todos. Focar demais em nossas próprias necessidades pode levar a uma atitude egocêntrica que prejudica nossos relacionamentos. Focar demais nas necessidades dos outros pode levar a uma atitude de negação de si mesmo que nos esgota. Lembrar a nós mesmos que somos todos humanos, cada um com seu próprio caminho a seguir, nos ajuda a encontrar o equilíbrio certo.

A atenção plena nos permite responder *de forma autêntica* à pergunta "Do que eu preciso?". Ela volta nossa atenção para dentro, facilitando a introspecção. Quando levamos uma vida sem propósito, às vezes seguimos a programação cultural que nos diz que devemos colocar as necessidades dos outros acima das nossas. Ou uma sociedade consumista que nos diz o que devemos querer – mais dinheiro, mais coisas, mais elogios –, mas nada disso traz felicidade duradoura. Pesquisas mostram de modo consistente que um dos principais benefícios da autocompaixão é a maior autenticidade. Quando nos tornamos menos dependentes da aprovação social para nosso senso de autoestima, ficamos livres para agir conforme nossa bússola interior.

A ferramenta a seguir pode ajudá-lo a atender às suas necessidades, explorando os três componentes da autocompaixão. Você já aprendeu variações da pausa para autocompaixão que visam à aceitação terna (Capítulo 6) e à proteção feroz (Capítulo 14). Esta versão foi projetada para evocar a autocompaixão ao atender às nossas necessidades.

FERRAMENTA DE AUTOCOMPAIXÃO 16

Pausa de autocompaixão provedora

- Pense em uma necessidade não atendida em sua vida relacionada ao esgotamento que você gostaria de abordar nesta prática. Talvez você esteja exausto e gostaria de descansar mais, ou sua vida tenha se tornado uma rotina árdua e você gostaria de se divertir mais, ou talvez precise de tempo para refletir sobre uma possível mudança de carreira. Visualize a situação com clareza em sua mente.

- Permita-se sentir quaisquer emoções que estejam surgindo, como tristeza, raiva, medo ou desespero. Faça contato com os sentimentos como uma sensação física ou uma energia.
- Agora comece a desviar sua atenção para ver se consegue nomear uma necessidade humana física, emocional ou relacional que esteja por trás de sua necessidade não atendida, como saúde, descanso, tranquilidade, segurança, paz, alegria ou conexão.
- Em seguida, sente-se de forma que seu corpo fique alerta. Você dirá uma série de frases elaboradas para trazer os três componentes da autocompaixão e ajudá-lo a agir para cuidar de si mesmo. Embora sejam sugeridas palavras, o objetivo é encontrar uma linguagem que pareça natural para você.
- A primeira frase evoca a atenção plena para que você possa se conscientizar do que é verdadeiro para você e reconhecer suas necessidades autênticas. Diga a si mesmo com significado: "Isso é o que eu genuinamente preciso para ser saudável". Outras opções são: "Isso é profundamente significativo para mim" e "Isso é importante para quem eu sou".
- A segunda frase tem o objetivo de ajudá-lo a se lembrar da humanidade comum para que você possa se incluir no círculo da compaixão e equilibrar suas necessidades com as dos outros. Tente dizer a si mesmo: "Todos os seres humanos têm necessidades importantes, inclusive eu". Outras opções são: "Todos nós temos necessidades que merecem ser atendidas" e "Honrarei minhas necessidades e as dos outros".
- Agora, coloque as duas mãos sobre o plexo solar (cerca de 5 cm abaixo da caixa torácica) e sinta o calor no centro das mãos.
- A terceira frase expressa a bondade consigo mesmo, lembrando-o de seu direito de ser satisfeito. Tente dizer a si mesmo algo como "Eu mereço ser feliz e livre de sofrimento". Outras opções podem ser: "Estou comprometido a cuidar de mim mesmo, não importa o que aconteça, todos os dias" e "Farei o que for necessário para me curar e prosperar".
- Se estiver com dificuldade para encontrar as palavras certas, imagine que alguém com quem você de fato se importa esteja se sentindo insatisfeito. O que você diria a essa pessoa para ajudá-la a respeitar suas próprias necessidades e dedicar o tempo e o esforço necessários para se sentir melhor? Agora, você pode oferecer a mesma mensagem a si mesmo?
- Por fim, coloque uma mão sobre o coração e deixe a outra sobre o plexo solar. O convite é para combinar a energia feroz de buscar suas necessidades com a energia terna da aceitação. Você pode agir para se sentir mais realizado e, ao mesmo tempo, perceber que já está inteiro e completo exatamente como é? O desejo de atender às suas necessidades não vem de um lugar de falta ou de deficiência, mas de um coração abundante.

Quando fez essa prática, Winona de imediato pensou na necessidade de reduzir sua pressão alta. E, além disso, percebeu que precisava de descanso e mais diversão em sua vida. Ao utilizar a atenção plena para se conscientizar de como estava estressada, ela percebeu como estava isolada de seu corpo, que pedia ajuda. A frase sobre a humanidade comum – "Todos os seres humanos têm necessidades importantes" – fez com que ela pensasse em sua filha, que tinha necessidades que os outros não tinham. Entretanto, quando Winona disse: "Minhas necessidades também contam" e se visualizou junto com Tallulah, ela pôde sentir o poder dessas palavras. Seu próprio bem-estar estava ligado ao de sua filha. Quando ela colocou as mãos sobre o corpo e trouxe a bondade para si mesma, dizendo: "Eu mereço ser feliz e livre de sofrimento", ficou evidente para Winona que precisava ser saudável e forte não apenas para ser uma boa mãe como também para aproveitar mais a vida.

Na etapa final – integrando a autocompaixão feroz e a terna –, ela se comprometeu, naquele momento, a ligar para o centro de repouso para ver se poderiam ficar com Tallulah por uma semana. A filha poderia se sentir um pouco desconfortável, mas ficaria bem. No momento em que ela tomou essa decisão, todo o seu corpo foi relaxando. Winona começou a tornar a pausa para a autocompaixão parte de sua rotina regular. Os velhos hábitos de autossacrifício começaram a perder a força e, por fim, sua pressão arterial voltou aos níveis normais.

No próximo capítulo, vamos nos basear na satisfação de nossas necessidades e explorar o que traz *significado* para nossas vidas. Em geral, o *burnout* é uma crise de fé em nós mesmos, sobretudo quando corremos o risco de abandonar nossos princípios e nossos valores fundamentais. A cura inclui manter-se fiel aos seus valores fundamentais mesmo quando as circunstâncias da vida estão contra você.

17

Redescobrindo o sentido

Quais são os meus valores essenciais?

Uma das principais características do *burnout* é sentir-se desligado daquilo que é significativo na vida. Mesmo quando não estamos desmaiando de exaustão ou mal-humorados por pular refeições, pode parecer que algo significativo está faltando no final. O que aconteceu com a satisfação que tínhamos com um trabalho bem feito? Onde está o entusiasmo que costumávamos sentir ao trabalhar em equipe com nossos colegas mais próximos? O que aconteceu com o senso de propósito, a realização que vinha do fato de sabermos que estávamos fazendo o que deveríamos fazer, mesmo que nossos dias trouxessem obstáculos e dilemas? Talvez nunca tenhamos percebido como é essencial viver próximo de nossos valores – fazer a coisa certa, no momento certo, com as pessoas certas – até que isso tenha se perdido.

Perguntar "Do que eu preciso?" dá início ao processo de suprir nossas necessidades quando estamos esgotados. A próxima etapa do processo é perguntar "O que eu *valorizo*?" ou, com mais precisão, "Quais são meus valores *essenciais* mais importantes?". Necessidades e valores andam de mãos dadas. Atender às nossas necessidades nos permite sobreviver, e viver conforme nossos valores essenciais faz com que a vida valha a pena.

Quando estamos no limite de nossas forças, nos perguntarmos o que valorizamos na vida pode parecer um luxo inacessível. Mas nos conectarmos com nossos valores essenciais não é um luxo, é uma necessidade. Nossos valores essenciais são fonte natural de força e vitalidade. O fato de nos alienarmos dessa fonte interna é, em parte, o que nos faz sentir tão esgotados e vazios.

Jason, um jovem policial tagarela que gosta de contar histórias, não tem tido muito o que dizer nos últimos meses. Ele tem ficado horrorizado com a atenção que a brutalidade policial tem recebido nos noticiários. Ele também tem sido pressionado pelas discussões que isso causou entre os colegas policiais de sua própria delegacia, a maioria dos quais não era racista e se ressentia de ser retratada como tal, dado o fato de que colocam suas vidas em risco todos os dias.

No entanto, Jason não tinha tanta certeza sobre seu parceiro e mentor, Stan. Quando eles param um carro devido a uma infração de trânsito, ele percebe que Stan faz mais perguntas aos motoristas negros do que aos brancos. Stan também é mais agressivo com os motoristas negros, embora pareça não perceber o que está fazendo. Jason deve dizer algo a seu parceiro, ou isso seria desleal? Ele deveria ficar em silêncio ou estaria apoiando a injustiça de forma tácita?

Não era assim que deveria ser. O pai e o tio de Jason eram policiais aposentados que estiveram no Ground Zero em 11 de setembro. Eles o ensinaram sobre três aspectos essenciais do trabalho policial: a lealdade, a justiça e o dever de proteger. Tais valores desempenharam um papel importante no sonho de Jason de entrar para a força policial, e era extremamente incômodo para ele operar desalinhado desses valores.

O trabalho policial já é perigoso e estressante o suficiente. O fato de que Jason estava perdendo a confiança em seu parceiro tornava tudo ainda mais estressante. Certa manhã, ao fazer a barba, ele vê no espelho os mesmos olhos fundos que às vezes notava no rosto de seu pai, pouco antes de ele se aposentar, aos 60 anos. Jason tem apenas 26 anos. Ele se enche de vergonha ao se imaginar dizendo ao pai que não é capaz. Ele se sente um fracasso.

Dano moral

Quando nossas ações estão em desacordo com nossos valores morais, podemos sofrer danos morais. O *dano moral* refere-se à angústia – tristeza, vergonha, raiva, repulsa – que resulta quando testemunhamos ou nos envolvemos em comportamentos que violam nossos próprios valores morais profundamente arraigados. Ele ocorre quando sabemos qual a coisa certa a se fazer, mas as circunstâncias tornam impossível seguir o curso de ação correto. O dano moral costuma ser traumático e pode ter consequências graves, inclusive estresse pós-traumático, depressão, abuso de substâncias e automutilação. Ele ocorre não somente nas forças militares e policiais como também entre os profissionais da área da saúde ou em campos como a educação, quando restrições como burocracia ou orçamento impedem as pessoas de prestar os serviços necessários. Pesquisas sugerem que o estresse do dano moral pode contribuir para o *burnout*.

RECONECTAR-NOS COM NOSSOS VALORES

As pesquisas mostram que, assim como Jason, temos maior probabilidade de nos criticar e nos culpar quando nossas ações no trabalho estão em desacordo com nossos valores pessoais e morais, resultando em dano moral (ver o quadro intitulado "Dano moral"). Felizmente, a autocompaixão pode nos ajudar a enfrentar o dano moral e a amenizar seu impacto. Como ela funciona? Em vez de nos julgarmos e nos envergonharmos por estarmos fora de sincronia com nossos valores, somos gentis e compreensivos. Percebemos que isso faz parte da condição humana e somos mais capazes de manter as coisas em perspectiva. Entretanto, ter autocompaixão quando estamos esgotados também significa fazer o possível para voltar aos trilhos e viver com integridade.

Viver em alinhamento com nossos valores não apenas reduz o estresse como também proporciona grandes benefícios. Pesquisas demonstram que as pessoas cujas vidas são impregnadas de significado sentem mais contentamento, satisfação, felicidade e alegria; têm melhores relacionamentos e saúde física; e até dormem melhor. Estudos também mostram que viver conforme nossos valores nos ajuda a nos sentirmos autênticos – à vontade em nossa própria pele e conectados com o mundo mais amplo. Quando perdemos o contato com nossos valores essenciais em algum ponto do caminho para o *burnout*, a atitude autocompassiva a ser tomada é nomeá-los e tratar de recuperá-los.

CONHECER SEUS VALORES ESSENCIAIS

Os valores essenciais se tornaram um assunto popular nos últimos anos, sobretudo nas áreas de negócios, educação e psicologia. Por exemplo, os valores essenciais são fundamentais para o modelo de psicoterapia da terapia de aceitação e compromisso (ACT), que compõe grande parte deste capítulo. Os valores essenciais podem ser definidos como as crenças, os princípios e os ideais que definem nossa identidade e orientam nossas escolhas. Eles são nossa "estrela-guia", auxiliando-nos a traçar o curso de nossas vidas.

Há um imenso número de listas de valores essenciais disponíveis *on-line* – uma busca no Google por "lista de valores essenciais" produziu mais de um bilhão de resultados! Se você não tem certeza de quais são seus valores essenciais, explorar uma lista e procurar o que lhe agrada é uma forma de começar. A seguir, você encontrará 60 valores essenciais, extraídos de diversas fontes e listados sem nenhuma ordem específica, para lhe dar uma ideia do que queremos dizer.

No final deste capítulo, você terá a oportunidade de explorar seus próprios valores essenciais no contexto da autocompaixão.

Exemplo de valores essenciais

1. Aventura
2. Humor
3. Paz
4. Beleza
5. Curiosidade
6. Lógica
7. Humildade
8. Lealdade
9. Tolerância
10. Amor
11. Compaixão
12. Prosperidade
13. Intuição
14. Aprendizagem
15. Espiritualidade
16. Cooperação
17. Realização
18. Caridade
19. Igualdade
20. Natureza
21. Equilíbrio
22. Contribuição
23. Dever
24. Integridade
25. Harmonia
26. Criatividade
27. Perdão
28. Cordialidade
29. Fama
30. Serviço
31. Tradição
32. Generosidade
33. Popularidade
34. Responsabilidade
35. Diversão
36. Crescimento
37. Independência
38. Abertura
39. Produtividade
40. Saúde
41. Coragem
42. Sabedoria
43. Competência
44. Autoconsciência
45. Patriotismo
46. Honra
47. Gratidão
48. Autocontrole
49. Prazer
50. Honestidade
51. Poder
52. Racionalidade
53. Segurança
54. Respeito
55. Autocuidado
56. Bondade
57. Autenticidade
58. Família
59. Ética
60. Inteligência

VALORES FUNDAMENTAIS *VERSUS* NORMAS SOCIAIS

Às vezes, os valores que parecem estar nos guiando são, na verdade, normas sociais que nos ensinaram a seguir. Tais normas são regras de comportamento aceitável na sociedade. Valores são crenças sobre o que é importante e podem ou não coincidir com as normas sociais. Por exemplo, "ir à escola" é uma norma, e "crescimento e aprendizado" seria um valor. A "lealdade à família" poderia ser *tanto* uma norma social *quanto* um valor. Às vezes, as normas sociais e os valores entram em conflito. Colin Kaepernick, jogador de futebol americano que se ajoelhou durante a execução do hino nacional, quebrou a norma social de ficar de pé durante o hino. A controvérsia que se seguiu se concentrou no fato de as pessoas acharem que seu ato violava o valor fundamental do patriotismo ou apoiava o valor fundamental da justiça racial. Se você tem um valor essencial em mente e está se perguntando se ele é de fato uma norma social, pergunte a si mesmo se você se sente energizado ao segui-lo. Se a resposta for sim, é provável que seja um valor essencial. Se ele esgotar sua energia, provavelmente é uma norma social.

Talvez você tenha começado a trabalhar no que faz porque achava que "deveria" fazer esse tipo de trabalho, mas seu coração nunca esteve nele. Nesse caso, você pode ter sido motivado por uma norma social e não por um valor essencial. Não há vergonha nisso, mas esse fato pode estar contribuindo para sua sensação de esgotamento. Se quiser recuperar sua vitalidade, é importante entender o que realmente importa para você. Você precisa saber o que é autenticamente seu. Viver conforme nossos valores essenciais autênticos traz à tona o que há de melhor em nós. Como Maya Angelou escreveu: "Se você estiver sempre tentando ser normal, nunca saberá o quão incrível você pode ser".

Os valores essenciais nos dão energia; já as normas sociais geralmente nos esgotam.

METAS *VERSUS* VALORES FUNDAMENTAIS

É difícil se concentrar em qualquer coisa que não sejam metas quando estamos sob pressão de tantas demandas: "O que eu preciso fazer hoje?", "Como posso atingir essa cota ou cumprir esse prazo?", "Por que minha lista de tarefas sempre aumenta em vez de diminuir?". Por necessidade, com frequência dedicamos a maior parte de nossa atenção à realização das coisas, sem parar para considerar *por que* estamos fazendo o que estamos fazendo. Estamos apenas buscando a linha de chegada.

Para permanecer em um rumo que tenha significado para nós, é importante assegurar que sabemos distinguir nossos valores essenciais de nossas metas. As metas são resultados específicos que podemos alcançar por meio de nossas ações, já os valores essenciais são o que motiva e orienta nossas ações. Por exemplo, seu valor essencial pode ser viver uma vida de serviço à humanidade, e uma meta pode ser obter um diploma avançado a fim de desenvolver as habilidades e obter o capital social para servir com maior eficiência. Após obter seu diploma, você pode continuar na direção de sua estrela-guia – o serviço à humanidade. Em outras palavras, as metas podem ser atingidas; os valores essenciais nos guiam até e *depois de* atingirmos nossas metas.

Metas são destinos; valores essenciais são orientações.

As metas também são algo que *fazemos*; os valores essenciais são algo que *somos*. Nossos valores essenciais são o eixo em torno do qual nossa vida gira. Quando as pessoas se reúnem em um funeral, o tema mais consistente do discurso geralmente versa sobre os valores essenciais do falecido. Por exemplo, talvez ele sempre tenha lutado pelos menos favorecidos (valor essencial: justiça social) ou tenha sido irrepreensível ao dizer a verdade (valor essencial: honestidade). À medida que crescemos, podemos nos identificar como criança, adulto ou pessoa mais velha, mas nossos valores fundamentais são quem *realmente* somos.

É interessante observar que não *escolhemos* nossos valores essenciais. Se escolhêssemos, eles provavelmente seriam infiltrados pelas normas sociais. Os valores essenciais são *descobertos*. Nossa experiência vivida nos diz o que é de fato significativo para nós. Porém, após descobrirmos nossos valores essenciais, precisamos nos lembrar deles para não nos perdermos. E se estivermos perdidos, os valores essenciais podem nos mostrar o caminho de volta para casa.

VOLTANDO AO LAR

Explorar nossos valores essenciais traz todo tipo de surpresas. Quando estão esgotadas, algumas pessoas descobrem que a carreira que as está esgotando não reflete seus valores e que foram empurradas para essa linha de trabalho por pais, professores ou amigos bem-intencionados. Outras descobrem que seu trabalho costumava estar alinhado com seus valores, mas não está mais. E, às vezes, descobrimos que o que costumávamos valorizar não é mais tão significativo.

Onde *você está* agora? Algum desses casos a seguir lhe parece familiar?

- Reggie ingressou no curso de medicina porque todos em sua família eram médicos, mas ele percebe que um valor essencial é a *criatividade* e que seu verdadeiro amor na vida é a música.
- Wanda entrou no setor hoteleiro porque um valor fundamental para ela é *conexão social*, mas agora ela está esgotada porque, como gerente de hotel, seus contatos com as pessoas são principalmente para gerenciar reclamações.
- Kumiko é uma bem-sucedida executiva de tecnologia que chegou à posição em que está por meio do desenvolvimento de novos produtos. No momento, ela está presa à gestão de pessoas e respondendo ao conselho de administração. Seu principal valor, que é a *inovação,* está em risco.
- Vlad é um advogado de direito civil que costumava valorizar *o dinheiro e o poder*, mas agora que ele tem filhos, sua carreira não se encaixa em seu valor de *tempo de qualidade com a família*.

Quando descobrimos que nosso trabalho não está alinhado com nossos valores essenciais, talvez seja a hora de fazer uma mudança. Entretanto, não precisamos mudar *tudo* em nossa vida. Pequenas mudanças que refletem nossos valores essenciais podem nos por para cima mesmo quando grandes mudanças não são possíveis. Nos exemplos já apresentados, Reggie começou a colocar música R&B em seu consultório médico. Kumiko iniciou um jantar semanal de *brainstorming* com amigos que estavam trabalhando em seus próprios projetos de TI. Esses pequenos atos de compromisso com seus valores essenciais já fizeram uma grande diferença para eles e podem fazer o mesmo para você.

A ferramenta a seguir o ajudará a se reconectar com seus valores essenciais. Encontrar seu verdadeiro norte não resolverá o *burnout* de uma vez por todas, mas ajudará a guiá-lo no caminho da recuperação. Neste exercício, você começará a se conscientizar do que é mais importante em sua vida – seus valores essenciais – e aprenderá a ser autocompassivo quando *não conseguir* viver segundo seus valores.

FERRAMENTA DE AUTOCOMPAIXÃO 17

Descobrir seus valores essenciais

- Imagine que você está na terceira idade, ou pelo menos de 10 a 20 anos mais velho do que é agora. Você está sentado em um lindo jardim e contempla sua vida. Olhando para o passado, você tem uma profunda sensação de satisfação, alegria e contentamento. Embora a vida nem sempre tenha sido fácil, você conseguiu se manter fiel a si mesmo da melhor forma possível. Quais são os valores fundamentais pelos quais você viveu e que deram sentido à sua vida? (Se desejar, consulte a lista de valores centrais na página 151 para obter sugestões.) Escreva um ou mais valores centrais.
- Agora, escreva todas as maneiras pelas quais você sente que *não* está *vivendo segundo seus valores essenciais* ou como sua vida parece desequilibrada em relação aos seus valores. Por exemplo, talvez você valorize a paz, mas está sempre sendo arrastado para conflitos no trabalho, ou talvez valorize a diversão, mas acha que não tem mais tempo para rir ou brincar.
- Alguma dessas áreas de desequilíbrio pode estar contribuindo para sua sensação de esgotamento e, em caso afirmativo, como?
- Muitas vezes, há obstáculos que nos impedem de viver conforme nossos valores essenciais. Alguns deles podem ser *obstáculos externos*, como não ter dinheiro suficiente ou ter muitas responsabilidades familiares. Se você tiver algum desses obstáculos, anote-os.
- Também pode haver alguns *obstáculos internos* no caminho de viver de acordo com seus valores essenciais. Por exemplo, talvez você não se sinta digno de seguir seus sonhos, talvez não se sinta à vontade para falar ou duvide de si mesmo. Escreva todos os obstáculos internos que você possa ter.

- Agora, considere se a autocompaixão poderia ajudá-lo a *viver conforme seus valores fundamentais*. Por exemplo, ela poderia ajudá-lo a se sentir seguro e confiante o suficiente para ter novas atitudes, arriscar a rejeição ou parar de fazer coisas que são uma perda de tempo? Ou será que a autocompaixão pode incentivá-lo a descansar quando estiver cansado, pois você *merece ter* um tempo para descansar. Ou, ainda, será que um pouco de autocompaixão feroz pode motivá-lo a encontrar um emprego diferente?
- Se houver *obstáculos intransponíveis* para viver segundo seu estilo de vida – por exemplo, obrigações que você simplesmente não pode evitar –, você consegue ter autocompaixão por sua situação atual? Pode oferecer a si mesmo palavras de bondade e compreensão, como faria com um bom amigo? Ou pode se encorajar a perseverar apesar das adversidades e não abandonar seus valores essenciais?
- Por fim, há alguma forma criativa de trazer seus valores para sua vida, mesmo que a expressão deles esteja incompleta? Por exemplo, talvez um valor essencial seja passar tempo na natureza, mas você trabalha em um escritório o dia todo. Você pode cultivar algumas plantas no seu escritório ou se comprometer a fazer uma caminhada na natureza todo fim de semana? Há pequenas coisas que você pode fazer para viver mais alinhado com seus valores? Em caso afirmativo, escreva-as também.

Quando fez esse exercício, Jason não teve problemas para se visualizar como uma pessoa mais velha fazendo uma retrospectiva de sua vida. Seus valores essenciais ainda eram os mesmos – lealdade, justiça e o dever de proteger. Contudo, ele sentiu um peso no estômago quando percebeu que a maneira como seu parceiro tratava as pessoas não estava de acordo com seu valor de justiça. Jason não podia simplesmente separar as ações do parceiro das suas próprias; eles trabalhavam em equipe. O dano moral que ele estava sofrendo se tornava mais doloroso a cada dia que passava. O obstáculo externo que Jason conseguiu identificar foi a cultura predominante e o contexto histórico mais amplo do racismo, que criou mais suspeitas em relação aos negros. Mas o principal obstáculo interno de Jason era seu forte desejo de reconhecimento e aprovação de Stan, o que o impedia de se manifestar.

No início, Jason sentiu-se envergonhado por ser um covarde, mas sentiu compaixão por si mesmo por não ter desafiado Stan. Era natural que ele quisesse manter um bom relacionamento com seu parceiro, e a lealdade também era um de seus valores essenciais. Ele resolveu falar com Stan em particular e de forma respeitosa, de modo a fortalecer o relacionamento deles em vez de afastá-los. Ele também decidiu participar de uma comunidade *on-line* de policiais de seu estado comprometidos com a igualdade racial no policiamento, como um pequeno passo na direção certa.

Em geral, essa exploração dos valores essenciais deixou Jason mais triste, porém mais sábio. Ele disse: "isso me ajudou a crescer". Jason percebeu que a força policial era composta de pessoas como ele, seres humanos imperfeitos, e que seus valores pessoais às vezes poderiam estar em desacordo com os dos outros. Jason sentiu-se confiante de que, independentemente do que acontecesse – mesmo que tivesse de solicitar um parceiro diferente – ele ficaria bem.

A autocompaixão é pessoal; portanto, descobrir seus valores essenciais únicos e autênticos é fundamental para se recuperar do esgotamento. Entretanto, encontrar sua estrela-guia e permanecer fiel a ela enquanto se sente exausto e vazio não é uma tarefa fácil. É útil ter um treinador que o mantenha no caminho certo e o lembre de quem você é. Felizmente, cada um de nós tem uma pessoa assim disponível 24 horas por dia, sete dias por semana. O próximo capítulo mostrará como acionar seu treinador interno para motivá-lo a fazer mudanças em sua vida e explorar todo o seu potencial.

18

Tornando-se um treinador interno sábio

Motivação autocompassiva

Uma vez que nos deparamos com aquele grande buraco em que residiam nosso significado e nosso propósito na vida antes de ficarmos tão esgotados, podemos sentir uma coceira para voltar a agir. Mas pode ser difícil dar o primeiro passo... e o segundo... e o terceiro.

Talvez você queira mudar o trabalho que faz no mundo, mas não sabe ao certo como. Dúvidas sobre seu trabalho podem levar à autodúvida e, antes que você perceba, aquela velha voz familiar de autocrítica já está ecoando em sua cabeça: "Por que você não consegue resolver isso?", "Pare de sentir pena de si mesmo e cresça!".

Em momentos como esse, é útil ter um mentor e um treinador que lhe apoiem. Você precisa ouvir que vai chegar lá que está à altura do desafio, mesmo que não se sinta bem, e que pode fazer mudanças significativas, desde que seja paciente e persistente. Você precisa de críticas construtivas, não de admoestações. Pense em Ted Lasso ou em Obi-Wan Kenobi. Imagine o melhor chefe ou professor que você já teve, ou o seu melhor amigo, aquele que lhe dá a resposta direta, mas nunca com o alto preço de derrubá-lo. Contudo, é difícil mudar velhos hábitos, e estamos mais acostumados a nos estimular com insultos e intimidações. Não percebemos que a autocompaixão é mais eficaz para nos tirar do fundo do poço.

A autocompaixão é melhor motivador do que a autocrítica porque vem do amor e não do medo.

Como roteirista de um *reality show* de TV, Ellie está no limite de suas forças e, quanto mais tempo ela permanece no emprego, mais este parece esmagar sua vida. A carga horária é pesada – ela trabalha em turnos de 12 a 14 horas, seis dias por semana – e não recebe nenhum crédito por escrever (os espectadores presumem que todos os diálogos são espontâneos). Mas a renda é estável, e Ellie conseguiu economizar algum dinheiro. O problema é que, apesar de todos os seus benefícios materiais, esse programa não é o que ela queria fazer – nem um pouquinho. Colocar palavras criadas para promover brigas internas e drama na boca dos participantes não é muito interessante nem desafiador e, com o tempo, Ellie começou a se sentir deprimida. Ela se sente uma fraude por escrever tanta porcaria e sabe que é capaz de fazer um trabalho muito melhor. Ela não havia ganhado um prêmio literário importante na faculdade? Ellie sonha em escrever um ótimo roteiro com base em uma história que ela vem rascunhando há anos. Se ela conseguisse escrever o suficiente para interessar a um produtor, talvez pudesse deixar seu emprego atual e trabalhar no roteiro em tempo integral.

Ellie tenta se convencer a continuar utilizando a vergonha e o deboche. "Você não pode continuar a ser uma escritora de segunda categoria para sempre. Se quiser ser uma escritora de verdade, precisa escrever pelo menos 10 páginas por semana. Você não quer ser uma perdedora esgotada, quer?" Mas Ellie tem dificuldade para escrever até meio parágrafo. No final do dia, ela está tão cansada que não consegue suportar a ideia de abrir o *laptop* e trabalhar por mais um instante. Por isso, ela aumenta a autocrítica, com medo de, caso se deixe levar, ficar presa no inferno dos *reality shows* para sempre.

MAS VOCÊ NÃO VAI AMOLECER?

Assim como Ellie, muitas pessoas resistem à autocompaixão porque têm medo de que isso as faça perder o ímpeto. Elas acham que a autocompaixão significa apenas ser brando consigo mesmo. Isso não é verdade. A autocompaixão concentra-se no alívio do sofrimento. É claro que, às vezes, significa fazer uma pausa ou diminuir o ritmo – sobretudo quando você está exausto e sobrecarregado. No entanto, se em algum momento isso o impedir de seguir em frente para realizar seus sonhos, você estará causando sofrimento, não aliviando.

Quando nos preocupamos conosco, não fazemos isso. O lado terno e receptivo da autocompaixão nos permite ver nosso comportamento com clareza, sem julgamentos, para que possamos reconhecer quando nosso autocuidado está se aproximando de forma perigosa da autocomplacência. O lado feroz e orientado para a ação da autocompaixão então começa a funcionar, levando-nos a despender o esforço necessário para nos ajudar a prosperar e ser felizes.

Inspiração em vez de insultos

Quando nos xingamos com palavrões para tentar nos motivar, como Ellie faz quando olha para uma página em branco, estamos seguindo o manual de treinadores ruins de todos os lugares. Esses técnicos durões acreditam que rebaixar seus jogadores é a única maneira de impulsioná-los a um novo nível de excelência. Isso é porque eles já viram isso funcionar, pelo menos de maneira temporária. Contudo, o fato de gritarem com os jogadores não os motiva a melhorar em longo prazo, se é que o fazem; apenas lhes dá uma injeção de adrenalina para que possam escapar da ira assustadora do técnico.

A crítica severa é uma técnica de treinamento ineficaz, direcionada para fora ou para dentro. Ela nos rouba a energia e a autoconfiança de que precisamos para chegar onde realmente queremos. Também torna mais difícil aprendermos com nossos erros: a vergonha esvazia nosso senso de identidade a ponto de não conseguirmos verificar o que deu errado, tampouco visualizar para onde seguir.

Ter compaixão por nós mesmos quando falhamos nos torna mais capazes de aprender com nossos reveses. Você se lembra do estudo feito com atletas da NCAA discutido no Capítulo 12? Os jogadores treinados para utilizar o *autofeedback* caloroso e construtivo sobre erros em jogos ou rotinas de treinamento foram mais capazes de absorver as informações e usá-las. Como resultado, eles melhoraram seu desempenho atlético. Outros estudos mostram que as pessoas que são autocompassivas tendem a ter uma mentalidade de crescimento em vez de uma mentalidade fixa. Carol Dweck, conhecida psicóloga pesquisadora que estuda a aprendizagem, propõe que as pessoas com uma mentalidade fixa, que acham que suas habilidades são inabaláveis, têm maior probabilidade de ver o fracasso como um sinal de incompetência ou de inadequação. As pessoas com mentalidade de crescimento que acreditam que suas habilidades podem ser aprimoradas tendem a ver o fracasso como oportunidade de aprendizado. Em parte, é por isso que o ensino da autocompaixão aos atletas foi tão eficaz – ele gerou uma mentalidade de crescimento. Isso afastou os jogadores da resposta automática padrão de "Eu falhei, então devo ser um fracasso" para "O que posso aprender com isso?".

A autocompaixão promove uma mentalidade de crescimento e nos permite aprender com nossos erros.

Essa é uma mudança crucial. Mark Williamson, diretor da organização Action for Happiness, do Reino Unido, criou uma forma inovadora de fazer essa mudança. Ele costumava se punir por reflexo a cada passo em falso, chamando a si mesmo de idiota. Agora que aprendeu sobre autocompaixão, ele utiliza um acrônimo simples para se lembrar do que é necessário: "Amigável, Útil, Calmo, Gentil"[1]. Essa é a definição de um bom treinador em quatro palavras simples.

ONDE VOCÊ PRECISA DE ORIENTAÇÃO?

Um dos principais objetivos dos profissionais de *coaching* é descobrir o que os clientes estão tentando fazer e então ajudá-los com isso. O mesmo pode ser dito de bons terapeutas. Quando aconselhamos pessoas com dificuldades, nosso objetivo é ajudá-las a chegar aonde querem. As pessoas consultam treinadores e conselheiros por diversos motivos, como para iniciar um negócio, fazer mudanças na carreira, melhorar a comunicação conjugal ou adquirir uma nova habilidade.

Há algum aspecto de sua vida relacionado ao *burnout* sobre o qual você gostaria de receber orientação?

- ☐ Mudança de carreira?
- ☐ Fazer com que seu trabalho tenha mais ressonância com seus valores?
- ☐ Trabalhar menos horas?
- ☐ Criar um melhor equilíbrio entre vida pessoal e profissional?
- ☐ Lidar com relacionamentos desafiadores?
- ☐ Encontrar tempo para cuidar mais de si mesmo?
- ☐ Aprender a dizer não?

Quando estamos tão exaustos que só queremos nos deitar na cama e cobrir a cabeça com as cobertas, conseguir motivação para fazer uma mudança de vida pode parecer uma tarefa impossível. Felizmente, a sabedoria e a compaixão que residem em todos nós podem servir como um treinador interno de apoio, ajudando-nos ao longo do caminho. Podemos dar uma boa e firme olhada nas circunstâncias que nos levaram a essa confusão e fornecer *feedback* construtivo sobre como sair dela. Também podemos assumir a responsabilidade por nossas

---

[1] N. de T.: Do original *f——ing idiot*: **F**riendly, **U**seful, **C**alm, **K**ind.

contribuições para a situação e sermos solidários e compreensivos à medida que aprendemos a fazer as coisas de outra forma.

MOTIVAR-SE UTILIZANDO OS TRÊS COMPONENTES DA AUTOCOMPAIXÃO

O desejo de aliviar nosso sofrimento nos leva a fazer mudanças em nossa vida, não porque sejamos inadequados como somos, mas porque nos preocupamos conosco e queremos ser felizes. Quando utilizamos a autocompaixão feroz como motivação, temos uma *visão sábia e encorajadora*.

Bondade

O componente de bondade da autocompaixão se expressa como **incentivo** quando você está esgotado. Incentivo não significa mentir para si mesmo que tudo está ótimo mesmo quando não está. Essas mentiras soam vazias, saem pela culatra e só fazem você se sentir pior. A bondade reconhece nossos problemas e nossas limitações, mas o faz com carinho e compreensão. Ela não está interessada em nos derrubar, mas em nos fortalecer. Ela nos incentiva com gentileza a fazer tudo o que pudermos para melhorar nossa situação, confiando que vamos nos sustentar se cairmos. Ela estabelece a sensação de segurança de que precisamos para assumir riscos, inspirando-nos a seguir nossos sonhos de crescimento e de descoberta. Também proporciona coragem e determinação diante dos obstáculos, de modo que, quando somos derrubados, podemos nos levantar e tentar outra vez.

Humanidade comum

O senso de nossa humanidade comum vem em forma de **sabedoria** quando tentamos motivar mudanças. Reconhecemos que ser humano significa cometer erros, equivocar-se, falhar e ficar travado. Quando nos esquecemos de nossa condição humana, inconscientemente acreditamos que *não devemos* lutar e que há algo de errado conosco quando o fazemos. Ficamos tão sobrecarregados com os sentimentos de vergonha e de culpa que acompanham o fracasso que não conseguimos ver com clareza, o que inibe nossa capacidade de aprender e crescer.

Aqui é útil distinguir entre julgamento severo e discernimento. O julgamento severo envolve uma rotulação limitada e inflexível de nós mesmos como "bons" ou "ruins". O discernimento com sabedoria identifica o que está funcionando e o que não está, o que é saudável ou prejudicial, mas faz isso com pleno conhecimento dos fatores complexos e dinâmicos que influenciam a situação. Podemos julgar nossos desempenhos ou nossas realizações como bons ou ruins sem levar as coisas para o lado pessoal. Só porque falhei não significa que eu seja, de alguma forma, "um fracasso". Ao enquadrar nossa experiência no contexto mais amplo do que significa ser humano, obtemos percepções e conhecimentos que nos ajudam a seguir em frente.

Atenção plena

A atenção plena proporciona foco e **visão** quando estamos tentando nos recuperar do *burnout*. A exaustão nos faz sentir como se nossa cabeça estivesse em um nevoeiro. Mas precisamos estar cientes do que está acontecendo, como chegamos lá e para onde estamos indo se quisermos melhorar nossa vida. Quando paramos de resistir à realidade do *burnout*, temos mais condições de obter a clareza e a perspectiva necessárias para traçar um novo caminho. Quando prestamos atenção à nossa experiência no momento presente, podemos imaginar como as coisas poderão se desenrolar no futuro. A atenção plena é como uma luz brilhante que nos permite ver para onde estamos indo. Ela nos ajuda a manter nossa meta de cura e recuperação sem nos distrairmos com as vozes em nossa cabeça que nos dizem que não somos capazes de mudar.

A autocompaixão proporciona a visão sábia e encorajadora que sempre esteve disponível para você, mas que ficou escondida durante o *burnout*. Eis, a seguir, uma ferramenta que pode ajudá-lo a manter contato com essas qualidades de autocompaixão quando estiver tentando se motivar a aprender e crescer de forma significativa.

FERRAMENTA DE AUTOCOMPAIXÃO 18

Pausa de autocompaixão motivadora

- Pense em uma meta que você gostaria de alcançar e que poderia auxiliar a reduzir sua sensação de esgotamento. Talvez você queira um novo emprego ou negociar com seu chefe mais apoio ou menos horas de trabalho; ou cuidar melhor de seu corpo exercitando-se mais, ou melhorar sua comunicação com um membro da família de quem você cuida.
- Que sentimentos surgem quando você pensa em tentar alcançar essa meta – frustração, decepção, medo, confusão ou talvez vergonha? Entre em contato com as emoções como sensações físicas em seu corpo.

- Certifique-se de que sua postura esteja ereta e de que não esteja curvado. Coloque os ombros para trás.
- Eis algumas frases que você pode dizer em silêncio para si mesmo, criadas para trazer os três componentes da autocompaixão, para que você possa tentar se motivar a atingir sua meta com incentivo e apoio. Como sempre, o objetivo é encontrar uma linguagem que faça sentido para você e lhe pareça natural.
- A primeira frase traz a atenção plena, de modo que você tenha uma visão clara do que gostaria de alcançar e dos benefícios que o alcance da meta traria para você. Tente dizer a si mesmo lentamente e com convicção: "É isso que eu quero para mim". Outras opções são: "Essa meta é importante para mim" e "Isso me traria felicidade".
- A segunda frase apela para a sabedoria da humanidade comum. Lembrando que todos nós ficamos travados, falhamos e cometemos erros, mas aprendemos com nossa experiência. Tente dizer a si mesmo: "Aprender com o fracasso faz parte de ser humano". Outras opções incluem "É normal errar antes de acertar" e "O crescimento geralmente é lento e confuso".
- Agora, ofereça a si mesmo um gesto de apoio, como colocar uma das mãos no ombro oposto ou dar uma batidinha no peito com o punho fechado para sinalizar incentivo.
- Imagine que dentro de você há um treinador sábio, solidário e eficaz que tem algumas palavras de incentivo para lhe dar. O que esse treinador gentil diria? "Eu acredito em você", "Eu vou apoiar você" ou "Apenas dê o seu melhor e veja o que acontece".
- Há alguma crítica construtiva ou *feedback* útil que seu treinador interno poderia oferecer?
- Se estiver com dificuldades para encontrar as palavras certas, imagine que está orientando alguém que tem um objetivo semelhante e que quer apoiá-lo na realização de suas metas. O que você diria? Como seria o seu tom de voz? Você ofereceria alguma crítica construtiva? Agora, você pode oferecer a mesma mensagem a si mesmo?
- Por fim, permita que a energia feroz da visão sábia e encorajadora se combine com a energia terna da aceitação incondicional de si mesmo. Queremos atingir nossas metas não porque somos inadequados, mas por querermos aliviar nosso sofrimento. Podemos nos esforçar ao máximo para atingir nossos objetivos, mas o ponto principal é que não há problema se não conseguirmos. Somos amados e queridos exatamente como somos neste momento.

Realizar essa prática foi como uma injeção de ânimo para Ellie. Ela sabia o que queria fazer, mas era muito difícil escrever seu roteiro enquanto trabalhava no *reality show* em tempo integral. Entretanto, ela havia economizado dinheiro suficiente para viver por cerca de seis meses, então, em teoria, poderia tirar uma folga do programa pelo resto da temporada e se dedicar a escrever em tempo integral. Essa ideia a entusiasmava, mas também a aterrorizava. Era como pular de um penhasco.

Primeiro, ela utilizou a atenção plena para ganhar perspectiva e disse com calma: "Esta é a visão que tenho de mim mesma". Ellie sabia que isso era possível para ela, sobretudo porque podia usar suas economias. Ela só precisava se concentrar e manter os olhos no prêmio.

Contudo, foi o fato de explorar a sabedoria da humanidade comum que de fato mudou as coisas. Ellie percebeu que, de forma inconsciente, estava caindo na armadilha da autossabotagem. Seu emprego atual lhe dava uma desculpa para não escrever o roteiro. Ela queria tanto ser uma boa escritora que não se atrevia a se expor, caso não fosse. No entanto, a percepção de que nunca aprenderia a arte de escrever roteiros sem se esforçar ao máximo fez com que ela superasse o medo do fracasso.

Ellie colocou a mão esquerda sobre o coração para se confortar do medo que sentia e utilizou a mão direita para dar uma batidinha com o punho fechado. Parecia um pouco sentimentaloide e artificial, mas estranhamente reconfortante.

Ela começou a se encorajar um pouco, assim como o professor que a havia ajudado a ganhar aquele prêmio literário, dizendo-se: "Ei, Ellie. Sei que é assustador, mas dar esse salto é a única maneira de você se tornar a escritora que sempre sonhou ser. Sim, seu roteiro pode ser rejeitado no início. É assim que funciona. Esperamos que você receba um bom *feedback* para que possa melhorar seu trabalho. Sua ideia de história é boa, e você tem talento natural. Agora você só precisa aprimorar sua arte".

Quando disse isso, Ellie ouviu uma vozinha assustada sussurrar: "Mas e se eu não tiver talento? E se eu não tiver o que é preciso?". Trazer a autocompaixão terna de fato a ajudou nesse momento. Ela deu um abraço em si mesma e disse: "Sabe, Ellie, não tem problema se você nunca conseguir ser roteirista. Eu a amo, seja você talentosa ou não! Quero que tente porque acredito em você e quero que dê o melhor de si. Mas se não der certo, não vou amar você menos". Essa garantia incondicional deu a Ellie uma enorme sensação de segurança. E também de liberdade. Ela simplesmente daria o seu melhor e pagaria para ver. Poderia até ser divertido!

Motivar-nos com compaixão é como dar água e fertilizante às plantas – isso nos ajuda a crescer e prosperar. Esse incentivo contínuo cultiva uma mentalidade de boa vontade e benevolência. Na prática tradicional de meditação budista, a boa vontade é chamada de *prática da bondade amorosa*. No próximo capítulo, você aprenderá a fortalecer os músculos da bondade amorosa e a falar consigo mesmo de forma calorosa e solidária ao longo do dia. Essa receptividade pode ajudar a combater os efeitos debilitantes do *burnout*.

19

Boa vontade, não sentimentos bons

Cultivando a bondade amorosa

Às vezes, nos dizem que, para aliviar a nuvem carregada do *burnout*, precisamos pensar de forma positiva. A psicologia popular promete que nossos sonhos de nos sentirmos melhor se tornarão realidade se apenas nos olharmos no espelho e repetirmos algumas palavras de afirmação positiva, como "Todos os dias, em todos os sentidos, estou ficando cada vez mais forte". NÃO! Em seu estado de esgotamento, você acreditaria nessa balela? Arjun certamente não acreditaria.

Arjun é um terapeuta respiratório veterano. Ele está em boa forma física, mas mental e emocionalmente não está muito bem. Desde a covid-19, ele tem sido levado ao limite, não apenas pelas horas extras que teve de trabalhar como também pelo impacto emocional causado pela pandemia. Ele viu a vida de tantas pessoas se esvair, apesar de seus melhores esforços para manter o oxigênio fluindo para os pulmões delas. Tantos pacientes com covid longa sofrendo com pulmões cicatrizados ou episódios recorrentes de falta de ar. E, apesar de todas as vacinas, parece que essa doença veio para ficar.

Arjun tenta dar esperança a seus pacientes ao encarar seus olhos suplicantes. Ele sorri e age como se tudo fosse ficar bem, mesmo sabendo que isso talvez não aconteça. Essa falsa alegria parece ajudar algumas pessoas, mas não está funcionando para ele. Arjun sente-se estranhamente distante de seus pacientes, como se os estivesse observando por trás de uma parede de vidro. Ele não se sente mais capaz de fazer seu trabalho. Está exausto e não consegue dormir à noite. Em outras palavras, está esgotado, e muito. Arjun costumava ser um cara feliz e otimista.

Ele quer encontrar uma forma de voltar a ser o que era antes da covid-19, mas não consegue descobrir como chegar lá.

Fingir que estamos felizes não faz com que isso aconteça. Dizer a nós mesmos que nos sentimos de determinada forma quando não nos sentimos é como se estivéssemos sendo psicologicamente manipulados – e pela pessoa em quem mais deveríamos confiar, nós mesmos. "Eu estou bem, você está bem" pode soar como um reconhecimento de nossa humanidade comum, mas não é autocompaixão se for baseado em uma mentira. *Ninguém que esteja esgotado está bem.*

As afirmações positivas dizem: "Eu estou bem, você está bem".

A autocompaixão diz: "Eu não estou bem, você não está bem... mas tudo bem!"

Não queremos fingir que as coisas estão indo bem quando sentimos que estamos nos afogando. Tentar mudar a realidade só adia o processo de cura. Não podemos mudar a realidade deste momento – independentemente dos feitiços, das varinhas mágicas e dos coelhos que tirarmos da cartola. E, no entanto, isso também não significa que devemos ficar tristes com tudo isso.

Pesquisas mostram que pessoas autocompassivas tendem a ser mais esperançosas e otimistas do que as que são frias consigo mesmas. Isso se deve ao fato de que, quando temos compaixão por nossas dificuldades no presente, geramos boa vontade em relação a nós mesmos, o que faz com que o futuro pareça mais luminoso.

CULTIVANDO A BONDADE AMOROSA

Há uma forma de treinamento de boa vontade que existe há séculos, chamada *meditação da bondade amorosa*, na qual uma série de frases é repetida para cultivar a amabilidade conosco e com os outros. Não está a um milhão de quilômetros da prática de afirmações positivas, mas em vez de dizer "Eu sou (preencha este espaço em branco)" como forma de manifestar o estado desejado, o que potencialmente cria uma divergência em relação à verdade, dizemos "Que eu (preencha este espaço em branco)" para expressar nossas intenções positivas para nós mesmos. As frases tradicionais incluem:

Que eu esteja seguro.
Que eu seja feliz.
Que eu seja saudável.
Que eu possa viver com tranquilidade.

Essas frases são como desejos ou bênçãos. Repetimos frases de bondade amorosa para cultivar intenções benevolentes em vez de estados de humor específicos. A bondade amorosa concentra-se no *desejo* de saúde e bem-estar. Reconhecemos o quanto nos sentimos mal, mas também o desejo de nosso coração de nos sentirmos melhor. Frases de bondade amorosa como "Que eu seja feliz" têm o objetivo de evocar boa vontade, não bons sentimentos.

A prática da bondade amorosa pode parecer contraintuitiva. É outra iteração do paradoxo da autocompaixão (consulte o Capítulo 9): nós nos damos compaixão não para nos sentirmos melhor, mas porque não estamos bem. Se praticarmos a bondade amorosa com a expectativa de nos sentirmos melhor, estaremos resistindo à realidade, e aquilo ao que resistimos persiste ou se torna mais forte. Em vez disso, desejamos o bem a nós mesmos, apesar de estarmos sofrendo, e essa benevolência nos ajuda a lidar com a dor e, por fim, superá-la.

DIFERENÇA ENTRE BONDADE AMOROSA E AUTOCOMPAIXÃO

A bondade amorosa e a autocompaixão são dois lados da mesma moeda. Ambas são expressões de carinho e de cuidado, mas a autocompaixão refere-se de maneira específica ao cuidado em meio ao sofrimento (*passion* em latim significa "sofrimento"). A bondade amorosa refere-se à boa vontade de modo mais geral e não está necessariamente focada no sofrimento. Ela inclui emoções positivas, como alegria e felicidade, e olha tanto para o futuro quanto para o presente. Um monge birmanês certa vez disse o seguinte: "Quando a luz do sol da bondade amorosa encontra as lágrimas do sofrimento, surge o arco-íris da compaixão".

Mas calor é calor: bondade amorosa e compaixão andam de mãos dadas. Pesquisas mostram que a prática da meditação tradicional da bondade amorosa aumenta a autocompaixão e que a prática da autocompaixão aumenta a alegria e a felicidade. Essa é uma boa notícia, pois às vezes não queremos focar em nosso sofrimento. Quando estamos exaustos, talvez seja preciso uma pausa em nossos problemas e nossos conflitos. Ao cultivar a bondade amorosa, podemos melhorar nosso humor sem negar nossa dor. É como tomar sol na praia (sem a necessidade de protetor solar!).

COMO FUNCIONA A BONDADE AMOROSA?

Pense na prática da bondade amorosa como um exercício na academia para os músculos do coração, que ficaram atrofiados com a experiência do *burnout*.

O estresse do nosso trabalho faz com que nos afastemos da vida e nos fechemos em uma concha. Os sentimentos de desconexão e de apatia que fazem parte do esgotamento são indicadores de que nosso coração se fechou para se proteger. Ao estabelecermos nossa *intenção* de cultivar a boa vontade, mesmo que não a estejamos sentindo de forma plena, podemos começar a reverter a situação.

Há um conto hassídico comovente que ilustra como funciona a prática da bondade amorosa. Um discípulo pergunta ao seu rabino: "Por que a Torá nos diz para 'colocar essas palavras sobre nosso coração'? Por que ela não nos diz para colocar essas palavras sagradas dentro do nosso coração?" O rabino responde: "É porque, do modo como somos, nosso coração está fechado, e não podemos colocar as palavras sagradas no nosso coração. Então, nós as colocamos sobre ele. E lá elas ficam até que, um dia, o coração se parte e as palavras entram".

Nossas intenções nos movem, como o maquinista de uma locomotiva puxando um trem que leva nossos pensamentos em um vagão, nossas emoções em outro vagão e nossos comportamentos em um terceiro. Se não definirmos nossa intenção de nos recuperarmos do esgotamento, podemos ser arrastados por um trem desgovernado sem condutor: trabalhamos mais e por mais tempo, negamos a nós mesmos o descanso e o reabastecimento de que precisamos e começamos a atacar a nós mesmos e aos outros por pura frustração. Somos arrastados por forças que parecem estar além do nosso controle.

Mas você pode colocar a boa vontade como seu condutor, trazendo consigo pensamentos, emoções e comportamentos mais saudáveis. Quando diz a si mesmo: "Desejo que você esteja bem", você começa a acreditar que é digno de estar bem. Isso o ajuda a se sentir seguro e amado. Você pode, então, começar a agir de forma a ajudar a combater o esgotamento, como estabelecer limites ou atender às suas necessidades. Mas nada mudará a menos que você estabeleça a intenção de se curar.

Como traçar um novo rumo exige esforço, e sua energia está baixa quando você está esgotado, a bondade amorosa deve ser o mais fácil possível. É por isso que é útil encontrar frases de boa vontade bem simples, que você possa invocar ao longo do dia. E mesmo que você não se lembre de dizer as palavras, o simples fato de estabelecer a intenção de oferecer a si mesmo palavras de bondade já é um grande passo. Não há problema em apenas repeti-las, se isso for tudo o que você consegue fazer. Esse não é um momento formal.

Repetir frases de bondade amorosa determina sua intenção de curar-se, quer você se sinta de fato bondoso e amoroso ou não.

Quando repetimos frases de bondade amorosa, mesmo que não as estejamos sentindo, não estamos apenas colocando nossas intenções na direção certa, também estamos combatendo velhos hábitos. Em outras palavras, não estamos fazendo o que costumamos fazer – manter o foco em como as coisas estão horríveis. Ser brevemente interrompido da ruminação é uma pausa na espiral descendente de negatividade em que muitas vezes ficamos presos, e qualquer pausa é útil para combater o *burnout*.

COMO CRIAR FRASES DE BONDADE AMOROSA

As frases que escolhemos para praticar a bondade amorosa devem ser profundamente significativas para nós e chegar ao cerne da resposta à pergunta mais amorosa de todas: "Do que eu preciso?". A autenticidade é fundamental. Se utilizarmos frases que não reflitam o que de fato importa para nós, proferi-las parecerá tão vazio quanto dizer "Tenha um bom dia!" no final de uma ligação telefônica.

É útil definir algumas frases que você possa memorizar e repetir com facilidade, mas elas não precisam ser fixas. Você pode mudar suas frases sempre que quiser. A ferramenta a seguir o ajudará a encontrar frases que permitam que seu coração descanse.

Sugestões para encontrar frases significativas de bondade amorosa

- Escolha frases que não sejam apenas autênticas, mas também simples, claras e gentis.
- Pense em encontrar frases de bondade amorosa, como escrever poesia, trazendo a atitude de amabilidade utilizando palavras evocativas que sejam especificamente significativas para você.
- Seja generalista em vez de específico. Em vez de "Que eu consiga um novo emprego que tenha menos horas de trabalho", tente frases mais amplas como "Que eu possa viver com tranquilidade".
- Escolha frases que pareçam como se você estivesse entrando em um banho quente ou tomando banho de sol em uma praia. Como a água ou o sol, as frases fazem todo o trabalho, e tudo o que você precisa fazer é estar presente. Uma boa frase de bondade amorosa é aquela que permite que o coração descanse.
- Escolha frases que não causem nenhum conflito em sua mente. Por exemplo, em vez de "Que eu esteja livre do estresse", escolha algo mais realista, como "Que eu tenha momentos de paz todos os dias".

FERRAMENTA DE AUTOCOMPAIXÃO 19

Encontrar frases de bondade amorosa

O objetivo desta prática é encontrar algumas frases de bondade amorosa que sejam poderosas e pessoalmente significativas. Essas frases podem ser repetidas em silêncio durante a meditação, faladas em voz alta no chuveiro, escritas em notas adesivas ou sussurradas enquanto você caminha para o trabalho. Elas podem ser utilizadas em qualquer lugar e a qualquer momento, como um lembrete de que você se importa consigo mesmo. Uma vez memorizadas, as frases também podem surgir de maneira espontânea quando for necessário no dia a dia para lhe trazer conforto, apoio ou incentivo.

Tente dizer as frases lentamente e com boa vontade. O *tom* que você usa para dizer as frases é muito importante. É como falar com um bebê ou com um animal de estimação querido, que responde mais à *forma como* você fala do que ao *que* você diz. A pressa – tão presente no esgotamento – é desnecessária e pode criar uma sensação de tensão.

Do que eu preciso?

- Para começar, coloque uma mão sobre o coração ou em outro lugar e sinta seu corpo respirar com suavidade. Depois, pare um momento e permita que seu coração se abra suavemente – para se tornar receptivo – da mesma forma que uma flor se abre ao sol quente.
- Concentre-se em seus sentimentos de esgotamento. Agora pergunte a si mesmo: "Do que eu preciso? Do que eu realmente preciso?", e permita que a resposta surja de forma natural dentro de você: que ela seja uma necessidade humana *universal* que não esteja sendo atendida, como a necessidade de ser "valorizado", "saudável", "pacífico", "conectado" ou "seguro". O que você sente que está faltando quando experimenta o estresse e o esgotamento do *burnout*?
- Escreva o que surgir para você.
- As palavras que você descobriu podem ser utilizadas exatamente como são – por exemplo, "preciso de apoio" ou "preciso de descanso" – ou você pode reescrever suas necessidades como desejos para si mesmo. Por exemplo:
    - "Que eu tenha estabilidade."
    - "Que eu tenha paz."
    - "Que eu seja corajoso."
    - "Que eu confie em mim mesmo."
    - "Que eu possa deixar o medo de lado."

O que eu preciso *ouvir*?

- Agora, considere uma segunda pergunta: "O que eu preciso ouvir dos outros? Que palavras desejo ouvir porque, como uma pessoa que está sofrendo de *burnout*, eu realmente preciso ouvir palavras como essas?". Abra a porta de seu coração e espere as palavras chegarem. Pergunte-se: "Se eu pudesse, que palavras gostaria que fossem sussurradas em meu ouvido todos os dias – tanto agora, enquanto me sinto assim, quanto após sair do esgotamento – pelo resto da minha vida?". Palavras que podem fazer você dizer "Oh, obrigado, obrigado" toda vez que as ouvir. Permita-se ficar vulnerável e aberto a essa possibilidade, com coragem.

- Escreva o que você está ouvindo.
- Mais uma vez, as palavras que você escreveu podem ser usadas exatamente como estão, ou você pode reescrevê-las como desejos para si mesmo. Com frequência, as palavras que gostaríamos de ouvir de outras pessoas refletem qualidades que gostaríamos de concretizar em nós mesmos, e podemos escrever frases que expressem esse desejo. Por exemplo:
    - "Eu te amo" pode se tornar o desejo "Que eu saiba que sou digno de amor".
    - "Eu vou ajudar e apoiar você" pode se tornar o desejo "Que eu possa cuidar bem de mim mesmo".
    - "Você é uma boa pessoa" pode se tornar o desejo "Que eu saiba que sou uma pessoa que merece compaixão".
    - "Você é importante para mim" pode se tornar o desejo "Que eu saiba que eu importo".
- Analise o que escreveu e escolha uma ou duas frases que de fato tenham ressonância para você. Reserve um momento para memorizar tais palavras ou frases.
- Agora, experimente-as para ver como elas se comportam dentro de você. Comece a dizer suas frases diversas vezes para si mesmo, lenta e suavemente, como se estivesse sussurrando-as no ouvido de uma pessoa querida. Tente ouvir as palavras de dentro para fora, permitindo que elas ressoem dentro de você, ocupem espaço e preencham seu ser.
- Por fim, solte gentilmente as frases, permitindo que essa prática seja exatamente como foi e que você seja exatamente como é.

Em sua busca por frases significativas de bondade amorosa, Arjun percebeu que o que ele de fato precisava era se sentir menos sobrecarregado pela morte e pela debilitação crônica. Então, ele escreveu que precisava de "paz" e "alegria". Depois, ele transformou isso em desejos: "Que eu tenha paz e alegria". Mas isso parecia pedir demais, então ele modificou a frase para "Que eu viva em paz e com alegria sempre que possível".

Quando ele pensou no que queria ouvir dos outros, ouviu em alto e bom som: "A culpa não é sua!". Isso o surpreendeu. Embora intelectualmente ele soubesse que estava fazendo tudo o que podia para ajudar em uma situação impossível, emocionalmente se sentia culpado e responsável. Ele queria acreditar com fervor que podia fazer milagres e se culpava por não ser capaz de fazer isso.

Arjun compreendeu que precisava reconhecer seus limites e o fato de não poder ter controle sobre certas coisas. Desse modo, ele criou a frase de bondade amorosa "Que eu me lembre de que sou apenas humano e estou fazendo o melhor que posso".

Ele começou a repetir essas duas frases diversas vezes:

Que eu me lembre de que sou apenas humano e
estou fazendo o melhor que posso.

Que eu viva em paz e com alegria sempre que possível.

A princípio, Arjun não se sentiu diferente. Ele se sentia tão abatido e esgotado como sempre; mas as palavras pareciam se adequar bem a ele. Então, Arjun começou a utilizá-las no trabalho. Ele fazia uma pausa do lado de fora do quarto dos pacientes para repetir suas frases de bondade amorosa antes de entrar. Por fim, ele começou a sentir seu próprio cuidado e sua simpatia, o que lhe proporcionou momentos de paz e alegria. Ele começou a ser mais solidário consigo mesmo e a se lembrar com mais frequência de que era um ser humano em um trabalho muito difícil, fazendo o melhor que podia. Agora, quando Arjun está com um paciente em um respirador, ele às vezes aperta as mãos dele e de maneira silenciosa ele pensa "Que seu coração esteja em paz". Como se pudessem ler sua mente (embora provavelmente estejam apenas reagindo ao seu comportamento amoroso), os pacientes geralmente apertam as mãos de Arjun em sinal de gratidão.

Embora a prática da bondade amorosa não cultive de forma direta emoções positivas, elas são um subproduto natural da boa vontade. A bondade amorosa faz isso sem encobrir as emoções difíceis. Estamos apenas abrindo nossos corações, intencionalmente, para o que vier. Outras maneiras de abrir o coração e gerar emoções positivas sem negar a dor são as práticas de saborear e de gratidão, as quais são o foco do próximo capítulo.

20

Pequenos prazeres

Saboreando o que é bom

O estado de *burnout* está repleto de pensamentos e emoções negativas: estresse, desesperança, torpor, sobrecarga e sentimentos de incompetência. Não há alegria de viver em nosso corpo exausto. Não é de admirar que acabemos nos fechando em resposta a tudo isso. Mas, infelizmente, como diz o ditado, quando fazemos isso é como jogar fora o bebê junto com a água da banheira. Não nos desconectamos apenas das emoções negativas, nos desconectamos também das positivas.

O efeito mais devastador do *burnout* provavelmente não é a dor da exaustão e a do esgotamento, mas a perda do prazer de viver. Não sorrimos nem damos risada com a mesma frequência de antes. Não sentimos prazer em nosso trabalho ou em ajudar os outros como antes. Não sentimos muito de nada, inclusive a alegria da criatividade ou de novas descobertas. Nossa vida pode se tornar monótona e sem cor.

Morgan é um artista gráfico de Seattle que costumava adorar seu trabalho: a criatividade e a habilidade que ele exigia, o desafio de projetar uma imagem que inspirasse o espectador. Era divertido como desenhar com giz de cera quando criança. Contudo, agora Morgan trabalha longas horas em uma empresa de publicidade em um escritório sem janelas conhecido como "o porão" (embora fique no terceiro andar). A demanda dos clientes por imagens é incessante e incrivelmente estressante. Ao chegar no trabalho, Morgan é recebido por *e-mails* urgentes exigindo uma atualização sobre o andamento de projetos com prazos que estão quase expirando. Ele se preocupa com sua capacidade de produzir imagens digitais novas que possam chamar a atenção de um público cada vez mais cansado (sobretudo após um *feedback* recente dizendo que seus envios estavam "um pouco obsoletos").

O que de fato está deixando Morgan desanimado é o quanto o trabalho se tornou entediante. Ele cumpre as tarefas do dia como um robô e, em casa, senta-se em frente à TV em um estado igualmente robótico. Embora tenha opções – os amigos sempre o convidam para ir ao bar local para ouvir um novo cantor/compositor, por exemplo –, no final do dia sua vista só alcança até onde está o controle da TV. Qualquer outra coisa é um esforço muito grande. Desse modo, Morgan se distrai até pegar no sono, levanta-se na manhã seguinte e sai para mais um dia de trabalho no temido porão.

A cura do *burnout* não é simplesmente uma questão de reverter o impacto do estresse. Precisamos de felicidade e de diversão, não apenas para acelerar o processo de cura como também para criar uma vida plena no futuro. Mas essa pode parecer uma tarefa impossível quando vemos as coisas tão cinzentas e sombrias.

O VIÉS DA NEGATIVIDADE

Infelizmente, nossos cérebros são programados para prestar atenção aos problemas devido a uma herança evolutiva chamada *viés da negatividade*. No início da história humana, os nossos ancestrais que ficavam em alerta máximo para o perigo tinham mais probabilidade de sobreviver e transmitir seus genes do que os que relaxavam na brisa fresca enquanto um bando de hienas se aproximava sorrateiramente. Por esse motivo, o cérebro moderno é como velcro para as informações negativas e *teflon* para as positivas, como nosso amigo Rick Hanson gosta de dizer. Se a informação não tiver valor imediato para a sobrevivência, tendemos a ignorá-la.

Em geral, o viés da negatividade está em alta quando estamos esgotados. Focamos estritamente em nosso estresse, nossa exaustão e nossa sensação de desconexão ou de incompetência, a ponto de não conseguirmos ver mais nada. Talvez não percebamos o fato de que estamos com a saúde relativamente boa, que temos um teto sobre nossas cabeças ou que temos pessoas em nossas vidas que se importam conosco. O prazer, a alegria e a felicidade podem parecer estranhos à medida que nossa percepção da realidade se torna cada vez mais cética.

Embora não queiramos fingir felicidade, para sermos realistas, devemos prestar atenção ao que está certo e ao que está errado em nossa vida. A verdade é que a vida é sempre um equilíbrio entre luz e escuridão, mas, devido ao viés de negatividade do *burnout*, a luz geralmente é relegada às sombras.

ENTRAR NA PSICOLOGIA POSITIVA

Desde a virada do milênio, o movimento da psicologia positiva tem enfatizado a necessidade de cultivarmos de forma intencional pensamentos e emoções positivas para neutralizar o viés da negatividade. Esse viés também costumava prevalecer no campo da psicologia, com a maioria das pesquisas sendo feita sobre estados mentais negativos, como ansiedade ou depressão. Agora, cada vez mais pesquisas estão sendo feitas sobre os benefícios dos estados mentais positivos, como felicidade e satisfação com a vida, e o importante papel que desempenham na saúde mental.

Barbara Frederickson, uma das pioneiras da psicologia positiva, cunhou o termo *ampliar e construir* para captar os benefícios das emoções positivas. Focar nas informações negativas restringe nossa atenção às possíveis ameaças à nossa sobrevivência; já focar em emoções positivas amplia nossa perspectiva. Quando reconhecemos o que há de bom em nossa vida, nos sentimos mais seguros e relaxados. Isso nos permite ser curiosos e reconhecer oportunidades em potencial que podem estar logo ali na esquina. Isso é água fresca? Essas frutinhas são comestíveis? Quando expandimos nosso foco dessa forma, incentivamos o aprendizado, o crescimento e a diversão. Criamos nossos recursos de enfrentamento por meio da inovação e da criatividade.

Mesmo no atoleiro do *burnout*, podemos prestar atenção às experiências positivas. Podemos reservar um momento para perceber quando um colega exibe um sorriso caloroso, quando um trabalho vai bem ou quando uma refeição está deliciosa. Pequenas mudanças de perspectiva podem transformar nosso cenário interno e restaurar o equilíbrio, ajudando a nos energizar e reabastecer. Não se trata de colocar óculos cor-de-rosa; é uma questão de olhar para o mundo com lentes claras outra vez. Essa clareza pode nos ajudar a tirar proveito das possíveis portas de saída do *burnout* que antes eram obscuras. Talvez possamos mudar de emprego, conversar com alguém ou encontrar maneiras criativas de relaxar em nosso dia atarefado. No mínimo, podemos combater o pinga-pinga de negatividade que parece ter tomado conta de nossas vidas.

Prestar atenção às experiências positivas não é colocar óculos cor-de-rosa, mas voltar a ver com lentes claras.

A AUTOCOMPAIXÃO CRIA EMOÇÕES POSITIVAS

Pesquisas mostram que um dos benefícios da autocompaixão é que ela neutraliza o viés da negatividade e gera emoções positivas, como felicidade e satisfação com a vida. A compaixão em si é uma emoção positiva – ela nos dá energia e nos ajuda a nos sentirmos conectados aos outros. Mesmo que (por definição) ela seja uma forma de se relacionar com o sofrimento, a autocompaixão é uma sensação boa. Quando somos gentis conosco e nos lembramos de que não estamos sozinhos, experimentamos sentimentos positivos de cuidado e de pertencimento, além de nossos sentimentos de angústia. É um processo alquímico que transforma a dor em uma experiência na qual nosso coração está aberto e fluindo com amor.

A autocompaixão é considerada parte do movimento da psicologia positiva porque é uma força e um recurso que melhora nossa vida. Estudos indicam que as pessoas autocompassivas tendem a ser mais esperançosas e otimistas do que as que são severas consigo mesmas. Elas são mais abertas, curiosas e direcionadas ao crescimento e ao aprendizado. Os pesquisadores também descobriram que as pessoas que praticam a bondade amorosa, conforme descrito no Capítulo 19, sentem mais amor, alegria, gratidão, contentamento, esperança, orgulho, interesse, prazer e admiração. Ao utilizar as ferramentas fornecidas neste livro para combater o *burnout*, você estará automaticamente combatendo o viés da negatividade. Contudo, há duas outras maneiras de cultivar intencionalmente emoções positivas que ensinamos como parte do programa MSC: gratidão e saborear.

GRATIDÃO

A gratidão é uma questão de perceber e apreciar as dádivas que recebemos. Ela envolve o reconhecimento de muitos fatores, grandes e pequenos, que contribuem para o que há de bom em nossa vida. Podemos ser gratos pelas pessoas que tornam as coisas melhores – como a família e os amigos; ou funcionários públicos, como socorristas, educadores ou mesários. Podemos ser gratos por nossa saúde, nossa capacidade de ver, falar, cheirar, ouvir e nos mover. A gratidão pode ser inspirada por características de nossa cultura, como arte e música, literatura, ciência, medicina ou avanços tecnológicos, como eletricidade, carros, telefones ou computadores.

A gratidão é a sabedoria do coração.

Quando somos gratos, reconhecemos a interdependência das coisas, eliminando a ilusão de que somos separados. Reconhecemos as inúmeras causas e as condições que se uniram para criar nossa vida como a conhecemos. Em geral, as pessoas pensam que a gratidão é algo agradável, como escrever um bilhete de agradecimento. Isso diminui a profundidade da gratidão. Praticar a gratidão é de fato o cultivo da sabedoria. Trata-se de ver a complexidade do mundo com os olhos do amor.

A gratidão também é uma emoção positiva. Observe como seu humor se transforma de maneira instantânea quando você deixa de reclamar da dor nos pés e passa a ser grato pelo fato de conseguir andar (reconhecendo implicitamente que muitas pessoas não o conseguem). Isso não é um esforço para ignorar ou negar o fato de que seus pés doem, mas relaciona as coisas com um contexto maior. Isso amplia sua perspectiva para que você reconheça ao mesmo tempo que (1) seus pés doem e (2) você é grato por poder andar. Dessa forma, a gratidão nos permite ir além do foco estreito no que está errado e expandir nosso foco para incluir a apreciação pelo que está funcionando bem em nossas vidas.

Não é de surpreender que as pesquisas mostrem que a prática regular da gratidão eleva as pessoas, aumentando o bem-estar emocional e físico. Ela aumenta a felicidade, a esperança, a vitalidade e a satisfação com a vida. Em especial, estudos sugerem que indivíduos em empregos de alto estresse que têm níveis mais altos de gratidão apresentam níveis mais baixos de *burnout* – sobretudo em termos de exaustão, desinteresse e ceticismo.

Então, como praticar a gratidão? Um método simples é dedicar alguns minutos todas as noites antes de dormir e pensar em dez coisas – uma para cada dedo – pelas quais você é grato. Podem ser coisas óbvias, como a sua família, ou coisas em que geralmente não pensamos, como água quente, zíperes ou saber escrever. Focar de forma intencional nos aspectos bons de sua vida, que não fazem parte da experiência do *burnout*, pode evitar que você seja dominado por emoções e pensamentos negativos. Isso não demanda muito tempo, mas pode produzir uma mudança drástica em sua perspectiva emocional e em seus níveis de energia.

SABOREAR

Saborear pode ser chamado de *permissão para desfrutar*. Saborear é algo experiencial e envolve sentir prazer de forma consciente nas coisas. Significa reconhecer as experiências que nos dão alegria, permitir que sejamos atraídos por elas, permanecer nelas para que nos conectemos com os bons sentimentos que geram e depois deixá-las ir. Pense em tomar seu sorvete favorito: digamos que seja de chocolate. Se você fizer isso no piloto automático enquanto navega pelo celular, talvez nem sinta o gosto. Mas se você saborear a experiência, prestará atenção total ao aroma, à textura e ao sabor, permitindo-se saborear cada colherada. Você come devagar para prolongar o prazer e depois segue em frente, sentindo-se satisfeito ao terminar.

Quando estamos exaustos, há tanta pressão para que façamos tudo às pressas, exceto aquilo que contribui para terminar nosso trabalho, que acabamos perdendo o prazer de viver. Saborear neutraliza essa pressão. Isso é fácil e requer apenas uma mudança de intenção. Você consegue encontrar momentos em seu dia para sentir prazer de maneira consciente em coisas simples como essas?

- ☐ Acaricie com suavidade suas mãos e perceba os formigamentos em sua pele (você pode tentar isso agora mesmo).
- ☐ Olhe para fora de sua janela, verifique se há algo bonito e permita-se realmente apreciar sua beleza.
- ☐ Coma algo que você goste, sentindo o sabor, o cheiro e a textura do alimento.
- ☐ Brinque com seu filho ou com seu animal de estimação, dando a si mesmo permissão para se divertir.
- ☐ Tome um banho quente de banheira ou ducha, deliciando-se com a água quente correndo sobre seu corpo nu.
- ☐ Veja algumas fotos de férias que você tirou e relembre algo especialmente maravilhoso da viagem.

Há algo de prazeroso na maioria das experiências se reservarmos um tempo para procurá-las e nos conectarmos mais demoradamente com a alegria que elas proporcionam. Não é uma perda de tempo – muito pelo contrário. Especialmente quando estamos esgotados, esses pequenos momentos de prazer podem ser um salva-vidas e fornecer um antídoto essencial para a escuridão gerada por nosso viés de negatividade. A ferramenta a seguir pode auxiliá-lo a ficar atento e a saborear o que é prazeroso em seu ambiente, mesmo que isso esteja encoberto pela nuvem do *burnout*.

FERRAMENTA DE AUTOCOMPAIXÃO 20

Caminhada para sentir e saborear

Esta prática pode ser realizada em qualquer lugar – em um parque, enquanto caminha para o trabalho ou em seu quintal. Embora seja melhor praticá-la ao ar livre, na natureza, você também pode realizá-la em um espaço interno atraente ou interessante.

- Reserve 15 minutos para caminhar em silêncio, observando e apreciando todos os objetos bonitos ou interessantes com os quais entrar em contato – a casca de uma árvore, as nuvens no céu, uma pintura pendurada na parede, uma criança segurando a mão de um dos pais.
- Brinque com a perspectiva, ora focando em coisas pequenas, como uma formiga, e ora focando em coisas grandes, como a linha do horizonte.
- Permita-se ser atraído e apreciar cada objeto utilizando todos os seus sentidos – visão, olfato, som, tato... talvez até o paladar.
- O objetivo não é "tentar" se divertir ou fazer com que algo aconteça. Em vez disso, toda vez que encontrar algo agradável ou prazeroso, deixe-se levar por ele. Aprecie-o de verdade. Sinta a textura de um graveto ou ouça o estalar de uma folha. *Entregue-se* à experiência como se ela fosse a única coisa que existisse no mundo.
- Quando você perder o interesse e quiser descobrir algo novo, deixe ir e aguarde até encontrar algo que seja atraente e encantador para você. Seja como uma abelha que voa de flor em flor. Quando se sentir satisfeito com uma experiência, passe para a próxima.
- Quantas coisas bonitas, atraentes ou inspiradoras você percebe quando está caminhando? Você gosta do aroma da grama recém-cortada, do sol quente, do formato de uma pedra, de um rosto sorridente, do canto de um pássaro, da sensação da terra sob seus pés?
- Não tenha pressa, vá devagar e observe o que acontece.
- Após os 15 minutos, verifique como seu humor mudou. Você notou algo novo ou inspirador? Você se sente animado?
- Você não precisa parar de saborear após 15 minutos, é claro. Se quiser, pode fazer essa prática pelo resto de sua vida.

Morgan ficou intrigado quando ouviu pela primeira vez, por meio de um amigo, sobre a caminhada para sentir e saborear. Como morava a 20 minutos de caminhada do escritório, ele tentou realizar essa prática enquanto ia para casa depois do trabalho. Ele notou que havia uma macieira em plena floração e ficou maravilhado com o rosa profundo das flores e com a extensão suntuosa de seus galhos. Pegou uma pedra e ficou surpreso com o fato de que ela tinha pequenos pontos brilhantes que refletiam a luz ao serem colocados contra o sol. Sentiu-se inspirado pela arquitetura de um prédio antigo no estilo Art Déco. Morgan sentiu-se como uma criança, percebendo as coisas como se fosse a primeira vez. Após cinco minutos saboreando dessa forma, ele já se sentiu mais leve.

Após algumas semanas realizando a prática de saborear, Morgan acordou certa manhã com lágrimas nos olhos e disse em voz alta: "Esqueci como era a alegria". Não que de repente ele tivesse se apaixonado, ganhado um cachorrinho ou acertado na loteria. O que fez ele se lembrar foi perceber a brisa soprando com suavidade as cortinas, trazendo o presente do sol quente do início da manhã.

O que de fato impressionou Morgan foi o aumento da criatividade que a prática de saborear lhe proporcionou. Sempre que ficava travado no *design* de uma imagem, ele olhava para o ambiente em busca de inspiração: uma bela fotografia na mesa, o cheiro da comida tailandesa que o colega estava comendo, a peculiaridade inteligente do relógio do gato Felix. Esse simples ato de se concentrar e apreciar algo agradável muitas vezes dava o pontapé inicial no processo criativo e lhe trazia de volta a capacidade de brincar e se divertir.

Embora o trabalho de Morgan continuasse estressante e a pressão ainda fosse cansativa, ele sentia que tinha uma perspectiva melhor de tudo isso. Começou a priorizar momentos de diversão como parte essencial de sua rotina e aceitava o convite de sair para ouvir uma boa música. Morgan trouxe um pouco de cor de volta à sua vida ou, de maneira mais precisa, começou a perceber as cores que já estavam presentes. Isso fez uma enorme diferença, trazendo-lhe felicidade e bem-estar, e ele então reconheceu que a prática de saborear a vida foi importante para que saísse do *burnout*.

Embora a maioria das pessoas perceba de modo intuitivo o valor da prática de saborear ou agradecer, com frequência nos concentramos em coisas que apreciamos no ambiente ou em outras pessoas. Entretanto, quando estamos esgotados, precisamos voltar nosso foco também para dentro, para aprendermos a saborear e ser gratos por nossas próprias qualidades positivas. No próximo capítulo, exploraremos a prática da autoapreciação, parceria essencial à prática da autocompaixão, na qual redescobrimos nossa própria bondade.

21

Conhecer nossos pontos fortes

A prática da autoapreciação

O viés da negatividade – perceber o que está errado em vez de o que está certo – funciona de forma especialmente poderosa quando olhamos para nós mesmos. Quando nos olhamos no espelho, tendemos a ver o que não gostamos, e não o que *gostamos*. Isso é verdade para todos nós, mas se adicionarmos a isso o *burnout*, esse espelho se tornará especialmente distorcido. Uma das principais características do *burnout* é o sentimento de incompetência. As emoções negativas que experimentamos devido ao estresse no trabalho dão as cores à nossa percepção de nós mesmos. A sensação de ruptura que define o *burnout* exacerba a tendência natural de nosso cérebro de focar em nossos pontos fracos, de modo que podemos nos perceber como irremediavelmente falhos e inadequados. Embora seja importante considerar onde poderíamos fazer mudanças e melhorias (consulte o Capítulo 18), o exagero nos deixa com uma imagem distorcida da realidade. Precisamos reconhecer nossos dons, bem como nossos déficits, para ver nossas capacidades de forma clara e precisa.

Imagine fazer uma avaliação de desempenho e receber 16 comentários positivos (trabalho árduo, perseverança, lealdade, inteligência, humor, maturidade, etc.) e um negativo (tem dificuldade para cumprir prazos). É provável que você passe de forma rápida por cima dos comentários positivos – eles não são problemas que precisam ser corrigidos – e fique obcecado com o único comentário negativo. Ruminar sobre suas deficiências pode fazer com que você se perceba como um fracassado que não consegue fazer nada certo, mesmo que sua avaliação de desempenho tenha sido extremamente positiva.

Ter uma visão focada nos pontos fracos funciona diretamente contra o crescimento e o aprendizado. Isso inibe a sua capacidade de acessar com precisão o *feedback* e as informações necessárias para tomar medidas eficazes. Isso também torna mais difícil aproveitar seus pontos fortes e utilizá-los a seu favor.

Jamal tem oito anos de trabalho duro no Corpo de Bombeiros de Chicago como técnico em emergências médicas (EMT). Ele é habilidoso no que faz e já salvou muitas vidas. Apesar dos turnos de 12 horas e da ação constante, ele costuma ser calmo, perspicaz e corajoso mesmo nas piores situações. Ele sabe como fazer uma piada no momento certo para aliviar a tensão. Os outros paramédicos olham instintivamente para Jamal em busca de tranquilidade e apoio quando começam a se descontrolar em uma ocorrência; atrair a atenção dele e receber um aceno de cabeça encorajador os ajuda a voltar a salvar vidas.

Ultimamente, porém, a fachada calma de Jamal tem apresentado algumas rachaduras. Ele tem tido dificuldade para dormir e vem tendo *flashbacks* de um acidente de carro horrível que matou uma família inteira. Ele tem dificuldade de concentração e tem se mostrado excepcionalmente nervoso e ansioso. O conselheiro do departamento acha que Jamal está sofrendo de *burnout* causado por estresse pós-traumático e recomendou que ele parasse de sair a campo, pelo menos por um tempo.

Essa ideia horroriza Jamal ainda mais do que seus pesadelos. Ele se sentiria um covarde se não pudesse estar na linha de frente. Ele quer estar lá fora salvando vidas, mas seus nervos à flor da pele contam uma história diferente. Jamal sente que não tem mais nada a oferecer ao departamento e está pensando em se desligar, ignorando completamente sua inteligência e suas habilidades de liderança.

CELEBRANDO NOSSAS QUALIDADES POSITIVAS

Quando somos compassivos com nossas inadequações percebidas, evitamos entrar em uma espiral de estados mentais negativos, como a depressão. Mas a autocompaixão não é suficiente para nos tirar do *burnout*. Também precisamos reconhecer de forma pró-ativa nossos pontos fortes e nossas competências. Um corolário importante da autocompaixão é a autoapreciação, que envolve o foco e a celebração de nossas qualidades positivas. Pense na autoapreciação como gratidão e apreciação voltadas para dentro.

Autoapreciação significa que honramos a metade do nosso copo que está cheia, além de termos compaixão pela metade que está vazia. Reconhecemos o que *não* está quebrado. Reconhecer as boas qualidades que deixamos de lado pode nos ajudar na recuperação do esgotamento, lembrando-nos dos diversos recursos internos disponíveis para nós. Se não reconhecermos nossos pontos fortes e pensarmos apenas em nossos pontos fracos, como saberemos do que somos capazes? Como podemos nos recuperar se não conseguimos identificar o melhor caminho a seguir?

A autoapreciação envolve voltar a gratidão e o prazer em saborear para dentro.

Segundo a teoria de ampliar e construir emoções positivas discutida no Capítulo 20, focar em nossos pontos fortes nos permite ir além de um foco restrito nos problemas para que possamos aproveitar as oportunidades que talvez não tenhamos percebido. Considere o caso de Jamal, que está pensando em deixar o corpo de bombeiros porque não pode mais sair a campo. Se ele valorizasse seus pontos fortes, poderia buscar um cargo de gerência no departamento que fosse adequado para ele. Contudo, focar em suas próprias qualidades positivas faz Jamal se contorcer.

Embora pareça que deveria ser agradável nos deleitarmos com nossas boas qualidades, isso pode ser desconfortável. Você se encolhe ou cora quando alguém o elogia, gaguejando um protesto? Reconhecer seus pontos fortes faz com que você se sinta uma fraude? Você se sente estranho ao pensar em suas boas qualidades? Se for este o caso, você não está sozinho.

POR QUE A AUTOAPRECIAÇÃO É TÃO DIFÍCIL?

Ironicamente, apreciar os aspectos positivos de nós mesmos pode ser mais difícil do que ter compaixão pelos negativos. Isso não é apenas o viés da negatividade em ação. Outro motivo pelo qual isso é desafiador é o fato de a autoapreciação ser tão pouco familiar. Estamos acostumados a nos sentir mal em relação a nós mesmos, e o manto da inadequação pode ter se tornado tão confortável quanto um suéter já muito usado. A incompetência pode ser tão central em nosso senso de identidade que focar no que fazemos bem e no motivo pelo qual temos valor pode parecer assustador. Não queremos deixar de lado o diabo que conhecemos,

Quando nossos pontos fortes parecem estranhos para nós, é mais difícil invocá-los quando precisamos de sua ajuda.

por isso nossa autoimagem negativa luta para sobreviver. Porém, se não estivermos familiarizados com nossos pontos fortes, como poderemos utilizá-los de forma eficaz quando necessário?

Outro fator que inibe a autoapreciação é termos medo de nos colocarmos em um pedestal do qual podemos cair. Se já estivermos no chão, não poderemos cair mais. Se reconheço minha sabedoria, diligência ou integridade, corro o risco de decepcionar a mim mesmo e aos outros quando não demonstro essas características. Confundimos o reconhecimento de nossas boas qualidades com dizer que somos perfeitos e que nunca cometemos erros. Essa é uma percepção equivocada. A realidade é que acertamos em algumas coisas e erramos em outras; essa é a condição humana. Tanto a luz quanto a escuridão são verdadeiras.

Um dos principais motivos pelos quais as pessoas se sentem desconfortáveis com a autoapreciação é que elas a confundem com presunção. Jamal com certeza

Identificando seus pontos fortes

Diversos pontos fortes de caráter estudados no campo da psicologia positiva parecem ser valorizados em todas as culturas. Algum dos itens a seguir descreve você?

- ☐ Criatividade: pensar em maneiras novas e produtivas de conceituar ou fazer as coisas.
- ☐ Curiosidade: interessar-se pela experiência por si só; explorar e descobrir.
- ☐ Mente aberta: examinar as coisas por todos os lados; não tirar conclusões precipitadas.
- ☐ Amor pelo aprendizado: dominar novas habilidades, tópicos e campos de conhecimento.
- ☐ Sabedoria: observar o mundo de uma forma que faça sentido para você e para as outras pessoas.
- ☐ Coragem: não se esquivar de desafios; defender o que é certo.
- ☐ Perseverança: persistir em um curso de ação apesar dos obstáculos.
- ☐ Integridade: falar a verdade; agir com sinceridade; assumir a responsabilidade por suas ações.
- ☐ Amor e cuidado: valorizar as relações íntimas e a intimidade, ser gentil e prestativo.
- ☐ Inteligência social: saber como se adaptar a diferentes situações sociais.
- ☐ Trabalho em equipe: fazer contribuições e ser leal a um grupo ou uma equipe.
- ☐ Equidade: tratar todas as pessoas da mesma forma, conforme os princípios de justiça.
- ☐ Liderança: organizar atividades em grupo e inspirar outras pessoas.

foi vítima dessa noção. "Meus pais me ensinaram a não me gabar", ele costumava dizer. Nascido em uma família que valorizava a humildade e a modéstia, Jamal é humilde até demais. Quando seus colegas de trabalho elogiam seu comportamento calmo em meio ao caos ou lhe dizem que ele é um modelo a ser seguido, Jamal normalmente os ignora ou faz uma piada porque não quer parecer convencido. Mas ser presunçoso significa acreditar que somos melhores do que os outros. A autoapreciação simplesmente reconhece que temos pontos fortes e fracos, assim como todo mundo. A humildade que se recusa a reconhecer nossas boas qualidades é tão falsa quanto a arrogância que se recusa a reconhecer nossas deficiências.

Para complicar a situação, todos temos um desejo inato de ser amados e especiais. Segundo o filósofo e psicólogo William James, "O princípio mais profundo da natureza humana é o desejo de ser apreciado". Mas é solitário estar no topo! Quando confundimos autoapreciação com egotismo, isso cria uma sensação de separação na qual tanto queremos (ser especiais) quanto não queremos (sentir que estamos isolados dos outros). Esse conflito interno é exaustivo e pode contribuir para o estresse e o esgotamento.

É importante reconhecer que a autoapreciação é um trabalho interno. Tem a ver com a maneira como nos relacionamos conosco em nossas mentes e corações, e não necessariamente com o que dizemos aos outros. Não precisamos nos vangloriar de nossas boas qualidades para os outros, sobretudo se isso pode parecer errado. Mas também não devemos ir na direção oposta e fingir que nossos pontos fortes não existem. O ideal é que possamos ser autênticos, o que inclui reconhecer as maneiras pelas quais nos destacamos.

Como Marianne Williamson escreve em seu livro *Um retorno ao amor*:

> Pensar pequeno não serve ao mundo.
>
> Não há nada de iluminado em se encolher para que as
> outras pessoas não se sintam inseguras perto de você.
>
> Todos nós fomos feitos para brilhar, como as crianças...
>
> E quando deixamos nossa própria luz brilhar,
>
> inconscientemente damos permissão para que outras pessoas façam o mesmo.

Somos mais eficazes em superar o *burnout* quando escolhemos estratégias de enfrentamento que estejam alinhadas com nossos pontos fortes pessoais. Por exemplo, fazer uma pausa e considerar todas as opções possíveis antes de realizar mudanças relacionadas ao trabalho pode ser mais benéfico para aqueles que são bons em pensar de forma estratégica do que para aqueles que são melhores em agir com ousadia. Por esse motivo, vale a pena considerar quais os nossos pontos fortes pessoais.

VALORIZAR NOSSOS PONTOS FORTES COM OS TRÊS COMPONENTES DA AUTOCOMPAIXÃO

Os três elementos centrais da autocompaixão – atenção plena, humanidade comum e autobondade – desempenham um papel importante na valorização de nossos pontos fortes. Combinados, eles nos permitem reconhecer nossas capacidades e desenvolvê-las de forma que possamos reabastecer nosso copo e nos recuperar do *burnout*.

Consciência plena significa ver nossas qualidades positivas como elas são, sem ignorar ou exagerar o que existe. A prática da atenção plena pode nos libertar das respostas automáticas do cérebro, como o viés da negatividade, para que não consideremos nossos pontos fortes como garantidos. Assim como a autocompaixão, a atenção plena é o primeiro passo para a autoapreciação: precisamos *perceber* o que é bom antes de podermos apreciá-lo. Quando estamos exaustos e deprimidos, pode parecer assustador perceber nossas boas qualidades, mas são necessários apenas alguns momentos para reconhecer intencionalmente a verdade do que está funcionando e do que está danificado.

Reconhecer a humanidade comum tira o "eu" da autoapreciação, fazendo com que ela pareça mais confortável e conectada. Isso evita sentimentos de superioridade e identifica nossos pontos fortes como parte da condição humana. Todo mundo tem boas qualidades, algumas das quais podem ser incomuns (como um intelecto excepcional ou uma destreza física) e outras que podem ser mais comuns (como o cuidado com a família). Além disso, o reconhecimento de nossa humanidade comum nos permite reconhecer outras pessoas ou eventos que nos ajudaram a desenvolver nossas boas qualidades. Quando contextualizada em relação à humanidade compartilhada, a autoapreciação nos auxilia a nos sentirmos parte de um todo maior.

A gentileza é o que nos leva a honrar nossa própria bondade, assim como faríamos com um amigo de quem gostamos. Não há nada como se sentir verdadeiramente visto, e a autoapreciação permite que sejamos vistos e amados em toda a nossa glória. Sem negar nossa imperfeição, celebramos as qualidades únicas que nos tornam quem somos. Quando estamos exaustos e esgotados, essa forma de bondade pode parecer um copo de água fresca em um deserto árido. Reconhecer e valorizar nossos pontos fortes nos energiza e inspira, exatamente o que precisamos para enfrentar o desafio do *burnout*.

O exercício a seguir ajudará você a descobrir e a valorizar seus pontos fortes. Mesmo que não esteja tendo o melhor desempenho possível por estar esgotado, você ainda tem qualidades positivas que merecem ser reconhecidas e valorizadas. Algumas pessoas acham essa prática difícil, sobretudo as que sofreram traumas na infância ou as que foram criadas em um ambiente em que era "ruim" sentir orgulho de si mesmas. Se essa prática produzir *backdraft* (consulte o Capítulo 7), seja autocompassivo. Isso pode ser um sinal de que é uma prática proveitosa para você, que deve ser feita de maneira lenta, com paciência.

FERRAMENTA DE AUTOCOMPAIXÃO 21

Apreciar seus pontos fortes

- Respire fundo duas ou três vezes enquanto se acalma e se concentra. Coloque as mãos sobre o coração ou use algum outro toque de apoio, como um gesto de calor e cuidado.
- Pense em alguns dos principais pontos fortes que você demonstra em sua vida profissional. Não tenha pressa e seja honesto. Lembre-se de que você não está dizendo que *sempre* expressa essas qualidades ou que é melhor do que os outros. Você está apenas reconhecendo que isso também é verdade.
- Considere cada um desses pontos fortes, um por um, e faça um movimento interno de agradecimento por ter esses dons. Permita-se sentir sua própria qualidade.
- Observe se há algum desconforto ao pensar sobre seus pontos fortes e abra espaço para isso, permitindo que sua experiência seja exatamente como ela é.
- Agora, tente expandir o círculo de apreciação. Há alguma pessoa ou experiência que o ajudou a desenvolver seus pontos fortes? Talvez amigos, pais, professores, livros ou instituições educacionais que tiveram impacto positivo sobre você? Talvez sua cultura ou sua história? À medida que cada uma dessas influências úteis vier à sua mente, envie-lhes também um pouco de gratidão e de apreço.
- Você pode ter tido modelos negativos que o lembraram do que você *não* queria se tornar. Isso também foi um tipo de contribuição.
- Permita-se saborear, apenas por este momento, a sensação de estar bem consigo mesmo – deixe que isso seja realmente absorvido.
- Se você teve dificuldade com este exercício, não há problema. Pode levar algum tempo para assimilá-lo. Ainda assim, você pode agradecer a si mesmo por seus esforços.

Jamal fez uma versão desse exercício, que lhe foi recomendada pelo orientador do departamento. Demorou um pouco até ele se acostumar com sua prática, mas ele se sentiu bem quando fez um afago suave em seu peito como um gesto de apoio.

A etapa seguinte foi desafiadora – identificar os principais pontos fortes. Sempre que tentava listar algo, ele dava uma resposta sarcástica ou boba, como "Sou um dançarino muito bom" (sua esposa pode atestar que ele não é). Quando ele tentava falar de um ponto forte verdadeiro, como a perseverança, começava a discutir consigo mesmo. "Mas eu não consigo mais continuar com isso. Estou pensando em desistir!" Então, se lembrou de que a qualidade não precisava estar sempre presente; normalmente, ele demonstrava perseverança. Ele também percebeu que tinha outras boas qualidades – coragem, trabalho em equipe, inteligência social e liderança.

Assim que Jamal começou a sentir algum apreço por seus pontos fortes, surgiram sentimentos de vergonha. Ele se lembrou de como sua mãe o repreendia sempre que ele demonstrava qualquer coisa que se aproximasse de "gabar-se". Ele percebeu como era difícil ter sua luz apagada dessa forma. Jamal teve de fazer esse exercício de maneira muito lenta, parando quando se sentia sobrecarregado, tendo compaixão por si mesmo e voltando a ele quando se sentia mais tranquilo (a perseverança era de fato um de seus pontos fortes).

O que fez uma grande diferença foi a instrução de valorizar todas as pessoas que o ajudaram a desenvolver seus pontos fortes. Foram muitas: seu professor de história na faculdade, um profissional brilhante; seu avô, que era ativo no movimento pelos direitos civis; sua boa amiga Tanisha, que sempre o apoiou muito; seu filme favorito, *Pantera Negra*. Quando expandiu o círculo de apreciação dessa forma, ficou muito mais fácil para ele saborear e ser grato por suas próprias virtudes.

Essa prática ajudou Jamal a perceber que ele ainda poderia ter um lugar no Corpo de Bombeiros de Chicago. Ele tinha fortes habilidades de liderança e adorava fazer aflorar o que havia de melhor nos membros da equipe. Ele decidiu falar com o departamento de Recursos Humanos para se candidatar a um cargo de supervisor ou de gerente.

Quando se dá permissão para reconhecer *todo o* seu ser – tanto o bom quanto o ruim –, você abre a porta para levar uma vida mais plena e autêntica. A autoapreciação não é egoísta, egocêntrica ou egotista. É uma forma de sabedoria que reconhece o que é verdadeiro. Todos ansiamos por conhecer e acreditar em nossas próprias qualidades, sobretudo quando estamos perdidos na nuvem escura do *burnout*. A prática da autoapreciação permite que nosso sol brilhe.

Com todas as ferramentas que adquiriu neste livro, esperamos que tenha começado a ver que sair do *burnout* é totalmente possível para você. O caminho de cada pessoa será único, e devemos esperar que tropecemos – com frequência. Isso não é um problema, desde que tenhamos a prática da autocompaixão para nos apoiar. No capítulo final deste livro, exploraremos como acolher o processo de tropeçar e se reerguer à medida que saímos do esgotamento e prosseguimos para as demais etapas de nossas vidas.

22

Avançando

Tornando-se uma bagunça compassiva

Você conseguiu! Você chegou ao último capítulo deste livro. Nada mal para alguém que está esgotado. É provável que você tenha passado por muitos altos e baixos ao longo do caminho. Alguns capítulos provavelmente fizeram sentido para você, já outros nem tanto. Pode ter havido alguns dias em que você pensou que já havia superado o esgotamento, mas acabou sendo jogado de volta ao fundo do poço. E como você se sente agora em relação à sua capacidade de ter compaixão por si mesmo? Otimista? Desanimado? Tranquilo?

Você se lembra de Jacquie, a enfermeira intensivista do Capítulo 1? Quando a deixamos, ela estava prostrada no banco da frente do carro, mal conseguindo se mexer depois de mais um turno exaustivo no hospital.

Felizmente para Jacquie, seu hospital começou a oferecer o curso Autocompaixão para profissionais da Saúde (Self-Compassion for Healthcare Communities – SCHC). Ela decidiu se inscrever no curso porque uma amiga querida disse que o faria com ela. Aprender sobre autocompaixão acendeu uma luz na mente de Jacquie. Para ela, fazia muito sentido saber que se esgotaria se não desse a si mesma a compaixão que dá aos pacientes. Jacquie decidiu experimentar a prática da autocompaixão com toda a energia que ainda lhe restava.

Durante o curso, Jacquie percebeu algumas mudanças positivas em sua vida. Para começar, foi um alívio saber que estar esgotada não é um sinal de fracasso – é um sinal de ser humana. Jacquie também aprendeu a se acalmar sentindo as plantas dos pés, em especial quando estava emocionalmente sobrecarregada, e deixar-se embalar pelo ritmo de sua respiração. Entretanto, o que de fato a ajudou foi aprender a falar consigo mesma de maneira mais gentil e solidária, exatamente como costumava fazer com seus pacientes. Essa pequena reviravolta fez toda a diferença para ela. Seu sono também melhorou durante o curso, e ela se viu indo para o trabalho mais revigorada.

Pouco após o término do curso, no entanto, ela teve um revés. Jacquie começou a acordar às 3h da manhã outra vez, preocupando-se com o dia seguinte. Ela também notou que seu diálogo interno tinha voltado a ser agressivo: "O que há de errado com você? Você não consegue nem ter autocompaixão direito!". Jacquie compartilhou seu desespero com a amiga que havia feito o curso com ela, que sugeriu que ela se tratasse com carinho e gentileza simplesmente *porque* estava se sentindo tão frustrada e decepcionada. "Ohhhh, certo!", exclamou Jacquie. "*Isso é* autocompaixão!" A partir de então, a prática de Jacquie ficou mais estável.

ESTÁGIOS DE PROGRESSO

O caminho para a autocompaixão dá voltas e reviravoltas, mas normalmente passa por três estágios. Começamos com a esperança e a expectativa de que algo de bom virá de nossa jornada – que nos sentiremos melhor, que nossa vida vai melhorar, ou que, de alguma forma, nos tornaremos uma pessoa melhor. Esse é o primeiro estágio, o estágio do *esforço*. Funciona por um tempo, como Jacquie descobriu durante seu curso de autocompaixão.

Contudo, mais cedo ou mais tarde, todos ficam desiludidos. O estágio de *desilusão* se instala quando chegamos à incômoda conclusão de que ainda estamos sofrendo; talvez menos, mas ainda somos a mesma pessoa com os mesmos problemas. Essa fase é como o fim da paixão em um relacionamento romântico, quando a bolha do amor se rompe e percebemos que a pessoa que deveria ser a resposta para todos os nossos sonhos é – horror dos horrores – um ser humano imperfeito! Pode ser ainda pior quando praticamos a autocompaixão, porque *nós somos* a decepção. De qualquer forma, foi assim que Jacquie se sentiu quando a insônia voltou e ela achou que era um fracasso na autocompaixão.

O estágio de desilusão da autocompaixão é, na verdade, um sinal de progresso. Não parece ser assim quando estamos no meio do processo, mas não nos sentiríamos desiludidos se já não tivéssemos uma quilometragem bem-sucedida de autocompaixão atrás de nós. A desilusão é uma dádiva, pois abre espaço para o surgimento da autocompaixão genuína. Como? Você se lembra de ter lido sobre como a resistência ao *burnout* piora o esgotamento em longo prazo? Quando estamos no estágio da desilusão, o problema não é *o que* estamos praticando, mas *por que* estamos praticando.

Após algum tempo, começamos a praticar a autocompaixão de maneira inconsciente como forma de nos livrarmos dos sentimentos ruins, o que nada mais é do que uma nova forma de resistência. A solução para esse problema (apresentada no Capítulo 9) é o "paradoxo central da autocompaixão": *quando sofremos, praticamos a autocompaixão não para nos sentirmos melhor, mas porque não nos sentimos bem.* Esse paradoxo maluco é um convite para nos amarmos exatamente como somos. Nenhuma estratégia – apenas bondade, como cuidar de uma criança gripada só porque ela se sente mal.

Jack Kornfield colocou a questão de uma forma muito bonita: "O objetivo... não é aperfeiçoar a si mesmo, mas aperfeiçoar o seu amor". Essa é a *aceitação radical* – estágio três. A maioria de nossas estratégias de autoaperfeiçoamento acaba fracassando porque se baseia em resistência em vez de aceitação. Há uma forma sutil de agressão nelas porque, no início, a suposição é de que não somos bons o suficiente como somos. A aceitação radical coloca o aprimoramento pessoal em um patamar totalmente novo. Em vez de melhorar nosso "eu" – afinal, nosso valor é incondicional –, focamos em melhorar nossos comportamentos e situações como um ato de motivação compassiva (consulte o Capítulo 18). A autocompaixão feroz nos inspira a fazer as mudanças necessárias para sermos felizes e realizados na vida, não por um sentimento de inadequação, mas por amor. Mas isso só acontece quando estamos desiludidos com o modo como em geral fazemos as coisas.

A prática da autocompaixão tem três estágios: esforço, desilusão e aceitação radical.

Após sua amiga lembrá-la do paradoxo central, Jacquie começou a se relacionar com a insônia de forma totalmente nova. Em vez de se esforçar para dormir, ela colocou a mão no coração e cantarolou com suavidade até adormecer. Jacquie também aprendeu a dizer um "Não, agora não" gentil, mas firme, à voz interior que a criticava por não estar se saindo melhor, e substituiu a autocrítica por palavras de apoio: "Você pode fazer isso. Eu acredito em você!".

O CAMINHO DE MENOR RESISTÊNCIA

A grande surpresa para Jacquie foi o quanto sua vida se tornou mais fácil quando ela se lembrou da aceitação radical – aceitar a si mesma e sua dor. Jacquie descobriu que sua paixão pelo trabalho como enfermeira intensivista voltou de forma gradual quando aprendeu a se dar apoio incondicional, como fazia com os outros. Assim como se apaixonar ou adormecer, Jacquie se deixou levar pela compaixão por si mesma.

A princípio, Jacquie temia que, ao deixar transparecer a dor do esgotamento, ela fosse ficar emocionalmente sobrecarregada. Isso não aconteceu porque ela aprendeu a ser gentil consigo mesma quando sentia dor, não apenas a se abrir para a dor, o que lhe deu mais força. Quando estava à beira da sobrecarga, ela se fazia a pergunta quintessencial da autocompaixão: "Querida, do que você precisa?". Normalmente, a resposta era algo simples, como respirar um pouco, fazer uma pausa, ou até, ocasionalmente, tirar um dia inteiro de folga do trabalho.

Outra preocupação que surgiu para Jacquie foi que, se ela se aceitasse como era, seria menos provável que fizesse as mudanças necessárias em sua vida. Bem, isso também não aconteceu. Jacquie percebeu que começou a fazer escolhas mais inteligentes quando colocou a compaixão em primeiro lugar. Como o famoso psicólogo Carl Rogers escreveu certa vez, "o curioso paradoxo é que, quando me aceito como sou... a mudança parece acontecer quase sem ser notada".

Será que Jacquie chegou ao estágio de aceitação radical e ficou lá para sempre? É claro que não. As condições de nossa vida estão mudando de modo contínuo, a resistência é eterna e a mudança interior acontece gradualmente. Passamos pelos três estágios da autocompaixão – esforço, desilusão e aceitação radical – inúmeras vezes. Por exemplo, se reconhecermos que estamos de fato aceitando, instintivamente tentaremos nos agarrar aos bons sentimentos desse estado, o que desencadeia outra rodada de esforço. Já quando percebemos que estamos nos esforçando ou desiludidos e respondemos com compaixão, voltamos à aceitação radical. A boa notícia é que, com o tempo, passamos cada vez mais tempo em aceitação radical.

TORNANDO-SE UMA BAGUNÇA COMPASSIVA

A prática da autocompaixão não significa que paramos de tentar atingir nossas metas, mas que paramos de basear nosso valor no sucesso e abandonamos as expectativas irrealistas de perfeição. No programa do MSC, fazemos uma declaração atrevida que muitas vezes deixa as pessoas paralisadas: "O objetivo da prática é simplesmente ser uma bagunça compassiva".

Se você é perfeccionista, essa afirmação provavelmente está fazendo seu coração palpitar. "O quê? Nosso objetivo é ser uma bagunça?" Permita-nos esclarecer. O objetivo da prática não é se tornar uma bagunça. (Seja como for, isso não acontecerá – lembre-se de que a prática da autocompaixão não rebaixa nossos padrões; apenas os torna mais fáceis de serem alcançados.) A afirmação significa que quando nos sentimos uma bagunça – cometendo erros, falhando, lutando, confusos, sobrecarregados (ou seja, totalmente humanos!) – nossa meta é trazer *compaixão* à bagunça.

Com o tempo, o sistema da "bagunça compassiva" torna-se um estilo de vida. Somos mais capazes de aceitar nossos erros e aprender com eles. Em vez de tentar fazer tudo certo o tempo todo, desenvolvemos um grande interesse em enfrentar nossos fracassos e nossas deficiências com um coração terno, solidário e aberto. Após algum tempo, viver a partir desse lugar de coração aberto torna-se a coisa mais importante para nós. Aprendemos a permanecer nos sentimentos de presença amorosa e conectada que qualquer momento de autocompaixão traz, e percebemos que essa é a felicidade que estamos buscando o tempo todo.

O objetivo da prática é simplesmente ser uma bagunça compassiva.

O QUE DEVO FAZER AGORA?

A esta altura, você deve estar pensando: "Ok, já entendi. A autocompaixão pode me ajudar a mudar minha mentalidade para melhor. Mas uma grande parte do meu esgotamento é a situação em que me encontro. O que devo fazer?". É nesse momento que precisamos trazer a sabedoria. A sabedoria refere-se à compreensão da complexidade de uma situação e à busca de um caminho para superá-la. Se você trabalha em um ambiente de saúde como Jacquie, o problema pode ser sistêmico – não há enfermeiros suficientes tratando muitos pacientes. O que Jacquie deve fazer? A resposta depende de muitos fatores: os talentos de Jacquie, quanto tempo e energia ela tem, sua função no hospital, seus valores, suas conexões, seus recursos financeiros, e assim por diante. A única coisa que é certa é que ninguém estaria em posição melhor do que Jacquie para saber *o que* fazer e *quando* fazer.

Quando a mente de Jacquie começou a ficar um pouco mais clara, ela decidiu que queria lutar por melhores condições de trabalho. Há força nos números, argumentou ela, por isso entrou para o sindicato da área da saúde e acabou se tornando uma das maiores defensoras da categoria quando o sindicato entrou em greve. Agir dessa forma pareceu ser o ideal para Jacquie – a combinação perfeita de sabedoria e compaixão. Portanto, se você estiver se perguntando qual deve ser o *seu* próximo passo, agora que aprendeu a ter autocompaixão, não tenha pressa e considere todos os fatores em jogo na sua própria situação; depois, tome uma atitude quando for a hora certa. O que a *sua* sabedoria sugere que você faça?

PRATICANDO PARA SEMPRE

Cada um dos 21 capítulos anteriores apresentou uma prática ou uma ferramenta de autocompaixão. Há uma prática restante – o resto de sua vida! Cabe a você descobrir a melhor forma de trazer a autocompaixão para sua vida única e preciosa. No quadro a seguir, há uma lista das ferramentas que você adquiriu neste livro. Você consegue identificar duas ou três ferramentas de autocompaixão que parecem ter tido maior impacto? Confie em sua intuição. O melhor professor de autocompaixão é sempre você mesmo.

Suas ferramentas de autocompaixão

1. Avaliação da autocompaixão
2. Como você trataria um amigo ou um colega que estivesse se sentindo esgotado?
3. Carta de autocompaixão pelo *burnout*
4. Crie um lembrete de autocompaixão
5. Toque de apoio
6. Pausa para autocompaixão terna
7. Solas dos pés
8. Respiração afetuosa
9. Reduzindo a resistência ao estresse relacionado ao trabalho
10. Como lidar com emoções difíceis relacionadas ao *burnout*
11. Compaixão com equanimidade
12. Deixar de lado a necessidade de ser perfeito
13. Encontrar sua voz compassiva
14. Pausa de autocompaixão protetora
15. Ficar confortável com os limites
16. Pausa de autocompaixão provedora
17. Descobrir seus valores essenciais
18. Pausa de autocompaixão motivadora
19. Encontrar frases de bondade amorosa
20. Caminhada para sentir e saborear
21. Apreciar seus pontos fortes

Talvez você tenha modificado uma ferramenta de forma que fizesse mais sentido para você? Talvez tenha criado uma prática totalmente nova enquanto estava lendo este livro? Anote todas as maneiras que você gostaria de praticar, daqui para a frente, sempre que precisar dar um pouco de autocompaixão a si mesmo.

A prática é essencial, mas lembre-se: se for uma luta, não é autocompaixão. A prática de autocompaixão que você mais provavelmente fará é aquela que for relativamente agradável e fácil. Você não quer que ela pareça um trabalho, pois mais trabalho é a última coisa de que você precisa quando se sente esgotado. Às vezes, uma prática é agradável no início, mas se torna sem graça ou mecânica com o tempo. Então, pergunte a si mesmo: "Há algo que eu possa modificar para facilitar isso?". Por exemplo, se você gosta da respiração afetuosa e depois a sente como uma tarefa árdua, será que ela se tornou desnecessariamente complicada? O que aconteceria se você simplesmente se deixasse embalar com suavidade pelo ritmo de sua respiração (Capítulo 8)? Da mesma forma, se suas frases de bondade amorosa (Capítulo 19) perderam a magia, tente se perguntar: "O que eu de fato gostaria de ouvir alguém dizer para mim neste momento?" e diga *isso* para si mesmo. Sempre há uma forma de restaurar o brilho original de sua prática.

Seja misericordioso consigo mesmo. Isso pode significar reduzir suas expectativas em relação à prática da autocompaixão. A autocompaixão é um treinamento de boa *vontade*, não de bons sentimentos. Embora seja mais fácil praticar quando é agradável, você não precisa se sentir bem como resultado da prática para indicar que ela está funcionando. O *desejo* de ser autocompassivo é suficiente. Quando você se pergunta: "Do que eu preciso?", já está praticando a autocompaixão. Em resposta a essa pergunta, é incrível como muitas atividades diferentes aumentam a autocompaixão. Pesquisas mostram que a autocompaixão pode aumentar quando se tem um animal de estimação, com a prática de ioga, com passeios pelo campo, com terapia, quando se aprende a ter atenção plena, com o apoio a outras pessoas ou com uma longa caminhada. Praticamente tudo o que fizermos por nós mesmos com um coração compassivo provavelmente aumentará nossa autocompaixão.

Como você saberá se sua prática está funcionando? Quando o perfeccionismo perder o controle e você se permitir ser um aprendiz lento, e, quando você se mover no seu próprio ritmo e viver um dia de cada vez, isso é um bom sinal. Quando você não está no auge, mas *ainda* se sente bem consigo mesmo, provavelmente está fazendo progresso. E quando você sabe que você é *suficiente* – *seu* corpo é suficiente, suas emoções são suficientes, seu intelecto é suficiente – exatamente como você é, neste momento, você está definitivamente no caminho certo. Quando você se *ama*, não importa o que aconteça, você chegou.

Agradecemos do fundo do coração por você ter feito essa jornada conosco. Que o sofrimento do *burnout* seja para você uma porta para a compaixão, e que sua presença autocompassiva seja um presente para todas as pessoas que encontrar.

Recursos (em inglês)

CENTER FOR MINDFUL SELF-COMPASSION

https://centerformsc.org

- Gravações guiadas de práticas de autocompaixão
- Informações e *blog* sobre autocompaixão
- Programas de treinamento *on-line* para iniciantes, praticantes avançados e profissionais
- Informações sobre o programa Autocompaixão para Comunidades de Saúde

Redes sociais

- Instagram: @centerformindfulselfcompassion
- Facebook: CenterforMSC
- LinkedIn: center-for-mindful-self-compassion
- YouTube: CenterforMindfulSelfCompassion

KRISTIN NEFF

https://self-compassion.org

- The Self-Compassion Community (assinatura)
- Informações sobre autocompaixão
- Meditações e exercícios guiados
- Teste seu próprio nível de autocompaixão
- Biblioteca de pesquisas sobre autocompaixão
- Próximas palestras e *workshops*

Redes sociais

- Instagram: @neffselfcompassion
- Facebook: selfcompassion
- X: self_compassion
- YouTube: NeffKristin

CHRISTOPHER GERMER

www.chrisgermer.com

- Apresentações em áudio e vídeo
- Meditações e exercícios guiados
- Autocompaixão em psicoterapia
- Próximas palestras e *workshops*

Redes Sociais

- Instagram: @christophergermerphd
- Facebook: christophergermerphd
- X: chrisgermerphd
- YouTube: ChristopherGermer

LIVROS

Germer, C. (2009). *The mindful path to self-compassion: freeing yourself from destructive thoughts and emotions.* New York: Guilford Press.

Germer, C., & Neff, K. (2019). *Teaching the mindful self-compassion program: a guide for professionals.* New York: Guilford Press.

Germer, C., & Siegel, R. (2012). *Wisdom and compassion in psychotherapy: deepening mindfulness in clinical practice.* New York: Guilford Press.

Neff, K. (2011). *Self-compassion: the proven power of being kind to yourself.* New York: William Morrow.

Neff, K. (2021). *Fierce self-compassion: how women can harness kindness to speak up, claim their power, and thrive.* New York: Harper.

Neff, K., & Germer, C. (2018). *The mindful self-compassion workbook: a proven way to accept yourself, build inner strength, and thrive.* New York: Guilford Press.

Notas

INTRODUÇÃO

PÁGINA 3 **"publiquei o primeiro estudo que examinou a ligação entre autocompaixão e bem-estar":** Neff, K. D. (2003). The development and validation of a scale to measure self-compassion. *Self and Identity*, *2*(3), 223–250.

CAPÍTULO 1: QUANDO SEU COPO ESVAZIAR: AS CAUSAS E AS CONSEQUÊNCIAS DO *BURNOUT*

PÁGINA 6 **"comprovadas pela ciência para aumentar a autocompaixão e reduzir o *burnout*":** Delaney, M. C. (2018). Caring for the caregivers: Evaluation of the effect of an eight-week pilot Mindful Self-Compassion (MSC) training program on nurses' compassion fatigue and resilience. *PLOS ONE*, *13*(11), e0207261.

PÁGINA 6 **"O *burnout* é normalmente definido por estes três sintomas":** Maslach, C., & Jackson, S. E. (1981). The measurement of experienced burnout. *Journal of Organizational Behavior*, *2*(2), 99–113.

PÁGINA 6 **"O termo "*burnout*" foi cunhado em 1974 pelo psicólogo clínico Herbert Freudenberger":** Freudenberger, H. J. (1974). Staff burn-out. *Journal of Social Issues*, *30*(1), 159–165.

PÁGINA 6 **"entre um terço e três quartos das pessoas em todo o mundo estão esgotadas":** Taylor, H. (2023, June). 50+ burnout statistics that will shock you into action. Retrieved from *www.runn.io/blog/burnout-statistics#how-common-is--employee- burnout.*

Spring Health. (2020, December). Burnout nation. Retrieved from *https://lp.springhealth.com/burnout-nation.*

Future Forum. (2023, February). Future Forum winter snapshot. Retrieved from *https://futureforum.com/research/future-forum-pulse-winter-2022-2023- snapshot.*

Gallup (2023). The state of the global workplace: 2023 report. Retrieved from *www.gallup.com/workplace/506879/state-global-workplace-2023-report.aspx.*

PÁGINA 8 **"O *burnout* pode causar problemas físicos":** Shirom, A., Melamed, S., Toker, S., Berliner, S., & Shapira, I. (2005). Burnout and health review: Current knowledge and future research directions. *International Review of Industrial and Organizational Psychology, 20*(1), 269–308.

PÁGINA 9 **"muitos estão saindo devido ao *burnout*, sobretudo os profissionais da área da saúde":** Doctors not the only ones feeling burned out. (2023, March 31). *Harvard Gazette.* Retrieved from *https://news.harvard.edu/gazette/story/2023/03/covid-burnout-hitting-all- levels-of-health-care-workforce.*

PÁGINA 9 **"os cientistas associaram o *burnout* a diversos fatores identificáveis":** Maslach, C., Schaufeli, W. B., & Leiter, M. P. (2001). Job burnout. *Annual Review of Psychology, 52*(1), 397–422.

PÁGINA 11 **"Em lares com duas fontes de renda, as mulheres tendem a cuidar duas vezes mais dos filhos e das tarefas domésticas do que os homens":** Bianchi, S. M., Sayer, L. C., Milkie, M. A., & Robinson, J. P. (2012). Housework: Who did, does or will do it, and how much does it matter? *Social Forces, 91*(1), 55–63.

PÁGINA 11 **"quatro em cada dez mães que trabalham relatam que sempre se sentem apressadas":** Who's feeling rushed? (2016, February 28). Pew Research Center. Retrieved from *www. pewsocialtrends.org/2006/02/28/whos-feeling-rushed.*

PÁGINA 11 **"aquelas que ganham mais do que seus parceiros homens, na verdade, aumentam, em vez de diminuir, o trabalho não remunerado":** Bittman, M., England, P., Sayer, L., Folbre, N., & Matheson, G. (2003). When does gender trump money? Bargaining and time in household work. *American Journal of Sociology, 109*(1), 186–214.

PÁGINA 13 **"faça este teste, que se baseia na Escala de Autocompaixão validada empiricamente":** Raes, F., Pommier, E., Neff, K. D., & Van Gucht, D. (2011). Construction and factorial validation of a short form of the Self-Compassion Scale. *Clinical Psychology and Psychotherapy, 18*(3), 250–255.

CAPÍTULO 2. REABASTECENDO-NOS: COMO A AUTOCOMPAIXÃO COMBATE O *BURNOUT*

PÁGINA 19 **"as pessoas mais compassivas se beneficiam em termos de saúde física e mental":** Neff, K. D. (2023). Self-compassion: Theory, method, research, and intervention. *Annual Review of Psychology, 74*, 193–218.

PÁGINA 19 **"por meio de medidas de autorrelato, como a Escala de Autocompaixão, e correlacionando as pontuações com outros resultados":** Neff, K. D. (2003). The development and validation of a scale to measure self-compassion. *Self and Identity, 2*(3), 223–250.

PÁGINA 19 **"examinando o que acontece com os que aprendem a ser mais autocompassivos por meio de um curso de treinamento como o MSC":** Neff, K. D., & Germer, C. K. (2013). A pilot study and randomized controlled trial of the mindful self-compassion program. *Journal of Clinical Psychology, 69*(1), 28–44.

PÁGINA 18 **"muitas pesquisas sobre autocompaixão e *burnout*":** Rushforth, A., Durk, M., Rothwell-Blake, G. A., Kirkman, A., Ng, F., & Kotera, Y. (2023). Self-compassion interventions to target secondary traumatic stress in healthcare workers: A systematic review. *International Journal of Environmental Research and Public Health, 20*(12), 6109.

Veja também: Abdollahi, A., Taheri, A., & Allen, K. A. (2021). Perceived stress, self- compassion and job burnout in nurses: the moderating role of self-compassion. *Journal of Research in Nursing, 26*(3), 182–191.

Crego, A., Yela, J. R., Riesco-Matías, P., Gómez-Martínez, M. Á., & Vicente-Arruebarrena, A. (2022). The benefits of self-compassion in mental health professionals: A systematic review of empirical research. *Psychology Research and Behavior Management, 15,* 2599–2620.

Eriksson, T., Germundsjö, L., Åström, E., & Rönnlund, M. (2018). Mindful self- compassion training reduces stress and burnout symptoms among practicing psychologists: A randomized controlled trial of a brief web-based intervention. *Frontiers in Psychology, 9,* 2340.

Liberman, T., Bidegain, M., Berriel, A., López, F. M., Ibarra, A., Pisani, M., . . . & Castelló, M. E. (2024). Effects of a virtual mindful self-compassion training on mindfulness, self-compassion, empathy, well-being, and wtress in Uruguayan primary school teachers during COVID-19 times. *Mindfulness,* 1–15.

Román-Calderón, J. P., Krikorian, A., Ruiz, E., Romero, A. M., & Lemos, M. (2024). Compassion and self-compassion: Counterfactors of burnout in medical students and physicians. *Psychological Reports, 127*(3), 1032–1049.

PÁGINA 19 **"os benefícios da autocompaixão":** Neff, K. D. (2023). Self-compassion: Theory, method, research, and intervention. *Annual Review of Psychology, 74,* 193–218.

PÁGINA 20 **"pesquisa sobre a eficácia do treinamento breve":** Neff, K. D., Knox, M. C., Long, P., & Gregory, K. (2020). Caring for others without losing yourself: An adaptation of the mindful self-compassion program for healthcare communities. *Journal of Clinical Psychology, 76*(9), 1543–1562.

CAPÍTULO 3. UMA RECEITA PARA A RESILIÊNCIA: OS INGREDIENTES DA AUTOCOMPAIXÃO

PÁGINA 25 **"que operam juntos para nos ajudar quando estamos com dificuldades":** Neff, K. D. (2003). Self- compassion: An alternative conceptualization of a healthy attitude toward oneself. *Self and Identity, 2,* 85–102.

PÁGINA 29 **"autocompaixão oferece força e resiliência":** Neff, K. D. (2023). Self-compassion: Theory, method, research, and intervention. *Annual Review of Psychology, 74,* 193–218.

PÁGINA 31 **"quanto mais você praticar a autocompaixão, mais autocompaixão terá":** Ferrari, M., Hunt, C., Harrysunker, A., Abbott, M. J., Beath, A. P., & Einstein, D. A. (2019). Self-compassion interventions and psychosocial outcomes: A meta-analysis of RCTs. *Mindfulness, 10,* 1455–1473.

CAPÍTULO 4. NÃO É O QUE VOCÊ PENSA: EQUÍVOCOS SOBRE A AUTOCOMPAIXÃO

PÁGINA 35 **"a maioria das preocupações comuns sobre a autocompaixão foi refutada por pesquisas":** Most of the research cited in this chapter is summarized in Neff, K. D. (2023). Self-compassion: Theory, method, research, and intervention. *Annual Review of Psychology, 74*, 193–218.

CAPÍTULO 5. SEU CORPO SABE: A FISIOLOGIA DO ESTRESSE E DO CUIDADO

PÁGINA 44 **"os danos que o estresse crônico pode causar":** McEwen, B. S. (2017). Neurobiological and systemic effects of chronic stress. *Chronic Stress, 1*. Retrieved from *www. ncbi.nlm.nih.gov/pmc/articles/PMC5573220*.

PÁGINA 46 **"Uma forma importante de os seres humanos se sentirem seguros é mediante sentimentos de acolhimento e de conexão":** Porges, S. W. (2022). Polyvagal theory: A science of safety. *Frontiers in Integrative Neuroscience, 16*, 27.

PÁGINA 47 **"que neutraliza a excitação simpática":** Gilbert, P. (2009). Introducing compassion-focused therapy. *Advances in Psychiatric Treatment, 15*(3), 199–208.

PÁGINA 47 **"marcadores relacionados ao estresse, como a inflamação":** Bégin, C., Gilbert-Ouimet, M., & Truchon, M. (2024). Self-compassion, burnout, and biomarkers in a sample of healthcare workers during the COVID-19 pandemic: A cross-sectional correlational study. *Discover Psychology, 4*(1), 75.

PÁGINA 47 **"a autocompaixão ativa o sistema nervoso parassimpático":** Slivjak, E. T., Kirk, A., & Arch, J. J. (2023). The psychophysiology of self-compassion. In A. Finlay-Jones, K. Bluth, & K. Neff (Eds.), *Handbook of self-compassion* (pp. 291–307). New York: Springer.

PÁGINA 47 **"autocompaixão está ligada a percepções mais baixas de estresse":** Allen, A. B., & Leary, M. R. (2010). Self-compassion, stress, and coping. *Social and Personality Psychology Compass, 4*(2), 107–118.

PÁGINA 48 **"o autotoque relaxante, como colocar a mão sobre o próprio coração":** Kirschner, H., Kuyken, W., Wright, K., Roberts, H., Brejcha, C., & Karl, A. (2019). Soothing your heart and feeling connected: A new experimental paradigm to study the benefits of self-compassion. *Clinical Psychological Science, 7*(3), 545–565.

Dreisoerner, A., Junker, N. M., Schlotz, W., Heimrich, J., Bloemeke, S., Ditzen, B., & van Dick, R. (2021). Self-soothing touch and being hugged reduce cortisol responses to stress: A randomized controlled trial on stress, physical touch, and social identity. *Comprehensive Psychoneuroendocrinology, 8*, 100091.

CAPÍTULO 8. COLOCANDO AS COISAS EM PERSPECTIVA: CONSCIÊNCIA PLENA

PÁGINA 74 **"o modo padrão tende a estar ativo quando não estamos prestando atenção":** Raichle, M. E. (2015). The brain's default mode network. *Annual Review of Neuroscience, 38*, 433–447.

PÁGINA 74 **"quanto mais praticamos a atenção plena, menos ficamos presos no modo padrão":** Brewer, J. A., Worhunsky, P. D., Gray, J. R., Tang, Y. Y., Weber, J., & Kober, H. (2011). Meditation experience is associated with differences in default mode network activity and connectivity. *Proceedings of the National Academy of Sciences, 108*(50), 20254–20259.

PÁGINA 75 **"quanto mais você praticar a autocompaixão, mais se torna autocompassivo":** Boellinghaus, I., Jones, F. W., & Hutton, J. (2014). The role of mindfulness and loving-kindness meditation in cultivating self-compassion and other-focused concern in health care professionals. *Mindfulness*, 5, 129–138.

CAPÍTULO 9. A RESISTÊNCIA É INÚTIL: COMO O COMBATE AO *BURNOUT* PODE PIORAR A SITUAÇÃO

PÁGINA 80 **"suprimir pensamentos e sentimentos indesejados apenas os intensifica":** Wegner, D. M., Schneider, D. J., Carter, S. R., & White, T. L. (1987). Paradoxical effects of thought suppression. *Journal of Personality and Social Psychology, 53*(1), 5.

PÁGINA 80 **"dor × resistência = sofrimento":** Young, S. (2016). *A pain processing algorithm*. Retrieved from *https://www.shinzen.org/wp-content/uploads/2016/12/art_painprocessingalg.pdf.*

CAPÍTULO 10. ENFRENTANDO A TEMPESTADE: TRABALHANDO COM AS EMOÇÕES DIFÍCEIS DO *BURNOUT*

PÁGINA 87 **"quando o medo está comandando nossas reações":** Halifax, J. (2009). *Being with dying: Cultivating compassion and fearlessness in the presence of death*. Boulder, CO: Shambhala Publications.

PÁGINA 91 **"o uso dessa estratégia enfraquece a tendência do cérebro de se tornar reativo":** Burklund, L. J., Creswell, J. D., Irwin, M. R., & Lieberman, M. D. (2014). The common and distinct neural bases of affect labeling and reappraisal in healthy adults. *Frontiers in Psychology*, 5, 221.

CAPÍTULO 11. PARANDO O DESGASTE: REDUZINDO A FADIGA DE EMPATIA

PÁGINA 95 **"um tipo específico de neurônios, chamados *neurônios-espelho*":** Bonini, L., Rotunno, C., Arcuri, E., & Gallese, V. (2022). Mirror neurons 30 years later: Implications and applications. *Trends in Cognitive Sciences, 26*(9), 767–781.

PÁGINA 95 **"um campo, às vezes chamado *neurobiologia interpessoal*":** Schore, A. N. (2021). The interpersonal neurobiology of intersubjectivity. *Frontiers in Psychology, 12*, 1366.

Hu, Y., Cheng, X., Pan, Y., & Hu, Y. (2022). The intrapersonal and interpersonal consequences of interpersonal synchrony. *Acta Psychologica, 224*(3), 103513.

PÁGINA 95 **"sincronização ocorre entre duas pessoa":** Kawasaki, M., Yamada, Y., Ushiku, Y., Miyauchi, E., & Yamaguchi, Y. (2013). Inter-brain synchronization during coordination of speech rhythm in human-to-human social interaction. *Scientific Reports, 3*(1), 1692.

PÁGINA 95 **"os centros de dor em nosso próprio cérebro foram ativados":** Bernhardt, B. C., & Singer, T. (2012). The neural basis of empathy. *Annual Review of Neuroscience, 35*, 1–23.

PÁGINA 98 **"O Departamento de Saúde e Serviços Humanos dos Estados Unidos descreve o estresse traumático secundário":** Administration for Children and Families. (2023). Secondary traumatic stress. Retrieved from *www.acf.hhs.gov/trauma-toolkit/secondary-traumatic-stress*.

Bride, B. E., Robinson, M. M., Yegidis, B., & Figley, C. R. (2003). Secondary Traumatic Stress Scale. *Research on Social Work Practice, 14*(1), 27–35.

PÁGINA 97 **"um estudo de pesquisa que treinou um grupo de pessoas em compaixão e outro em empatia":** Singer, T., & Klimecki, O. M. (2014). Empathy and compassion. *Current Biology, 24*(18), R875–R878.

CAPÍTULO 12. QUANDO O BOM NÃO É BOM O SUFICIENTE: COMO EVITAR O POÇO DO PERFECCIONISMO

PÁGINA 104 **"se você é perfeccionista, está vulnerável ao *burnout*":** Hill, A. , & Curran, T. (2016). Multidimensional perfectionism and burnout: A meta-analysis. *Personality and Social Psychology Review, 20*(3), 269–288.

PÁGINA 106 **"os perfeccionistas tendem a ter a chamada *autoestima contingente*":** Hill, A. P., Hall, H. K., & Appleton, R. (2011). The relationship between multidimensional perfectionism and contingencies of self-worth. *Personality and Individual Differences, 50*(2), 238–242.

PÁGINA 106 **"nosso senso de autoestima não depende do sucesso ou do fracasso":** Neff, K. D., & Vonk, R. (2009). Self-compassion versus global self-esteem: Two different ways of relating to oneself. *Journal of Personality, 77*(1), 23–50.

PÁGINA 107 **"as pessoas autocompassivas ainda estabelecem altos padrões para si mesmas":** Linnett, R. J., & Kibowski, F. (2020). A multidimensional approach to perfectionism and self-compassion. *Self and Identity, 19*(7), 757–783.

PÁGINA 107 **"um estudo sobre o impacto do treinamento de autocompaixão nos atletas da NCAA":** Kuchar, A. L., Neff, K. D., & Mosewich, A. D. (2023). Resilience and Enhancement in Sport, Exercise, & Training (RESET): A brief self-compassion intervention with NCAA student-athletes. *Psychology of Sport and Exercise, 67*, 102426.

PÁGINA 107 **"um comportamento aprendido que se origina de alguma dor da nossa infância":** Chen, C., Hewitt, P. L., & Flett, G. L. (2019). Adverse childhood experiences and multidimensional perfectionism in young adults. *Personality and Individual Differences, 146*, 53–57.

CAPÍTULO 13. POR QUE NOS PUNIMOS: ENTENDENDO O CRÍTICO INTERIOR

PÁGINA 112 **"A autocrítica causa as mesmas alterações fisiológicas que qualquer outro fator de estresse crônico":** Hering, D., Lachowska, K., & Schlaich, M. (2015). Role of the sympathetic nervous system in stress-mediated cardiovascular disease. *Current Hypertension Reports, 17*, 1–9.

Albert, P., Rice, K. G., & Caffee, L. (2016). Perfectionism affects blood pressure in response to repeated exposure to stress. *Stress and Health, 32*(2), 157–166.

PÁGINA 113 **"que o maior obstáculo à autocompaixão é a crença de que ela prejudicará nossa motivação":** Robinson, K. J., Mayer, S., Allen, A. B., Terry, M., Chilton, A., & Leary, M. R. (2016). Resisting self-compassion: Why are some people opposed to being kind to themselves? *Self and Identity, 15*(5), 505–524.

PÁGINA 114 **"autocrítica tem o mesmo efeito":** Werner, A. M., Tibubos, A. N., Rohrmann, S., & Reiss, N. (2019). The clinical trait self-criticism and its relation to psychopathology: A systematic review—update. *Journal of Affective Disorders, 246*, 530–547.

PÁGINA 115 **"as crianças não apenas internalizam as mensagens críticas que os pais dirigem a elas pessoalmente":** Bleys, D., Soenens, B., Boone, L., Claes, S., Vliegen, N., & Luyten, P. (2016). The role of intergenerational similarity and parenting in adolescent self- criticism: An actor–partner interdependence model. *Journal of Adolescence, 49*, 68–76.

PÁGINA 115 **"modelo de terapia altamente eficaz chamado *sistemas familiares internos* (IFS, do inglês *internal family systems*)":** Schwartz, R. (2021). *No bad parts*. Louisville, CO: Sounds True.

PÁGINA 116 **"resolver um problema sob a mesma perspectiva com que foi criado":** Rowe, D. E., & Schulmann, R. (Eds.). (2007). *Einstein on politics: His private thoughts and public stands on nationalism, zionism, war, peace, and the bomb*. Princeton, NJ: Princeton University Press.

CAPÍTULO 14. FAZENDO ALGO A RESPEITO: AUTOCOMPAIXÃO FEROZ EM AÇÃO

PÁGINA 124 **"O poder sem amor é imprudente e abusivo, e o amor sem poder é sentimental e anêmico":** King, M. L. K. (1967, August 16). Where do we go from here? Speech delivered at the 11th Convention of the Southern Christian Leadership Conference, Atlanta, Georgia.

PÁGINA 124 **"Embora desabafar e ruminar sobre a raiva seja problemático":** Stapleton, K., Fägersten, K. B., Stephens, R., & Loveday, C. (2022). The power of swearing: What we know and what we don't. *Lingua, 277*, 103406.

CAPÍTULO 15. TRAÇANDO UMA LINHA NA AREIA: APRENDENDO A DIZER NÃO

PÁGINA 132 **"pessoas autocompassivas têm menos probabilidade de subordinar suas próprias necessidades às dos outros":** Yarnell, L. M., & Neff, K. D. (2013).

Self-compassion, interpersonal conflict resolutions, and well-being. *Self and Identity, 12*(2), 146–159.

PÁGINA 135 **"modelo de comunicação não violenta desenvolvido por Marshall Rosenberg é especialmente útil":** Rosenberg, M. (2015). *Nonviolent communication: A language of life: Life-changing tools for healthy relationships*. Encinitas, CA: PuddleDancer Press.

CAPÍTULO 16. ABASTECENDO A NÓS MESMOS: DO QUE EU PRECISO?

PÁGINA 140 **"O Dalai Lama descreve a compaixão como 'egoísmo sábio'":** Harris, D. (2023, January 25). The benefits of "wise selfishness." *New York Times*.

PÁGINA 143 **"Winona, que era da tribo navajo, teve de lutar contra isso vivendo em Albuquerque":** Court rules APS subject to state anti-discrimination laws after teacher called student "a bloody Indian." (2023, June 1). ACLU New Mexico. Retrieved from *www.aclu-nm.org/en/press-releases/court-rules-aps-subject-state-anti-discrimination-laws-after-teacher-called-student*.

PÁGINA 143 **"a maioria das pessoas é mais compassiva com os outros do que consigo mesma":** Pommier, E., Neff, K. D., & Tóth-Király, I. (2019). The development and validation of the Compassion Scale. *Assessment, 27*(1), 21–39.

PÁGINA 143 **"mulheres têm menos autocompaixão e mais compaixão pelos outros do que os homens":** Yarnell, L. M., Neff, K. D., Davidson, O. A., & Mullarkey, M. (2019). Gender differences in self-compassion: Examining the role of gender role orientation. *Mindfulness, 10*, 1136–1152.

PÁGINA 143 **"as mulheres se permitem menos tempo livre do que os homens e se beneficiam menos desse tempo":** Mattingly, M. J., & Blanchi, S. M. (2003). Gender differences in the quantity and quality of free time: The US experience. *Social Forces, 81*(3), 999–1030.

PÁGINA 143 **"que as pessoas autocompassivas são mais capazes de cuidar dos outros":** Lathren, C. R., Rao, S. S., Park, J., & Bluth, K. (2021). Self-compassion and current close interpersonal relationships: A scoping literature review. *Mindfulness, 12*, 1078–1093.

PÁGINA 143 **"são mais hábeis em fazer concessões e estão mais dispostas a buscar uma solução em que todos saiam ganhando":** Yarnell, L. M., & Neff, K. D. (2013). Self-compassion, interpersonal conflict resolutions, and well-being. *Self and Identity, 12*(2), 146–159.

PÁGINA 145 **"um dos principais benefícios da autocompaixão é maior autenticidade":** Zhang, J. W., Chen, S., Tomova Shakur, T. K., Bilgin, B., Chai, W. J., Ramis, T., . . . Manukyan, A. (2019). A compassionate self is a true self? Self-compassion promotes subjective authenticity. *Personality and Social Psychology Bulletin, 45*(9), 1323–1337.

CAPÍTULO 17. REDESCOBRINDO O SENTIDO: QUAIS SÃO OS MEUS VALORES ESSENCIAIS?

PÁGINA 149 **"o estresse do dano moral pode contribuir para o *burnout*":** Mantri, S., Lawson, J., Wang, Z., & Koenig, H. (2021). Prevalence and predictors of moral injury symptoms in health care professionals. *Journal of Nervous and Mental Disease, 209*(3), 174–180.

PÁGINA 150 **"temos maior probabilidade de nos criticar e nos culpar":** Zerach, G., & Levi-Belz, Y. (2022). Moral injury, PTSD, and complex PTSD among Israeli health and social care workers during the COVID-19 pandemic: The moderating role of self-criticism. *Psychological Trauma: Theory, Research, Practice, and Policy, 14*(8), 1314–1323.

PÁGINA 150 **"a autocompaixão pode nos ajudar a enfrentar o dano moral e amenizar seu impacto":** Forkus, S. R., Breines, J. G., & Weiss, N. H. (2019). Morally injurious experiences and mental health: The moderating role of self-compassion. *Psychological Trauma: Theory, Research, Practice, and Policy, 11*(6), 630.

PÁGINA 150 **"as pessoas cujas vidas são impregnadas de significado sentem mais contentamento":** Ryff, C. D. (2017). Eudaimonic well-being, inequality, and health: Recent findings and future directions. *International Review of Economics, 64*, 159–178.

PÁGINA 150 **"viver conforme nossos valores nos ajuda a nos sentirmos autênticos":** Smallenbroek, O., Zelenski, J. M., & Whelan, D. C. (2017). Authenticity as a eudaimonic construct: The relationships among authenticity, values, and valence. *Journal of Positive Psychology, 12*(2), 197–209.

PÁGINA 150 **"os valores essenciais são fundamentais para o modelo de psicoterapia da terapia de aceitação e compromisso (ACT)":** Wilson, K. G., & Murrell, A. R. (2004). Values work in acceptance and commitment therapy: Setting a course for behavioral treatment. In S. C. Hayes, V. M. Follette, & M. M. Linehan (Eds.), *Mindfulness and acceptance: Expanding the cognitive-behavioral tradition* (pp. 120–151). New York: Guilford Press.

PÁGINA 152 **"Se você estiver sempre tentando ser normal, nunca saberá o quão incrível você pode ser":** Maya Angelou, Facebook post, February 5, 2014.

PÁGINA 154 **"Descobrir seus valores essenciais":** Adapted from the tombstone exercise in acceptance and commitment therapy, as described in Luoma, J. B., Hayes, S. C., & Walser, R. D. (2007). *Learning ACT: An acceptance and commitment therapy skills-training manual for therapists.* Oakland, CA: New Harbinger.

CAPÍTULO 18. TORNANDO-SE UM TREINADOR INTERNO SÁBIO: MOTIVAÇÃO AUTOCOMPASSIVA

PÁGINA 159 **"estudo feito com atletas da NCAA":** Kuchar, A. L., Neff, K. D., & Mosewich, A. D. (2023). Resilience and Enhancement in Sport, Exercise, & Training (RESET): A brief self-compassion intervention with NCAA student-athletes. *Psychology of Sport and Exercise, 67*, 102426.

PÁGINA 159 **"as pessoas que são autocompassivas tendem a ter uma mentalidade de crescimento em vez de uma mentalidade fixa":** Kwan, L. Y. Y., Hung, Y. S., & Lam, L. (2022, April). How can we reap learning benefits for individuals with growth and fixed mindsets? Understanding self-reflection and self-compassion as the psychological pathways to maximize positive learning outcomes. *Frontiers in Education, 7*, 800530.

PÁGINA 159 **"Carol Dweck, conhecida psicóloga pesquisadora que estuda a aprendizagem":** Dweck, C. S. (2006). *Mindset: The new psychology of success*. New York: Random house.

PÁGINA 160 **"Amigável, Útil, Calmo, Gentil":** Discussão no YouTube. (2020, July 29). Retrieved from *www.youtube.com/watch?v=6g4vkdLXzV4*.

CAPÍTULO 19. BOA VONTADE, NÃO SENTIMENTOS BONS: CULTIVANDO A BONDADE AMOROSA

PÁGINA 166 **"pessoas autocompassivas tendem a ser mais esperançosas e otimistas":** Neff, K. D., Rude, S. S., & Kirkpatrick, K. L. (2007). An examination of self-compassion in relation to positive psychological functioning and personality traits. *Journal of Research in Personality, 41*(4), 908–916.

PÁGINA 167 **"a prática da meditação tradicional da bondade amorosa aumenta a autocompaixão":** Reilly, E. B., & Stuyvenberg, C. L. (2023). A meta-analysis of loving-kindness meditations on self-compassion. *Mindfulness, 14*(10), 2299–2310.

PÁGINA 167 **"a prática da autocompaixão aumenta a alegria e a felicidade":** Hollis-Walker, L., & Colosimo, K. (2011). Mindfulness, self-compassion, and happiness in non- meditators: A theoretical and empirical examination. *Personality and Individual Differences, 50*(2), 222–227.

PÁGINA 168 **"Por que a Torá nos diz para 'colocar essas palavras sobre nosso coração'?":** Palmer, P. J. (2005). *The politics of the brokenhearted: Essays on the deepening of the American dream*. Kalamazoo, MI: Fetzer Institute.

CAPÍTULO 20. PEQUENOS PRAZERES: SABOREANDO O QUE É BOM

PÁGINA 174 **"nossos cérebros são programados para prestar atenção aos problemas":** Vaish, A., Grossmann, T., & Woodward, A. (2008). Not all emotions are created equal: The negativity bias in social-emotional development. *Psychological Bulletin, 134*(3), 383.

PÁGINA 174 **"velcro para informações negativas e *teflon* para as positivas":** Bergeisen, M. (2010, September 22). The neuroscience of happiness. *Greater Good Magazine*. Retrieved from *https://greatergood.berkeley.edu/article/item/the_ neuroscience_of_happiness*.

PÁGINA 175 **"os benefícios dos estados mentais positivos, como felicidade e satisfação com a vida":** Seligman, M. E. (2019). Positive psychology: A personal history. *Annual Review of Clinical Psychology, 15*, 1–23.

PÁGINA 175 **"cunhou o termo *ampliar e construir*":** Fredrickson, B. L. (2001). The role of positive emotions in positive psychology: The broaden-and-build theory of positive emotions. *American Psychologist, 56*(3), 218.

PÁGINA 176 **"um dos benefícios da autocompaixão é que ela neutraliza o viés da negatividade":** Yip, V. T., & Tong, M. W. E. (2021). Self-compassion and attention: Self-compassion facilitates disengagement from negative stimuli. *Journal of Positive Psychology, 16*(5), 593–609.

Neff, K., & Davidson, O. (2016). Self-compassion: Embracing suffering with kindness. In *Mindfulness in positive psychology* (pp. 37–50). Oxfordshire, UK: Routledge.

PÁGINA 176 **"A compaixão em si é uma emoção positiva":** Förster, K., & Kanske, P. (2022). Upregulating positive affect through compassion: Psychological and physiological evidence. *International Journal of Psychophysiology, 176*, 100–107.

PÁGINA 176 **"pessoas autocompassivas tendem a ser mais esperançosas e otimistas":** Neff, K. D., Rude, S. S., & Kirkpatrick, K. L. (2007). An examination of self--compassion in relation to positive psychological functioning and personality traits. *Journal of Research in Personality, 41*(4), 908–916.

PÁGINA 176 **"sentem mais amor, alegria, gratidão, contentamento, esperança, orgulho, interesse, alegria e admiração":** Zeng, X., Chiu, C. P., Wang, R., Oei, T. P., & Leung, F. Y. (2015). The effect of loving-kindness meditation on positive emotions: A meta-analytic review. *Frontiers in Psychology, 6*, 1693.

PÁGINA 177 **"prática regular da gratidão eleva as pessoas":** Jans-Beken, L., Jacobs, N., Janssens, M., Peeters, S., Reijnders, J., Lechner, L., & Lataster, J. (2020). Gratitude and health: An updated review. *Journal of Positive Psychology, 15*(6), 743–782.

PÁGINA 177 **"indivíduos em empregos de alto estresse que têm níveis mais altos de gratidão apresentam níveis mais baixos de *burnout*":** Lee, J. Y., Kim, S. Y., Bae, K. Y., Kim, J. M., Shin, I. S., Yoon, J. S., & Kim, S. W. (2018). The association of gratitude with perceived stress and burnout among male firefighters in Korea. *Personality and Individual Differences, 123*, 205–208.

PÁGINA 179 **"Caminhada para sentir e saborear":** Adapted from Bryant, F., & Veroff, J. (2007). *Savoring: A new model of positive experience.* Mahwah, NJ: Erlbaum.

CAPÍTULO 21. CONHECER NOSSOS PONTOS FORTES: A PRÁTICA DA AUTOAPRECIAÇÃO

PÁGINA 184 **"Diversos pontos fortes de caráter estudados no campo da psicologia positiva":** Peterson, C., & Seligman, M. E. (2004). *Character strengths and virtues: A handbook and classification* (Vol. 1). New York: Oxford University Press.

PÁGINA 185 **"O princípio mais profundo da natureza humana é o desejo de ser apreciado":** James, W. (1981). *The principles of psychology.* Cambridge, MA: Harvard University Press, p. 313. (Original work published 1890)

PÁGINA 185 **"Marianne Williamson escreve em seu livro *Um retorno ao amor*":** Williamson, M. (1992). *A return to love: Reflections on the principles of "A course in miracles."* San Francisco: HarperOne, p. 165.

CAPÍTULO 22. AVANÇANDO: TORNANDO-SE UMA BAGUNÇA COMPASSIVA

PÁGINA 192 **"aperfeiçoar o seu amor":** Kornfield, J. (2015, January 14). Freedom of the heart (Episode 11), *Heart wisdom* [podcast]. Retrieved from *https://jackkornfield.com/freedom-heart-heart-wisdom-episode-11*.

PÁGINA 193 **"o curioso paradoxo é que, quando me aceito como sou":** Rogers, C. (1995). *On becoming a person: A therapist's view of psychotherapy*. Boston: Houghton Mifflin, p. 17. (Original work published 1961)

PÁGINA 193 **"O objetivo da prática é simplesmente ser uma bagunça compassiva":** Nairn, R. (2009, September). Lecture presented as part of Foundation Training in Compassion. Kagyu Samye Ling Monastery, Dumfriesshire, Scotland.

PÁGINA 196 **"a autocompaixão pode aumentar quando se tem um animal de estimação":** Bergen-Cico, D., Smith, Y., Wolford, K., Gooley, C., Hannon, K., Woodruff, R., . . . Gump, B. (2018). Dog ownership and training reduces post-traumatic stress symptoms and increases self-compassion among veterans: Results of a longitudinal control study. *Journal of Alternative and Complementary Medicine, 24*(12), 1166–1175.

PÁGINA 196 **"com a prática de ioga":** Crews, D. A., Stolz-Newton, M., & Grant, N. S. (2016). The use of yoga to build self-compassion as a healing method for survivors of sexual violence. *Journal of Religion and Spirituality in Social Work: Social Thought, 35*(3), 139–156.

PÁGINA 196 **"com passeios pelo campo":** Swami, V., Barron, D., Hari, R., Grover, S., Smith, L., & Furnham, A. (2019). The nature of positive body image: Examining associations between nature exposure, self-compassion, functionality appreciation, and body appreciation. *Ecopsychology, 11*(4), 243–253.

PÁGINA 196 **"com terapia":** Germer, C. (2023). Self-compassion in psychotherapy: Clinical integration, evidence base, and mechanisms of change. In A. Finlay-Jones, K. Bluth, & K. Neff (Eds.), *Handbook of self-compassion* (pp. 379–415). New York: Springer.

PÁGINA 196 **"se aprende a ter atenção plena":** Keng, S. L., Smoski, M. J., Robins, C. J., Ekblad, A. G., & Brantley, J. G. (2012). Mechanisms of change in mindfulness-based stress reduction: Self-compassion and mindfulness as mediators of intervention outcomes. *Journal of Cognitive Psychotherapy, 26*(3), 270–280.

PÁGINA 196 **"com o apoio a outras pessoas":** Breines, J. G., & Chen, S. (2013). Activating the inner caregiver: The role of support-giving schemas in increasing state self- compassion. *Journal of Experimental Social Psychology, 49*(1), 58–64.

PÁGINA 196 **"com uma longa caminhada":** Steininger, Y., Braun, A., & Morgenroth, O. (2023). Becoming self-compassionate step by step—a field study on the effect of long-distance walking on self-compassion in hikers traveling the Camino Francés. *Mindfulness, 14*(1), 101–112.

PÁGINA 196 **"tudo o que fizermos por nós mesmos":** Susman, E. S., Chen, S., Kring, A. M., & Harvey, A. G. (2024). Daily micropractice can augment single-session interventions: A randomized controlled trial of self-compassionate touch and examining their associations with habit formation in US college students. Behaviour Research and Therapy, 104498.

Índice

D

E